SEGURANÇA JURÍDICA, REGULAÇÃO, ATO
MUDANÇA, TRANSIÇÃO E MOTIVAÇÃO

MARILDA DE PAULA SILVEIRA

Prefácio
Florivaldo Dutra de Araújo

SEGURANÇA JURÍDICA, REGULAÇÃO, ATO

MUDANÇA, TRANSIÇÃO E MOTIVAÇÃO

Belo Horizonte

2016

© 2016 Editora Fórum Ltda.

É proibida a reprodução total ou parcial desta obra, por qualquer meio eletrônico, inclusive por processos xerográficos, sem autorização expressa do Editor.

Conselho Editorial

Adilson Abreu Dallari
Alécia Paolucci Nogueira Bicalho
Alexandre Coutinho Pagliarini
André Ramos Tavares
Carlos Ayres Britto
Carlos Mário da Silva Velloso
Cármen Lúcia Antunes Rocha
Cesar Augusto Guimarães Pereira
Clovis Beznos
Cristiana Fortini
Dinorá Adelaide Musetti Grotti
Diogo de Figueiredo Moreira Neto
Egon Bockmann Moreira
Emerson Gabardo
Fabrício Motta
Fernando Rossi

Flávio Henrique Unes Pereira
Floriano de Azevedo Marques Neto
Gustavo Justino de Oliveira
Inês Virgínia Prado Soares
Jorge Ulisses Jacoby Fernandes
Juarez Freitas
Luciano Ferraz
Lúcio Delfino
Marcia Carla Pereira Ribeiro
Márcio Cammarosano
Marcos Ehrhardt Jr.
Maria Sylvia Zanella Di Pietro
Ney José de Freitas
Oswaldo Othon de Pontes Saraiva Filho
Paulo Modesto
Romeu Felipe Bacellar Filho
Sérgio Guerra

Luís Cláudio Rodrigues Ferreira
Presidente e Editor

Coordenação editorial: Leonardo Eustáquio Siqueira Araújo

Av. Afonso Pena, 2770 – 15º andar – Savassi – CEP 30130-012
Belo Horizonte – Minas Gerais – Tel.: (31) 2121.4900 / 2121.4949
www.editoraforum.com.br – editoraforum@editoraforum.com.br

S587s	Silveira, Marilda de Paula
	Segurança jurídica, regulação, ato: mudança, transição e motivação / Marilda de Paula Silveira ; prefácio de Florivaldo Dutra de Araújo. – Belo Horizonte : Fórum, 2016.
	244 p.
	ISBN: 978-85-450-0149-2
	1. Direito Administrativo. 2. Direito Constitucional. 3. Teoria do ato jurídico. 4. Segurança jurídica. I. Araújo, Florivaldo Dutra de. II. Título.
2016-65	CDD 342
	CDU 342

Informação bibliográfica deste livro, conforme a NBR 6023:2002 da Associação Brasileira de Normas Técnicas (ABNT):

SILVEIRA, Marilda de Paula. Segurança jurídica, regulação, ato: mudança, transição e motivação. Belo Horizonte: Fórum, 2016. 244 p. 978-85-450-0149-2.

Aos meus pais, sempre.

AGRADECIMENTOS

Foi longo o caminho que separou o primeiro do último dia. Como aprendi! Talvez a menor lição tenha sido sobre segurança jurídica e ato administrativo. Tudo que se vive nesse período de renúncias, vale mais que o texto e o título. Não faltarão recordações e agradecimentos. Um longo caminho autoriza um longo agradecimento.

Sou muitíssimo grata ao meu orientador, Professor Florivaldo Dutra de Araújo. Com a calma e a sabedoria daqueles poucos que merecem ser chamados de mestre, multiplicou nosso meio tempo e acreditou em mim. Sua confiança e a firmeza – que pode ser monossilábica – me fizeram enxergar o que eu não sabia, acreditar no que eu não queria, chorar quando devia e entender que não se pode viver sem complexidade. E que, por mais que se queira tornar a vida uma luta da gente contra o mundo, somos nós os lutadores, não o mundo. Sou grata pelos tortuosos caminhos que me levaram até o Professor Florivaldo. Obrigada, Professor, por sua generosidade.

Esse tempo também me abençoou com o crescimento da minha família. Meus pais continuam os melhores dos melhores do mundo. Eles são o retrato do coração de mãe e do amor real, que lava, passa, constrói e supera. Constrói e supera. Meus irmãos só me enchem de alegria! A Eveline trouxe o Lúcio, o Lívio trouxe a Marcela e eles trouxeram nosso amado Davi e o Lucas, ainda a caminho. O Padrinho Bal voltou, o Darlan acalmou (rs) e sou muito feliz por ter mais dois irmãos de coração. A lembrança das pequeninas coisas faz valer a pena. Contar com os vídeos do Davi transformou os meus dias.

Sobreviver à falta de paciência de um doutorando é ciência que também merece uma tese. Muito mais que o *one size fits all*, você me deu o conforto do seu amor, do apoio que sabe ser macio e firme e do seu talento. Ao Marco, agradeço pela coautoria de uma vida que ainda promete muitos frutos.

Compartilhar o prazo da tese e uma sociedade de advogados exige cumplicidade incomum. Rir e chorar, ao mesmo tempo, é coisa de gênio. Caminhar com o Flávio é receber a graça da amizade fraternal. Obrigada por seu tempo, pelas ideias e por sempre me lembrar que sem o outro somos menores.

Meus amados familiares, de perto e de longe, merecem toda a minha gratidão por garantirem uma base sólida para o meu crescimento. Não posso, contudo, deixar de agradecer aos meus pais e aos meus irmãos de Brasília. A Tia Elza, o Tio Genival, a Ju, o João, o Max, a Silvana e a Lara sempre contam com mais dois. Nada do que eu disser ou fizer será o suficiente.

Meus agradecimentos ao Professor José Rubens Costa também nunca serão suficientes. Ele é responsável por grande parte do Direito, da advogada e da estudante que carrego em mim e, sem dúvida, seus traços estão ocultos nesta tese.

Desde o meu primeiro emprego, fui agraciada com os melhores chefes. No período da tese, tive a honra de trabalhar com grandes juristas. Sou muito grata ao Ministro Felix Fischer e ao Ministro Ricardo Lewandowski, exemplos de coragem e dedicação à magistratura.

Aos santos que trabalharam ou trabalham comigo no escritório, obrigada por todo o apoio e aprendizado: Marcelo Proença, Milane Santos, Gabriela, Rosana, Raphael e Antônio Rodrigo. Aos queridos amigos que me receberam com todo o carinho no TSE, e que consolidaram uma amizade para a vida inteira: Pedro, Carla, Rosana, Ana Cândida, Renata, Bruno, Otávio, Alex, Tamires, Manoel Carlos, Murilo, Alfredo, Eilzon, Ana Maria e Julianas. A gratidão também se estende à equipe do IDP-Rio, do IDP Brasília e da UNICORP/TJBA, que foram outras vítimas-apoiadoras do tempo consumido pela tese.

Aos professores Beatriz Vargas, Atalá Correia, Flávia Santinoni Vera, Marcos Nobrega, José Carvalho, Júlia Ximenes, Celso Correia, Luciano Ferraz, Onofre Alvez Batista Junior, Israel Nonato, Maria Tereza Fonseca Dias, Bruna Corombarolli, Edgard Audomar Marx Neto, José Ricardo Cunha que indicaram bibliografia, contribuíram com textos, com generosas sugestões e valorosas críticas.

Minhas amigas queridas, no amor e na dor, só tenho a agradecer pelas palavras certeiras em todos os momentos e pelo carinho de sempre: Anne Rose, Maiara, Mônica, Paula, Raquel, Sandrinha e Viviane.

E, todos os dias, agradeço a Deus pelo livre arbítrio.

SUMÁRIO

PREFÁCIO
Florivaldo Dutra de Araújo 11

APRESENTAÇÃO
Luciano Ferraz 15

INTRODUÇÃO 17

CAPÍTULO 1
A SEGURANÇA JURÍDICA COMO FATOR DE LEGITIMIDADE
NO ESTADO DE DIREITO 25

1.1 O fundamento constitucional da segurança jurídica 34
1.2 O conceito de segurança jurídica e o sentido de sua aplicação 45
1.3 A segurança jurídica e a presunção de legalidade dos atos administrativos 56

CAPÍTULO 2
DELIMITAÇÃO DO ATO ADMINISTRATIVO COMO OBJETO
DE ESTUDO: JUSTIFICATIVA, FUNDAMENTOS E EFEITOS 61

2.1 O ato administrativo: origem civilista e princípio da legalidade 64
2.2 O ato administrativo típico ou de efeitos concretos: posição no regime jurídico administrativo, elementos e requisitos 67
2.3 O ato administrativo normativo e sua posição no regime jurídico administrativo 70

CAPÍTULO 3
O MODELO TRADICIONAL DE EXTINÇÃO E MODIFICAÇÃO
DO ATO ADMINISTRATIVO DE EFEITOS CONCRETOS:
SOLUÇÕES BINÁRIAS E POSIÇÕES DE EXTREMOS 77

3.1 O esgotamento dos efeitos do ato e suas consequências 79
3.2 O desaparecimento do elemento infungível e seus efeitos para a relação jurídica 82
3.3 A renúncia e seus efeitos para a extinção do ato administrativo 85
3.4 A retirada do ato administrativo e suas espécies 86
3.5 A invalidação do ato administrativo e seus efeitos 94

CAPÍTULO 4

AS BARREIRAS TRADICIONAIS QUE SE OPÕEM À MODIFICAÇÃO E À EXTINÇÃO DOS ATOS ADMINISTRATIVOS EM GERAL: SOLUÇÕES BINÁRIAS E OBJETIVAÇÃO DOS EFEITOS ...115

4.1 Os efeitos da convalidação dos atos administrativos ...116
4.2 As cláusulas pétreas: os efeitos do reconhecimento do direito adquirido, do ato jurídico perfeito e da coisa julgada ...119
4.3 Alterações da lei no tempo: a irretroatividade e seus efeitos ...130
4.4 Impossibilidade de retroação de posicionamento da Administração ...134
4.5 Os efeitos do tempo sobre os atos administrativos: prescrição e decadência ...135
4.6 Os efeitos da proteção da confiança e da boa-fé ...142
4.7 A teoria da aparência e os efeitos do ato administrativo ...149
4.8 A teoria do fato consumado e seus efeitos ...150

CAPÍTULO 5

A SEGURANÇA JURÍDICA E OS ATOS ADMINISTRATIVOS CONCRETOS: UM REGIME DE TRANSIÇÃO PELA MODULAÇÃO DE EFEITOS ...153

5.1 A flexibilização do regime de nulidades no controle de constitucionalidade e a modulação de efeitos ...158
5.2 A flexibilização da teoria das nulidades do Direito Civil: a proteção da confiança e o regime de transição ...166
5.3 Interesse Público e eficiência: a necessidade de um modelo que considere a posição do administrado e reduza o impacto financeiro e a remessa de litígios ao Poder Judiciário ...170
5.4 Por um regime de transição aplicável aos atos administrativos: uma análise tópica dos casos concretos ...180

CAPÍTULO 6

UM MODELO DE TRANSIÇÃO APLICADO AO ATO ADMINISTRATIVO NORMATIVO: POR UMA AVALIAÇÃO COGENTE E MOTIVADA ...197

6.1 O regime de transição e as barreiras que se opõem à extinção e à modificação dos atos normativos ...197
6.2 Procedimentalização da Administração Pública: motivação e contraditório dos atos regulamentares ...**200**
6.3 O regime de transição: por uma avaliação obrigatória motivada ...207

CONCLUSÕES ...219

REFERÊNCIAS ...231

PREFÁCIO

No campo do Direito, uma das mais antigas e relevantes tensões é a que se estabelece entre a lei e os ideais de justiça.

A História mostra que a tendência das sociedades políticas é o estabelecimento de regras legais, cada vez mais detalhadas, para definir os direitos e as obrigações dos componentes de uma comunidade. Essa tendência tornou-se mais incisiva a partir das revoluções burguesas do século XVIII, com a reivindicação de um direito codificado em disposições de tal modo precisas, que tornariam desnecessárias e vedadas quaisquer cogitações desbordantes do texto escrito.

Embora certos extremismos do pensamento iluminista tenham sido abandonados ao longo dos séculos XIX e XX, permanecemos na senda do detalhamento do direito escrito.

Uma das principais vantagens desse sistema é a maior segurança, derivada do fato de que se trata de um modelo que mais favorece o conhecimento prévio e, consequentemente, a previsibilidade da aplicação das normas.

Nesse contexto, as situações formadas sob a vigência de uma dada legislação merecem especial proteção e têm seus efeitos resguardados, mesmo quando da revogação das normas que as informaram inicialmente, o que se garante por meio das figuras do direito adquirido, do ato jurídico perfeito e da coisa julgada.

Porém, a rigidez desse sistema, outrora concebida, tornou-se um ideal distante, diante da crescente complexidade das sociedades modernas e das necessárias transformações da ordem jurídica para fazer frente a tal contexto.

O anseio por uma ordem positiva estável e de situações jurídicas subjetivas plenamente resguardadas por alterações posteriores, sejam essas originárias de atos do legislador, do administrador ou do juiz, teve que dar lugar a construções mais complexas, que, embora preservando situações jurídicas, também deveriam ser maleáveis o suficiente para acompanhar a dinâmica social e econômica.

Permanece, portanto, o velho ideal de segurança jurídica, porém agora perseguido num contexto que se reconhece cambiante e complexo.

Nas últimas décadas, o direito brasileiro incorporou ou aprofundou diversas dessas novas concepções, normalmente sob a inspiração do direito europeu.

Uma das mais relevantes manifestações dessas mudanças é que já não mais se afirma que o ato nulo "não produz efeito", como tanto se disse outrora. Mesmo atos eivados de nulidades ditas "absolutas" podem ter seus efeitos preservados, sejam aqueles já produzidos, sejam outros, ainda a serem produzidos.

Esse mecanismo de preservação de efeitos de atos nulos pode incidir até mesmo sobre leis julgadas inconstitucionais, tal como previsto no art. 27 da Lei nº 9.868/1999, que consagrou o instituto da "modulação de efeitos" na jurisdição constitucional.

Assim, o poder judiciário vem, de modo crescente, incorporando ao seu cotidiano, raciocínios mais refinados e complexos, que visam à ponderação e à harmonização entre o estrito cumprimento da ordem jurídica e a preservação de expectativas individuais e sociais em torno de situações de fato consolidadas, mesmo que não correspondentes aos ditames do direito posto.

Diferentemente, a administração pública ainda pouco incorporou tais preocupações à sua atividade, não obstante já ter advertido Seabra Fagundes, desde meados do século XX, em seu clássico *O Controle dos Atos Administrativos Pelo Poder Judiciário*: "No direito administrativo, importa menos a natureza do defeito em si do que as repercussões que a invalidez do ato, atentas as circunstâncias eventuais, venha trazer ao interesse público, pelo que um mesmo vício pode, muita vez, acarretar consequências diversas."

Os órgãos administrativos emitem atos individuais e concretos, bem como atos gerais e abstratos, que influenciam em situações jurídicas em curso, ou mesmo de efeitos exauridos. Superveniente uma nova determinação administrativa, o poder público impõe o desfazimento ou a total interrupção desses efeitos jurídicos. O resultado é a fragilização dos cidadãos perante a imperatividade estatal, com a criação de um ambiente de insegurança jurídica.

Agrava esse quadro a circunstância de que os agentes administrativos, em grande medida, ainda não incorporaram adequadamente uma cultura de respeito aos valores jurídicos de proteção aos cidadãos. Assim, tais mudanças vêm normalmente de modo abrupto e sem consideração aos direitos ao contraditório, à ampla defesa e à motivação dos atos administrativos.

Embora se trate de questão de grandes consequências práticas no cotidiano dos cidadãos, a doutrina do Direito Administrativo ainda muito pouco tem se dedicado a diversos dos temas relacionados. O trabalho que ora temos o prazer de prefaciar vem trazer significativa contribuição ao preenchimento dessa lacuna.

O foco da obra é a necessidade de estruturar um regime de transição nas decisões administrativas que possam implicar alterações nas situações jurídicas dos seus destinatários, tema desenvolvido a propósito, tanto da extinção e da modificação dos atos administrativos de efeitos concretos, quanto das alterações decorrentes de atos normativos.

Resultado de uma pesquisa de doutorado, deveria mesmo — como é pressuposto de toda tese — trazer uma contribuição inovadora ao Direito. No entanto, dada a complexidade do tema e da sua pouquíssima exploração pelos estudiosos, o estudo teve que se mostrar especialmente inovador, vindo a lume como um texto que abre novos caminhos no seu campo de investigação.

Para levar a efeito essa difícil tarefa, o seu empreendedor teria de aliar conhecimento e inquietação intelectual com a experiência cotidiana do profissional do direito e, ainda, uma certa dose de incomum capacidade de estudo e sistematização de ideias.

A autora, Marilda de Paula Silveira, por preencher todas essas qualidades, foi capaz de chegar a um resultado de excelência, nos deixando abertas diversas sendas pelas quais podemos melhor desenvolver ideias e desafios que se acham carentes de enfrentamento.

Esse é, precisamente, um grande mérito das teses de valor: retirar-nos de uma zona de conforto e desafiar-nos à necessária renovação de ideias em terrenos de trânsito difícil.

A autora cumpriu com louvor esse objetivo e, agora, com a publicação de seu texto, ficamos desafiados a levar um pouco mais adiante o constante trabalho de harmonizar a dinâmica da positivação do direito com os ideais de justiça.

Belo Horizonte, outono de 2014.

Florivaldo Dutra de Araújo
Prof. Associado de Direito Administrativo na UFMG.

APRESENTAÇÃO

A obra com a qual a professora Marilda de Paula Silveira obteve o grau de Doutora em Direito Administrativo pela Universidade Federal de Minas Gerais (UFMG) propõe uma nova visão sobre o desfazimento e a declaração de nulidade dos atos administrativos no Brasil. A partir do princípio da segurança jurídica – e com inegável caráter de inovação – a autora apresenta um panorama sobre os atos administrativos (concretos e normativos) e discute a necessidade de se transportar, ao exercício da função administrativa, a modulação de efeitos da declaração de incompatibilidade do ato com o ordenamento jurídico. Essa modulação – que já é bastante debatida no exercício da jurisdição constitucional abstrata (por força do disposto no art. 27 da Lei nº 9.868/99) – e que se encontra consagrada pela jurisprudência do STF, também no que diz respeito ao controle concreto de constitucionalidade – carecia de um trabalho doutrinário coeso, que propusesse sua aplicação à atividade de administração pública. Convido, pois, os leitores, a conferirem a preciosidade desta obra, que foi redigida com linguagem clara e assertiva, ampla pesquisa doutrinária e jurisprudencial e afinamento indelével aos novos rumos do Direito Administrativo Brasileiro.

Luciano Ferraz
Professor Associado em Direito Administrativo na UFMG.

INTRODUÇÃO

É próprio da interação entre o Estado, os cidadãos e o mercado alguma desconfiança que os leva ao distanciamento. Tal fator de desconfiança tem se tornado ainda mais crítico nos últimos tempos. Não é tarefa fácil arrolar os mais diversos elementos que contribuíram e que continuam contribuindo para esse cenário. Também não se pode dizer que estejam concentrados em uma única esfera de poder. A democracia brasileira está relativamente consolidada, mas enfrenta um desafio: as instituições democráticas são objeto de ampla e continuada desconfiança por parte dos cidadãos brasileiros.

O cientista político José Álvaro Moisés (USP) desenvolveu ampla pesquisa *Survey* em que mostra como, "ao mesmo tempo em que apoiam o regime democrático per se, os brasileiros revelam uma ampla e contínua desconfiança em suas instituições" e propõe que "a confiança nas instituições radica-se na avaliação que os cidadãos, partindo de sua experiência, fazem do modo como aquelas desempenham a missão para a qual foram criadas". Esclarece que, embora o regime democrático conte com o apoio da maioria, cerca de 2/3 dos brasileiros não confiam em parlamentos, partidos, executivos, tribunais de justiça, serviços públicos de saúde, educação e segurança.[1]

O estudo ouviu 2.004 mil pessoas de todas as regiões brasileiras e foi comparado com pesquisas *Survey* semelhantes realizadas em 1990, 1993, 1997 e 2000. Segundo o levantamento, a adesão ao sistema democrático de governo chega a 83% na média dos últimos anos. Nada obstante, apesar de as pessoas aderirem ao regime democrático, não confiam que suas instituições são capazes de concretizar seus objetivos. A desconfiança na atuação dos congressistas chegou a 59,7% dos entrevistados, que consideraram seu desempenho ruim ou péssimo, depois de ter sido de 32,5% em 1997 e de 39,1% em 2000. A pesquisa também mostra que 30% dos eleitores entrevistados acredita que a democracia pode funcionar perfeitamente sem o Congresso ou

---

[1] MOISÉS, José Álvaro. A desconfiança nas instituições democráticas. *Opinião Pública*, Campinas, v. XI, nº 1, Março, 2005. p. 43.

os partidos políticos. Os índices de reprovação, quando se analisam os partidos políticos, chegaram a 80,6%, em 2006, ante 67,6%, em 1993, e 57,3%, em 1989. Quando se avalia o Congresso Nacional como instituição, esse percentual melhora um pouco: 71,9% de rejeição, em 2006. Em 1993 e 1989, os índices eram de 67,6% e 52,6% respectivamente. O governo federal foi outra instituição democrática que obteve altos índices de reprovação. Em 2006, o número foi de 65,6%. Já em 1993, ficou em 60,9% e, em 1989, 51%. A Justiça brasileira também recebe uma má avaliação: 55,3% dos entrevistados não confiam em suas decisões. Em 1993, eram 49,3% e, em 1989, 33,6%.[2]

Naquela pesquisa, o cientista político concluiu que a sensação da população é de que as leis não são para todos. Essa abordagem da confiança está estritamente vinculada à legitimidade política, que tem referência na sociologia política de Max Weber, ao distinguir entre as dimensões de poder e de autoridade, defendendo a superioridade desta para tratar da natureza da coesão social da comunidade política. De fato, toda a insatisfação e descrédito na atuação estatal tem aprofundado uma crise de legitimidade que, recentemente, culminou com amplas e repentinas manifestações ocorridas em junho de 2013.

Essa crise de confiança também tem interferido no mercado, conforme relata Delfim Neto, a partir das lições de Adam Smith.[3] O Professor emérito da FEA-USP e ex-ministro da Fazenda afirma que:

> O Brasil vive hoje uma relação desconfortável de desconfiança mútua entre o setor privado e o governo, o que se estenderia para as relações entre o Executivo e sua base no Congresso em atritos de comunicação que não levam a nada. No Congresso, toda proposição (que não fira as cláusulas pétreas da Constituição) é aceitável.[4]

Nos últimos cinco anos, embora a política estatal tenha direcionado seus esforços para ampliar os investimentos produtivos no

---

[2] MOISÉS, José Álvaro; MENEGUELLO, Rachel (Orgs.). *A desconfiança política e os seus impactos na qualidade da democracia*. São Paulo: Editora USP, 2013.

[3] "Adam Smith ('pai' da economia) mostrou, em 1759, na 'Teoria dos Sentimentos Morais'', e, em 1776, na 'Riqueza das Nações', que todo esse complexo sistema de relações está apoiado num fato fundamental: a existência da 'confiança' entre os agentes. Na relativa certeza de que cada um cumprirá as suas promessas (os seus contratos) porque é do seu interesse. Se a confiança diminuiu, os agentes deixam de responder aos estímulos, os mercados se degradam e o nível de atividade se reduz". (DELFIM NETO, Antônio. Confiança, confiança, confiança. *Jornal Valor Econômico*, edição de 21.5.2013, p. A2).

[4] DELFIM NETO, Antônio. Confiança, confiança, confiança. *Jornal Valor Econômico*, edição de 21.5.2013, p. A2.

país,[5] o Produto Interno Bruto (PIB) cresceu só 2,7% em 2011, caiu para 0,9% em 2012 e, para 2013, as estimativas começaram em 4,5%, desabaram para 3,5% e, agora, para 3%, ou até abaixo disso. A taxa de investimento nacional deveria chegar a, pelo menos, 25% do PIB, mas recuou de 19,5%, em 2010, para 19,3%, em 2011, e 18,1%, em 2012. Não falta quem aponte a desconfiança como uma das principais causas desse cenário.[6]

O atual momento de instabilidade é também provocado por diversos fatores,[7] tais como: i) o excesso de informação;[8] ii) a inflação legislativa;[9] [10] iii) a complexidade das normas vigentes;[11] [12] [13] iv) a complexidade da coerência entre as normas; v) o paradoxo dos conceitos indeterminados;[14] e vi) as rupturas na interpretação das normas pelos

---

[5] Reduziu a taxa de juros Selic; distribuiu incentivos fiscais para indústrias; desonerou a folha de pagamento de 42 setores de empresas; lançou uma política industrial e de investimento com o Plano Brasil Maior; criou inúmeros programas de crédito subsidiado no BNDES, alguns até com juros negativos de 2,5% ao ano; o BNDES se tornou sócio de empresas que seriam *players* globais; concedeu a empresas privadas a exploração de portos, aeroportos, rodovias, ferrovias, geração e transmissão de energia.

[6] CALDAS, Suely. Uma relação de desconfiança. *Estadão*, São Paulo, 26 maio 2013. Disponível em:<http://www.estadao.com.br/noticias/impresso,uma-relacao-de-desconfianca-, 1035705,0.htm> Acesso em: 26 mai. 2013.

[7] ÁVILA, Humberto. *Segurança jurídica*: entre permanência, mudança e realização no direito tributário. 2. ed., rev., atual. e ampl. São Paulo: Malheiros, 2012. p. 40-66.

[8] VALEMBOIS, Anne-Laure. *La Constitutionnalisation de l'exigence de sécurité juridique en droit française*. Paris: LGDJ, 2005. p. 8.

[9] MEDAUAR, Odete. Segurança Jurídica e confiança legítima. In: ÁVILA, Humberto (Org.). *Fundamentos do estado de direito*. São Paulo: Malheiros, 2005. p. 118.

[10] O Direito encontra-se em constante reforma que segue ritmo cada vez mais acelerado: seja pela minudência dos regulamentos que se tornam obsoletos com maior velocidade, seja para atender a demanda social de uma sociedade cada vez mais "líquida". (OST, François. *Le temps du Droit*. Paris: Odile Jacob, 1999. p. 293. BAUMAN, Zygmunt. *Modernidade Líquida*. Trad.: Plínio Dentzien. Rio de Janeiro: Jorge Zahar, 2001. p. 143).

[11] FERRAJOLI, Luigi. The past and the future of the rule of law. In: COSTA, Pietro et ZOLO, Danilo (Orgs.). *The rule of law*: history, theory and criticism. Dordrecht: Springer, 2007. p. 337.

[12] SCHOUERI, Luís Eduardo. Segurança na ordem tributária nacional e internacional: tributação do comércio exterior. In: BARRETO, Aires Ferdinando *et al* (Orgs.). *Segurança jurídica na tributação e estado de direito*. São Paulo: Noeses, 2005. p. 376.

[13] Essa denominação se refere às normas que em um único instrumento legislativo cuidam dos mais variados temas e promovem alteração em diversas outras normas a respeito de diferentes matérias. (ENTERRÍA, Eduardo Garcia de. *Justicia y seguridad jurídica en un mundo de leys desbocadas*. Madrid: Civitas, 1999. p. 77).

[14] GRAU, Eros Roberto. *O direito posto e o direito pressuposto*. 7. ed. São Paulo: Malheiros, 2008. p. 187. RAMÍREZ, Federico Arco. *La seguridad jurídica*: una teoría formal. Madrid: Dykinson, 2000. p. 333. CHEVALLIER, Jacques. Le droit économique: l'insécurité juridique ou nouvelle sécurité juridique? In: BOY, Laurence; RACINE, Jean-Baptiste; SIIRIAINEN, Fabrice (Orgs.). *Sécurité juridique et droit économique*. Bruxelles: Larcier, 2008. p. 561. DOUET, Frédéric. *Contribution à la sécurité juridique en Droit interne français*. Paris: LGDJ, 1997. p. 32.

Tribunais. A instabilidade reforça a necessidade de que seja repensado o modelo de concretização da segurança jurídica. Para além dos instrumentos que são objeto de regras abstratas e dos posicionamentos sedimentados na esfera administrativa e judicial,[15] propõem-se a implementação de mecanismos mais consentâneos com a realidade atual.

De modo geral, os cidadãos e grande parte do mercado (que não é altamente especializado) não diferenciam as funções estatais. Essa visão de que o Estado atua de forma global, sem distribuição de responsabilidades relacionadas às competências, torna ainda mais drástico o fato de que a retomada da legitimidade depende de ações concertadas. Em que pese a evidência da premissa, o trabalho desenvolvido não permite investigação de tal abrangência. A imposição do recorte levou a uma esfera de pesquisa: a legitimidade que a segurança jurídica pode imprimir na modificação e na extinção dos atos administrativos. Investiga-se, portanto, em que medida o modelo atual de extinção e de modificação dos atos é eficaz em sua concretização e, portanto, contribui, ou não, para o aprofundamento da crise de legitimidade da atuação estatal.

A pesquisa leva em conta que, durante longo período, os princípios da supremacia do interesse público sobre o interesse privado e da indisponibilidade do interesse público sustentaram o paradigma segundo o qual os administrados estariam sujeitos aos efeitos de uma ampla discricionariedade. Embora impactada pela presunção de legitimidade dos atos administrativos, essa realidade sempre foi pautada pelas consequências da rigidez de um modelo mais positivista de respeito ao princípio da legalidade.

Tradicionalmente, tem se afirmado que a necessidade de modificação e de extinção dos atos administrativos levaria sempre a alternativas binárias: a definitiva retirada do ato do mundo jurídico ou a sua convalidação; a supressão de efeitos *ex tunc* ou a manutenção de efeitos *ex nunc*. Além do mais, quanto à modificação dos atos normativos, a visão predominante é a de que não estaria a Administração Pública obrigada a avaliar, motivadamente, um regime de transição.[16] Percebe-se, nesse cenário, que a relação jurídico-administrativa encontra, de modo geral, soluções que se situam em extremos.

---

[15] Objeto da Parte II do trabalho que relata o contexto atual dos instrumentos de concretização da segurança jurídica.

[16] E bem verdade que, diante da extinção de atos ilícitos, os efeitos deles decorrentes podem, ainda assim, ser preservados, apurada a boa-fé dos administrados.

Em um dos polos, o fator tempo, refletido em institutos como o da prescrição e o da decadência, funciona no sentido de conferir estabilidade às relações firmadas pela administração pública, afastando a incerteza ligada à possibilidade latente de revisão ou de extinção dos atos administrativos. Sob essa perspectiva, a segurança jurídica se sobrepõe, até mesmo, à legalidade estrita, haja vista a manutenção, pelo decurso do tempo, de ato manifestamente ilegal. As prerrogativas da Administração, como a autotutela, também não poderiam, nesse caso, estender-se indefinidamente. No outro polo, a convalidação dos atos, como medida destinada a salvaguardar a sua permanência, desempenha o papel de relevar eventuais irregularidades que permeiam a relação jurídico-administrativa, nas hipóteses em que são julgadas insuficientes para o desfazimento do ato.

Ocorre, não obstante, que parte das decisões administrativas e os impactos que elas produzem não encontram barreira, quer no tempo, quer na convalidação. Buscando suprir essa lacuna, alguns doutrinadores propõem que a proteção da confiança e a boa-fé sejam os instrumentos de garantia para a concretização da segurança dos administrados e da própria Administração. Ainda assim, por força da posição dominante da jurisprudência, a boa-fé e a proteção da confiança preservariam, se muito, os efeitos patrimoniais de certos atos administrativos, funcionando o direito ao contraditório e à ampla defesa, esses, sim, como mecanismos destinados a preparar os administrados para as possíveis mudanças.

De forma que há hoje, na rotina administrativa, o consenso de que as alterações e as extinções de atos administrativos haveriam de ser suportadas, em última análise, pelos respectivos destinatários. Isto é, embora os atos administrativos tragam consigo a presunção de legalidade, os custos decorrentes das mudanças advindas da identificação de um ato ilícito, ou da alteração do cenário, são sempre atribuídos aos próprios administrados, independentemente de qualquer avaliação das peculiaridades do caso concreto.

Não há dúvidas de que a opção que privilegiasse as circunstâncias de cada caso seria benéfica para a Administração, ao amenizar eventuais inconformismos e minimizar a judicialização de questões administrativas que se arrastam por processos infindáveis. Tal opção contribui, sobretudo, para redução da desconfiança que tem sido nutrida em relação às instituições públicas e para a implementação de um ambiente mais democrático, que considera os argumentos e as nuances de cada caso.

Sob esse contexto, a presente obra busca avaliar se os instrumentos de concretização da segurança jurídica, reconhecidos e regulados atualmente no país, são suficientes para garantir a sua eficácia. E, a partir de então, verificar se um novo modelo, no qual se impusesse à Administração a obrigação de, motivadamente, sopesar a necessidade de instituição de um regime de transição e a modulação dos efeitos de suas decisões, não seria mais consentâneo com os princípios que alicerçam o Estado democrático de Direito.

Sendo assim, empreende-se especial esforço para se descrever o contexto atual em que se inserem os instrumentos tradicionais de densificação do princípio da segurança jurídica, como eles são percebidos por aqueles que mantêm relações jurídico-administrativas, os efeitos para o sistema jurídico que deles decorrem e a forma pela qual tais instrumentos contribuem para a concretização de seus parâmetros.

Inúmeras perguntas permearam as reflexões desenvolvidas ao longo da presente pesquisa. A partir das leituras realizadas, no entanto, duas questões centrais ganharam força como fio condutor do raciocínio construído ao longo do trabalho, quais sejam: i) os instrumentos utilizados para a densificação do princípio da segurança jurídica são eficientes para garantir a *confiabilidade*, a *calculabilidade* e a *cognoscibilidade* do Direito nas relações jurídico-administrativas? ii) em que medida a implementação de um mecanismo de modulação de efeitos nos casos concretos pode suprir as deficiências identificadas?

Para se enfrentar o tema-problema, parte-se da noção de que a segurança jurídica compreende um princípio inerente ao Estado de Direito, materializado em instrumentos cuja incidência deveria ser avaliada no caso concreto. Nessa perspectiva, tal princípio se vincula aos parâmetros de *confiabilidade* (conhecimento do Direito que será aplicado ao caso), *cognoscibilidade* (clareza quanto ao que é prescrito pelo Direito a ser aplicado) e *calculabilidade* (certeza de que os elementos considerados no planejamento serão mantidos ou não serão alterados abruptamente).

Muito se pesquisou sobre a extensão da segurança jurídica como princípio abstrato.[17] Seus instrumentos de concretização, tais como o

---

[17] ÁVILA, Humberto. *Segurança jurídica*: entre permanência, mudança e realização no direito tributário. 2. ed., rev., atual. e ampl.. São Paulo: Malheiros, 2012. p. 95: "Quanto aos elementos do conceito de segurança jurídica, esta monografia se particulariza por defender um conceito diverso e mais complexo de segurança jurídica: em vez de analisar a segurança jurídica de forma parcial, isto é, como norma que visa a preservar apenas um ideal (de previsibilidade ou de estabilidade, por exemplo), uma dimensão (como princípio

direito adquirido, o ato jurídico perfeito e a proteção da confiança, já foram muito estudados individualmente. Mais recentemente, no Direito Tributário, alguns esforços foram empreendidos no sentido de relacionar seus vários instrumentos de concretização, ressaltando a importância da análise global do tema. Na presente obra, essa perspectiva foi retomada especificamente para o regime jurídico-administrativo, no campo em que se trabalha com a presunção de legalidade dos atos administrativos. Além de inter-relacionar as espécies classificadas como hipóteses de extinção e modificação dos atos administrativos aos variados instrumentos de densificação da segurança jurídica, busca-se analisar os efeitos concretos de sua aplicação, a fim de viabilizar a concepção de novos instrumentos que permitam garantir que seja implementada a partir da complexidade inerente a cada cenário de mudança.

Parece estar integrado ao senso comum o sentimento de que a atuação estatal é imprevisível, de que não se pode planejar confiando em uma atuação linear da Administração Pública. Doutrinariamente já se afirmou que "o nível de insegurança jurídica assumiu um grau nunca antes alcançado".[18] Seria esta uma simples impressão ou, de fato, a legitimidade da segurança vinculada à atuação da Administração Pública não se tem solidificado a partir de 1988? O que se poderia entender por segurança jurídica? Os instrumentos de densificação e seu modelo de aplicação têm sido suficientes para garantia desse princípio?

Os dados utilizados foram de natureza primária (jurisprudência, exposições de motivos de legislação nacional, processos legislativos e legislação, especialmente nacional) e secundária (publicações científicas e técnicas sobre os temas abordados e reportagens publicadas em jornal de grande circulação no país).

---

objetivo ou como direito fundamental) ou um aspecto (segurança do Direito, pelo Direito, frente ao Direito, sob o Direito, de direitos, de um direito, por um direito ou como um direito), por exemplo, este trabalho procura apresentar e explicar o princípio da segurança jurídica como norma que se compõe de uma multiplicidade de ideais, de dimensões e de aspectos a serem conjuntamente considerados, dependendo do contexto normativo em que a sua aplicação se insere. E, mesmo relativamente a cada um desses elementos, este trabalho propõe a modificação, não apenas na nomenclatura, mas também no conteúdo, dos estados ideais cuja promoção é determinada pelo princípio da segurança jurídica: em vez de determinação, cognoscibilidade; no lugar de imutabilidade, confiabilidade; em substituição à previsibilidade, calculabilidade. E subjacente a toda essa concepção está uma compreensão do Direito não precisamente como um objeto dado, nem como um objeto a ser inteiramente construído, mas como uma atividade argumentativa reconstrutiva de sentidos normativos baseada em postulados hermenêuticos e aplicativos".

[18] ÁVILA, Humberto. *Segurança jurídica: entre permanência, mudança e realização no direito tributário*. 2. ed., rev., atual. e ampl.. São Paulo: Malheiros, 2012. p. 45.

Visando alcançar as proposições e os objetivos descritos nesta introdução, o trabalho foi desenvolvido a partir de uma lógica discursiva que considera os pressupostos que formam suas premissas. Assim, no Capítulo 1 foram delineados os elementos que delimitam o conceito de segurança jurídica, relacionados aos pilares que deram forma ao regime jurídico administrativo: discricionariedade, interesse público, motivação e presunção de legalidade dos atos administrativos.

O Capítulo 2 cuida de delimitar o objeto do estudo, contextualizando e conceituando o ato administrativo e as formas de manifestação das relações jurídico-administrativas, sejam elas consubstanciadas em atos regulamentares, sejam manifestadas *in concreto* por atos administrativos típicos.

No Capítulo 3 são sistematizadas as espécies de extinção e de modificação dos atos administrativos, considerando a posição doutrinária prevalente. Essa construção permite analisar o tratamento doutrinário e jurisprudencial que lhes tem sido atribuídos, especialmente no que se refere aos efeitos decorrentes de suas alterações.

Já no Capítulo 4, são analisadas todas as barreiras propostas e reguladas como alternativa para obstar ou limitar a extinção e a modificação dos atos administrativos. O estudo dos mecanismos de restrição, dos requisitos necessários para sua incidência e dos efeitos decorrentes de cada hipótese formam os elementos que permitem avaliar em que medida se dá, atualmente, a concretização da segurança jurídica nas relações jurídico-administrativas.

Nos Capítulos 5 e 6, considerando os impactos que o modelo tradicional traz para o sistema, apresenta-se proposta de remodelagem da concretização da segurança jurídica na esfera jurídico-administrativa. Discute-se a incidência de regime que admita a modulação de efeitos dos atos administrativos e a avaliação motivada e obrigatória de um regime de transição para os atos regulamentares.

As conclusões do trabalho buscam confirmar ou refutar as hipóteses traçadas nesta introdução, indicar propostas para a construção de um novo marco para concretização da segurança jurídica nas relações que a Administração Pública estabelece com terceiros e lançar bases para a continuidade dos estudos sobre o tema.

CAPÍTULO 1

A SEGURANÇA JURÍDICA COMO FATOR DE LEGITIMIDADE NO ESTADO DE DIREITO

A segurança jurídica representa uma das ideias mais caras ao Estado de Direito.[19] Contudo, para traduzir toda a complexidade que envolve o modelo de "Estado de Direito," seria necessário apreender o conteúdo de seus elementos "Estado"[20] e "Direito."[21] Embora os

---

[19] CANOTILHO, José Joaquim Gomes. *Direito constitucional e teoria da constituição.* Coimbra, Almedina, 1997. p. 375: "Partindo da ideia de que o homem necessita de uma certa segurança para conduzir, planificar e conformar autónoma e responsavelmente a sua vida, desde cedo se considerou como elementos constitutivos do Estado de Direito os dois princípios seguintes: o princípio da segurança jurídica e o princípio da confiança do cidadão."

[20] Para pontuar o conceito, e pela sua importância para delimitação do conceito de Estado de Direito, cabe a posição adotada por WEBER, Max. *O político e o cientista.* Lisboa: Presença, [s.d.]: "O Estado moderno é uma associação de domínio com caráter institucional que tratou, com êxito, de monopolizar, dentro de um território, a violência física legítima como meio de domínio e que, para esse fim, reuniu todos os meios materiais nas mãos do seu dirigente e expropriou todos os funcionários feudais que anteriormente deles dispunham por direito próprio, substituindo-os pelas suas próprias hierarquias supremas. [...] Este Estado é sociologicamente definível pela referência a um meio específico que ele, como qualquer associação política, possui: a violência física. 'Todo o Estado se funda na violência', disse Trotsky em Brest-Litowsk. Isso está objetivamente certo. Bastaria que tivessem existido configurações sociais que ignorassem o meio da violência e o conceito de 'Estado' teria desaparecido, instaurando-se o que, nesse sentido específico, chamaríamos 'anarquia'. Naturalmente que a violência não é nem o meio normal nem o único meio de que o estado se serve, mas é realmente o seu meio específico. Precisamente hoje, é especialmente íntima a relação do Estado com a violência. No passado, a violência foi utilizada pelas mais diversas associações, a começar pela associação familiar (Sippe), como meio inteiramente normal. Hoje, pelo contrário, devemos dizer que o Estado é a comunidade humana que, dentro de um determinado território (o 'território' é elemento definidor) reclama (com êxito) para si o monopólio da violência física legítima. É específico do nosso tempo que a todas as outras associações e indivíduos só é concedido o direito à violência física na medida em que o Estado o permite. O Estado é a única fonte do 'direito' à violência".

[21] Do mesmo modo, cabe conceituá-lo "à luz do normativismo jurídico concreto de Miguel Reale – como um conjunto de normas que, em determinada sociedade e num dado

fundamentos da Constituição brasileira sustentem o princípio da segurança jurídica, o objeto de investigação da presente obra não demanda estudo que se enraíze pelo aprofundamento daqueles dois conceitos. Independentemente da complexidade que os envolva, basta sua compreensão como instrumento de *racionalização* e *institucionalização* do poder ou de contenção do Estado pelo Direito[22] para se concluir que, de fato, não há Estado de Direito sem o princípio em questão.

Apesar da divergência existente a respeito da origem do Estado de Direito – se alemã[23] ou francesa,[24] – há certo consenso de que seus fundamentos básicos se concentram no afastamento de inclinações religiosas ou éticas; na garantia da liberdade, segurança, igualdade e propriedade das pessoas bem como "[na] organização do Estado e [na] regulação das suas atividades que obedecem a princípios racionais, o reconhecimento dos direitos básicos da cidadania, [...] um governo responsável, o domínio da lei, a existência de representação popular e sua participação no poder legislativo."[25]

O Estado de Direito tem existência no momento em que a atividade estatal passa a se limitar pela lei, tida como a *vontade geral*.[26] Na primeira fase, prevalece a orientação contrária ao *Ancien Régime* em prol da *liberdade* ansiada pela burguesia.[27] Essa perspectiva, contudo,

---

momento de sua história, mediante a interferência decisória do Poder, ordena os *fatos sociais* em conformidade com certos valores, entendendo-se tais normas não como simples proposições lógicas, abstratas ou formais, mas como substratos que dialeticamente integram e superam, que sintetizam, portanto, as tensões entre fatos e valores, os quais, nelas e por elas, tornam-se fatos e valores especificamente jurídicos". (MÁRTIRES COELHO, Inocêncio. Ordenamento jurídico, constituição e norma fundamental. In: MENDES, Gilmar Ferreira. *Curso de direito constitucional*. 4. ed. rev. e atual. São Paulo: Saraiva, 2009. p. 63).

[22] MIRKINE-GUETZÉVITCH, Boris. *As novas tendências do direito constitucional*. São Paulo: Editora Nacional, 1933. p. 90-91; BURDEAU, Georges. *El Estado*. Madrid: Seminarios y Ediciones, 1975. p. 25-28; REALE, Miguel. *Fontes e modelos do direito: para um novo paradigma hermenêutico*. São Paulo: Saraiva, 1994. p. 53-56.

[23] BÖCKENFÖRDE, Ernst Wolfgang. *Estudios sobre el estado de derecho y la democracia*. Madrid: Trotta, 2000. p. 20.

[24] MAYER, Otto. *Contributo para uma teoria do estado de direito*. Coimbra: Faculdade de Direito da Universidade de Coimbra, 1987. p. 37-51.

[25] BÖCKENFÖRDE, Ernst Wolfgang. *Estudios sobre el Estado de Derecho y la democracia*. Madrid: Trotta, 2000. p. 20 e 64; MÁRTIRES COELHO, Inocêncio. Ordenamento jurídico, constituição e norma fundamental. In. MENDES, Gilmar Ferreira. *Curso de Direito Constitucional*. 4 ed. rev. e atual. São Paulo: Saraiva, 2009. p. 63.

[26] DÍAZ, Elías. *Estado de derecho y sociedad democrática*. Madrid: Taurus (Cuadernos para el Diálogo), 1975. p. 13.

[27] GARCÍA-PELAYO, Manuel. *Las transformaciones del estado contemporáneo*. Madrid: Alianza, 1977. p. 52; QUEIROZ, Cristina. *Os actos políticos no Estado de Direito*. Coimbra: Almedina, 1990. p. 197-198.

não evoluiu de forma linear e sincronizada. A Segunda Guerra Mundial, por exemplo, aprofundou a densificação dos direitos fundamentais no âmbito do Estado Social de Direito e diversos fatores históricos também levaram ao reconhecimento de direitos econômicos, sociais e culturais como centrais no Estado Democrático de Direito.[28]

Em sua concepção inicial, todavia, o Estado de Direito atendia aos interesses da burguesia recém-instalada no poder, garantindo a liberdade por meio de Constituição do liberal-individualismo que assegurava a propriedade privada e liberdades como a pessoal, a de contratar, a de indústria e a de comércio. A ênfase encontrava-se na liberdade política e na proteção contra os abusos do poder político.[29] Nesse cenário, a interferência estatal é reduzida e os direitos individuais ampliados, em sociedade que se presume livre e igualitária.[30]

O resguardo da liberdade e da isonomia estava pautado na possibilidade de conhecer as limitações legais e na segurança de que as normas seriam aplicadas aos seus destinatários, entre os quais o próprio Estado. Esse pressuposto da segurança como requisito indispensável ao exercício da liberdade fundamentou o Estado de Direito desde as suas origens.

De toda forma, o modelo liberal centrado na unilateralidade e no individualismo acabou superado por ser insuficiente para proteger os direitos e as liberdades de todos. Enquanto a burguesia tinha garantia *dos direitos civis e políticos*, esses direitos somente eram concedidos formalmente às classes inferiores que se mantinham na desigualdade econômica e social. Essa condição foi agravada, ainda, pela Revolução Industrial, que acelerou o processo de acumulação de capital, exigindo maior intervenção do Estado.[31]

Nesse cenário, o Estado mínimo perde espaço para o Estado social de Direito, que traz um fortalecimento "do intervencionismo

---

[28] "O *Estado de Direito, em qualquer de suas espécies:* Estado liberal de Direito, Estado social de Direito, Estado democrático de Direito, *é uma conquista.* Quero dizer que cada um deles se estabeleceu, ou tentou se estabelecer, lutando contra estruturas de poder contrárias, a saber: Estado liberal de Direito, frente ao Antigo Regime; Estado social de Direito, contra o individualismo e o abstencionismo do Estado liberal; Estado democrático de Direito que luta com as estruturas sóciopolíticas do anterior: resquícios individualistas, neocapitalismo opressor, sistema estabelecido privilegiado". (VERDÚ, Pablo Lucas. *La lucha por el estado de derecho,* Bolonia: Real Colegio de España, 1975. p. 131-132).

[29] SCHMITT, Carl. *Teoría de la constitución.* México: Nacional, 1966. p. 43 e 144.

[30] HESPANHA, Antônio Manuel (Org.). *Poder e instituições na Europa do antigo regime:* colectânea de textos. Lisboa: Fundação Calouste Gulbenkian, 1988. p. 66.

[31] BOBBIO, Norberto. *O futuro da democracia:* uma defesa das regras do jogo. 6. ed. São Paulo: Paz e Terra, 1997. p. 35.

estatal e da atenção preferencial aos chamados direitos sociais."[32] Para conter a recessão do processo capitalista, mantém-se a economia de mercado, mas subtrai-se com algum dirigismo o *laisser faire* das forças produtivas.[33] Ao contrário do que se pode supor, essa perspectiva não abandona o pressuposto de segurança. Na verdade, além de resguardar as liberdades e as garantias individuais, o Estado passa a atender aos anseios daqueles que têm o direito de votar, ao menos com a promessa de concretização de proteções sociais.[34] Nessa perspectiva do humanismo democrático, de limitação do poder político e de representatividade popular, a segurança jurídica se apresenta como fundamento indispensável do Estado de Direito.

E essa indispensabilidade não cede nas três fases do Estado Social de Direito (intervenção autoritária nas relações de trabalho; intervenção na economia e grande aparato prestador do Estado Providência).[35] O esgotamento do Estado Providência, com a alta carga tributária, a burocracia e a corrupção, fizeram crescer um sentimento de desconfiança e insatisfação[36] que amparou a demanda por um novo modelo capaz de concretizar a *democratização econômica e social*, garantindo a segurança, que sempre foi um dos pressupostos fundamentais do Estado de Direito.

Surge, assim, a necessidade de reformulação desse sistema prestacionista. Nesse caminho, a busca por segurança jurídica não deixa de ser uma das razões que justificam a reformulação do Estado. O que se altera são as demandas e a extensão que o momento histórico e o modelo constitucional asseguram a essa garantia.

Alguns autores propuseram uma *terceira via*, que corresponderia a um *socialismo democrático*, buscando conciliar liberdade e igualdade,

---

[32] DÍAZ, Elías. *Estado de derecho y sociedad democrática*. Madrid: Taurus (Cuadernos para el Diálogo), 1975. p. 39-40; VERDÚ, Pablo Lucas. *La lucha por el estado de derecho*. Bolonia: Real Colegio de España, 1975. p. 131-134.

[33] HESPANHA, Antônio Manuel (Org.). *Poder e instituições na Europa do antigo regime*: colectânea de textos. Lisboa: Fundação Calouste Gulbenkian, 1988. p. 68-69.

[34] BONAVIDES, Paulo. *Do estado liberal ao estado social*. 6. ed. São Paulo: Malheiros, 1996. p. 33.

[35] SANTAMARÍA PASTOR, Juan Alfonso. *Fundamentos de derecho administrativo*. Madrid: Centro de Estúdios Ramón Areces, 1991. v. 1, p. 158-163.

[36] ALFONSO, Luciano Parejo. *Eficacia y administración*: tres estudios. Madrid: Imprensa National do Botetín Oficial do Estado, Instituto Nacional de Administración Pública – Ministerio para las Administraciones Públicas, 1995. p. 111-112: "verifica, dentre outros aspectos, que a erosão de confiabilidade no Estado decorre tanto do descrédito na adaptabilidade da máquina pública às exigências do mundo tecnológico moderno, quanto da limitação das possibilidades de acréscimo das imposições tributárias."

democracia e socialismo em perspectiva[37] que a História – pelo menos por enquanto – acabou condenando por conflitos e contradições radicais.[38]

---

[37] "O Estado democrático de Direito aparece, nessa perspectiva, como superação real do Estado social de Direito. Isso não quer dizer, no entanto, que este conduza naturalmente àquele; ao contrário, geralmente aparece muito mais como obstáculo para essa superação. Do neocapitalismo não se passa naturalmente ao socialismo; do Estado social de Direito não se passa naturalmente ao Estado Democrático de Direito. A superficial e aparente socialização que produz o neocapitalismo não coincide com o socialismo, assim como tampouco é democracia, sem mais, a democratização que é técnica produz por si mesma; de um nível a outro (é importante insistir-se nisso) há um salto qualitativo e real de primeira ordem. E, como dissemos, forças importantes desse primeiro nível (neocapitalismo) constituem-se certamente como forças interessadas em frear ou impedir a evolução até o segundo nível (socialismo) em que se produz o estado democrático de Direito. Junto a essa possível via evolutiva ocidental, assinala-se que também se pode chegar ao Estado democrático de Direito por caminhos que não sejam o do Estado social de Direito: assim, por exemplo, a partir dos sistemas chamados de democracia popular ou democracia socialista. Com efeito – apesar de indubitáveis freios e retrocessos – a evolução que pode chegar a impor-se nestes sistemas conduziria, superados monolitismos e dogmatismos que ainda subsistem, a posições que confirmariam – desde esse ponto de vista – a compatibilidade entre socialismo é Estado de Direito. Dessa forma, e sem querer chegar com isso apressadamente à grande síntese final ou a qualquer outra forma de culminação da História (isto deve ficar bem claro) cabe dizer que o estado democrático de direito aparece como uma fórmula institucional em que atualmente, e sobretudo para um futuro próximo, pode chegar a se concretizar o processo de convergência em que talvez possam encontrar-se as concepções atuais da democracia e do socialismo. A passagem do neocapitalismo ao socialismo nos países de democracia liberal e, paralelamente, o crescente processo de despersonalização e institucionalização jurídica do poder nos países de democracia popular, constituem em síntese a dupla ação para esse processo de convergência em que apareceria o Estado democrático de Direito. Capitalismo e Estado liberal de Direito eram compatíveis, assim como o são neocapitalismo e Estado social de Direito; mas eram com uma só condição: a de não tornar nem poder tornar efetivas para todos os homens, nem sequer (e isto me parece muito importante) para uma considerável maioria, as referidas exigências – lei como expressão da vontade popular, direitos humanos, quer dizer, direitos próprios de todos os homens, etc. – que aduziam como critérios legitimadores de tal Estado de Direito. Contudo, a pouca liberdade que existe no mundo conquistou-se preferentemente, não nos esqueçamos, no marco contraditório de tais Estados. O objetivo do estado democrático de Direito é justamente o de tornar realidade aquelas exigências não cumpridas: para isso, o que se propõe como base é a liquidação do sistema neocapitalista e a passagem progressiva a um nível modo de produção socialista (que hoje deve saber harmonizar planificação e autogestão para alcançar um verdadeiro controle coletivo da economia)". (DÍAZ, Elías. *Estado de derecho y sociedad democrática*. Madrid: Taurus (Cuadernos para el Diálogo), 1975. p.131-133).

[38] Essa perspectiva perdeu força após a queda do Muro de Berlim e da desagregação da União Soviética. Embora sustentasse pretensão que o aproximava da *terceira via* (CANOTILHO, José Joaquim; MOREIRA, Vital. *Constituição da República Portuguesa anotada*. Coimbra: Almedina, 1984. v. 1, p. 73-78), em conferência no título "Rever a ou romper com a Constituição Dirigente?", que proferiu no instituto Pimenta Bueno/SP, em 22.9.1994, o autor pronunciou-se no sentido de que "andou bem o legislador de revisão quando eliminou da Constituição de 1976 fórmulas pretensamente emancipatórias, do tipo 'transição para socialismo', 'exercício democrático do poder pelas classes trabalhadoras', 'garantia do processo revolucionário' e 'desenvolvimento pacífico do processo revolucionário." (MÁRTIRES COELHO, Inocêncio. Ordenamento jurídico, constituição e

MARILDA DE PAULA SILVEIRA
SEGURANÇA JURÍDICA, REGULAÇÃO, ATO: MUDANÇA, TRANSIÇÃO E MOTIVAÇÃO

A queda da União Soviética, a globalização e toda a insatisfação decorrente do modelo de Estado Providência levaram à cobrança para redução do tamanho e da intervenção do Estado, sem a perda da mínima atuação prestacional garantidora do bem- estar econômico e social. Essa exigência tem como foco a dignidade do homem, que passa a incorporar os direitos sociais com a Constituição Mexicana de 1917 e a Constituição de Weimer de 1919. Não foi diferente com o texto constitucional brasileiro de 1988. A passagem para o Estado democrático de Direito acabou sendo marcada pela "democratização material e [pela] garantia jurídico-formal dos direitos humanos". Diversos foram os caminhos de sua concretização, que encontra fundamento no *caput* do primeiro artigo da Constituição. No centro desse paradigma, encontra-se uma organização política em que o poder emana do povo, que o exerce diretamente ou por meio de representantes, escolhidos em eleições livres e periódicas, com a universalização do sufrágio, o voto direto e secreto para o exercício de mandatos periódicos. Nessa perspectiva, o Estado se empenha em concretizar direitos econômicos, sociais e culturais.

O reforço do elemento "democrático" do Estado não afasta o seu caráter social, tanto que sobressalta entre os seus fundamentos a construção de uma sociedade "livre, justa e solidária", a garantia de desenvolvimento nacional e a promoção do bem-estar de todos sem preconceitos e discriminações (art. 3º, CR/88). São plúrimos os objetivos do Estado democrático de Direito cujo paradigma de assento constitucional irradia diversos princípios, por derivação, interferência ou implicação,[39] como a legalidade, a isonomia, o pluralismo, a separação de poderes e a segurança jurídica.

O acúmulo dessas conquistas, que não vieram em bloco,[40] determina que o primado do Estado de Direito representa um sistema de normas democraticamente estabelecidas e que garantem a expressão da

---

norma fundamental. In: MENDES, Gilmar Ferreira. *Curso de direito constitucional*. 4. ed. rev. e atual. São Paulo: Saraiva, 2009. p. 73).

[39] CANOTILHO, José Joaquim; MOREIRA, Vital. *Constituição da República Portuguesa anotada*. 3. ed. rev., Coimbra: Coimbra, 1993. p. 60-66.

[40] "Em qualquer caso, o do que se trata aqui e agora é de afirmar claramente que, apesar de todas as suas insuficiências em relação aos direitos humanos, o liberalismo constitui um ponto de partida válido para esse processo de democratização, devendo considerar-se, sem dúvida, em Estado de Direito em função também da luta que sustentou contra o absolutismo, em prol dos direitos e das liberdades fundamentais do homem e do cidadão." (DÍAZ, Elias. *Estado de Derecho y sociedad democrática*. Madrid: Taurus (Cuadernos para el Diálogo), 1975. p. 39-40).

vontade geral, a divisão de poderes, o respeito à legalidade submetida ao controle judicial e os direitos e liberdades fundamentais. Mas, o significado do núcleo central e dos fundamentos indispensáveis ao "Estado Democrático" é objeto de estudo de inúmeros autores.

Onofre Alves Batista Júnior fala em "eficiência como princípio jurídico reitor da atuação administrativa."[41] *Maria Sylvia Zanella Di Pietro*, ao tratar da evolução da Administração Pública, afirma que "a participação popular é uma característica essencial do Estado Democrático, porque ela aproxima mais o particular da Administração, diminuindo ainda mais as barreiras entre Estado e sociedade."[42] Essa efetiva participação e o amplo conhecimento permitiriam o real consentimento a respeito das decisões estatais. *Gomes Canotilho* aponta, também, como essencial para a concretização dos direitos fundamentais que "o Estado só pode continuar a manter-se como Estado de direito, como Estado democrático e como Estado social se conseguir realizar-se como Estado educativo."[43] *Reinhold Zippelius* vê no pluralismo a questão central dessa democracia em que a distribuição de poder ocorre de forma complexa. Os interesses se fortalecem pela associação de pessoas ao mesmo tempo em que cada um sustenta as mais diversas aspirações.[44]

Esse desenho democrático precisa dar conta de um modelo de abertura para ouvir essa pluralidade de pretensões em conflito, de um processo de definição do que será atendido, de uma estrutura de concretização e, finalmente, de um procedimento de controle. Em todos são indispensáveis os fundamentos do Estado Democrático que, sobretudo, deve respeito às "regras do jogo" até que certos interesses tenham força para "romper a ordem jurídica e constitucional pela via revolucionária."[45]

---

[41] BATISTA JÚNIOR, Onofre Alves. *Transações administrativas:* um contributo ao estudo do contrato administrativo como mecanismo de prevenção e terminação de litígios e como alternativa à atuação administrativa autoritária, no contexto de uma administração pública mais democrática. São Paulo: Quartier Latin, 2007. p.31.

[42] DI PIETRO, Maria Sylvia. Participação popular na administração pública. *Revista de direito administrativo*, Rio de Janeiro: Fundação Getúlio Vargas, nº 191, jan./mar. 1993. p. 32.

[43] CANOTILHO, José Joaquim Gomes. Paradigmas de estado e paradigmas de administração pública. In: Moderna gestão pública: dos meios aos resultados. *Acta Geral do 2º Encontro do Instituto Nacional de Administração*. Lisboa, mar. 2000. p. 21-34.

[44] ZIPPELIUS, Reinhold. *Teoria geral do estado.* 3. ed. Lisboa: Fundação Calouste Gulbenkian, 1997. p. 299.

[45] BATISTA JÚNIOR, Onofre Alves. *Transações administrativas:* um contributo ao estudo do contrato administrativo como mecanismo de prevenção e terminação de litígios e como alternativa à atuação administrativa autoritária, no contexto de uma administração pública mais democrática. São Paulo: Quartier Latin, 2007. p. 41; MOREIRA NETO, Diogo

De todo modo, um elemento dá unidade a todas as construções teóricas a esse respeito: a *busca de maior legitimidade*. Como bem esclarece *Onofre Alves Batista Júnior*, "no Estado de Justiça busca-se convergir, em maior grau, legitimidade e juridicidade, esboçando-se de alguma forma, uma legitimidade juridicamente exigível."[46] Embora não trate, especificamente, das mudanças de paradigma nos estados em geral, *Paul Kirchhof* coloca muito bem a questão ao analisar o papel da Corte Constitucional alemã e da Constituição no contexto de unificação da Alemanha. O autor reconhece que "o postulado do Estado de Direito é um instrumento de preservação, enquanto o princípio democrático serve, por outro lado, à inovação,"[47] mas salienta que a noção material de democracia exige que "os poderes públicos devem ser legitimados pelo povo de cada momento."[48] E não se trata de uma simples formalidade que possa ser apurada pelo voto em uma oportunidade datada.

Não é por outra razão que, em todas as mudanças de paradigma suportadas pelo Estado de Direito, é possível identificar uma crise de legitimidade, que acaba por levar ao descrédito o modelo que não conseguiu alcançar resultados eficientes nos objetivos que lhe são impostos. Alguns autores sustentam que a Administração Pública moderna, da segunda metade do século XX em diante, encontraria a "legitimação pelo êxito", ou seja, "a realização de metas de

---

de Figueiredo. *Sociedade, estado e administração pública*. Rio de Janeiro: Topbooks, 1995. p. 41-42.

[46] BATISTA JÚNIOR, Onofre Alves. *O princípio constitucional da eficiência administrativa*. Belo Horizonte: Fórum, 2012. p. 362.

[47] KIRCHHOF, Paul. Tareas del *Bundesverfassungsgericht* en una época de câmbios. *Revista Española de Derecho Constitucional*. Año 17, Núm. 49, p. 12, Enero-Abril, 1997.: "La promesa de preserver dignidad, liberdad e igualdad es también la apuesta central de la garantía de continuidad que entraña uma democracia bajo el Estado de Derecho. Em tal constelación, el postulado de Estado de Derecho es um instrumento más bien de la preservación; el principio democrático sierve, em cambio, a la innovación. La garantia de aquella parte del Derecho que es inviolable, solo difícilmente reformable, y la vinculación democrática de los poderes públicos al pueblo orientan la comunidad hacia una continuidad de las condiciones jurídicas y existenciales que es fundamento de seguridad y liberdad personales, llevando con ello a desplegarse a un pueblo que tenderá más a preservar que a derrocar."

[48] KIRCHHOF, Paul. Tareas del *Bundesver fassungs gericht* em una época de câmbios. *Revista Española de Derecho Constitucional*. Año 17, Núm. 49, Enero-Abril, 1997. p. 15: "Tal planteamiento [votar para escolher se a Constituição será ou não mantida] confunde la idea de la democracia en el sentido de una mera regla de procedimiento al reducir los requisitos de la legitimación democrática a un acto único de votar; constriñe la idea material de democracia conforme la cual los poderes públicos deben ser legitimados por el pueblo de cada momento, a la formalidad de una única decisión de principio, sometiendo la propria democracia a una decisión momentánea."

desenvolvimento, com a consequente melhoria nas condições de vida da comunidade."[49]

De fato, é inegável que a confiança que se tem nas instituições e na atuação do Estado é um dos desafios de legitimidade do Estado Democrático de Direito. Para que esse paradigma de atuação estatal se sustente, é indispensável que os cidadãos continuem a entender que esse sistema é legítimo. De outro modo, a tendência é de que haja uma desestruturação do modelo em curso. Enquanto no Estado de Direito em formação era predominante o princípio da legalidade, no paradigma democrático atual, "a lei formal segue sendo a fonte principal, mas a legalidade, para consolidar uma ideia de juridicidade material democrática, reclama legitimidade."[50] Enquanto a legalidade envolve um conceito formal, a legitimidade demanda a correspondência entre a norma e o sentido acolhido pelo corpo social ou, nas palavras de *Eros Grau*, "dotado de legitimidade é o direito posto, que corresponde ao direito pressuposto."[51] A segurança, desdobrada na confiança que os cidadãos depositam nas instituições estatais é, portanto, um dos fatores que compõem a legitimidade do sistema.

Para que essa confiança se estabeleça, contudo, para além da proteção dos direitos fundamentais, da garantia da dignidade da pessoa humana e da interlocução participativa, esse paradigma democrático deve assegurar que a esfera afetada pela atuação Estatal – mais ampla que no Estado social e menor que no Estado liberal – tenha condições de se planejar. Se por um lado, a soberania da vontade popular deve permitir que as decisões e as normas sejam adaptadas ao seu tempo, absorvendo mudanças inevitáveis, por outro, as decisões estatais que possam atingir os administrados devem estar ao alcance da sociedade, que deve ser capaz de compreender os riscos a que se expõe nessa relação jurídica.

---

[49] BATISTA JÚNIOR, Onofre Alves. *Transações administrativas:* um contributo ao estudo do contrato administrativo como mecanismo de prevenção e terminação de litígios e como alternativa à atuação administrativa autoritária, no contexto de uma administração pública mais democrática. São Paulo: Quartier Latin, 2007. p. 31. No mesmo sentido: FERREIRA FILHO, Manoel Gonçalves. *Constituição e governabilidade:* ensaio sobre a (in) governabilidade brasileira. São Paulo: Saraiva, 1995. p. 88.

[50] BATISTA JÚNIOR, Onofre Alves. *O princípio constitucional da eficiência administrativa.* Belo Horizonte: Fórum, 2012. p. 376. No mesmo sentido: ROCHA, Cármen Lúcia Antunes. *Princípios constitucionais da Administração Pública.* Belo Horizonte: Del Rey, 1994. p. 69.

[51] GRAU, Eros Roberto. *O direito posto e direito pressuposto.* 2. ed. São Paulo: Malheiros, 1998. p. 57.

MARILDA DE PAULA SILVEIRA
SEGURANÇA JURÍDICA, REGULAÇÃO, ATO: MUDANÇA, TRANSIÇÃO E MOTIVAÇÃO

O Estado de Direito não pode estar vinculado a um conceito de segurança jurídica que leve à estabilidade de toda e qualquer previsão normativa. Essa pretensão esvaziaria qualquer pretensão democrática e conduziria à própria desagregação do sistema. É inegável, contudo, a crise de legitimidade dos poderes que se instalou no Estado Democrático brasileiro nos últimos anos. Mais recentemente, nas manifestações de junho de 2013, ficou claro o descontentamento e a desconfiança dos cidadãos em relação às instituições públicas.

O equilíbrio do arranjo institucional foi colocado à prova por um movimento que, embora esteja distante de um golpe de estado e de uma revolução, abalou a já questionada legitimidade das instituições públicas. Um deles, como se pode extrair dos fundamentos que justificam a presente obra em sua introdução, é a ausência de confiança na atuação estatal, que não inspira segurança. Nesse contexto, é preciso definir qual é o conteúdo da segurança jurídica e qual é a extensão que se pode extrair desse princípio, de modo a não fragilizar o teor protetivo que "confere às relações jurídicas um estado de firmeza ou estabilidade perante o Direito futuro."[52]

Como já salientado, desenvolve-se a tese de que a individualização das decisões administrativas, com a avaliação obrigatória de um regime de transição nos casos de extinção e/ou modificação dos atos administrativos é indispensável para o fortalecimento da segurança nas relações jurídico-administrativas. Para que essa hipótese possa ser confirmada, é necessário definir o conceito e os elementos da segurança jurídica que serão compreendidos como pressupostos da presente obra.

1.1 O fundamento constitucional da segurança jurídica

Diversos autores[53] compartilham o entendimento de que a dignidade da pessoa humana, a liberdade, a igualdade material, a fraternidade, a participação e o planejamento são características do Estado Constitucional Democrático. Todos esses fundamentos reforçam o pressuposto de que o Estado de Direito somente pode ser juridicamente

---

[52] BRITTO, Carlos Ayres; PONTES FILHO, Valmir. Direito adquirido contra as emendas constitucionais. In *Estudos em homenagem a Geraldo Ataliba*. 2ª ed. São Paulo: Malheiros, 1997. p. 156-157.

[53] BATISTA JÚNIOR, Onofre Alves. *Transações administrativas:* um contributo ao estudo do contrato administrativo como mecanismo de prevenção e terminação de litígios e como alternativa à atuação administrativa autoritária, no contexto de uma administração pública mais democrática. São Paulo: Quartier Latin, 2007. p.33.

entendido como aquele que impõe algum sacrifício às liberdades e à propriedade, mas garante, por outro lado, segurança e atendimento de necessidades sociais. A segurança jurídica é, portanto, um princípio que emana do Estado de Direito,[54] mas que se apresenta como produto que depende da implementação de instrumentos que dão concretude à sua incidência. Sua aplicação não se materializa como qualidade intrínseca do Ordenamento Jurídico.[55] Muitas vezes, ela é apresentada como um dos pilares que fundamentam a própria ideia de Direito e de Justiça.[56] Nesse sentido, seria um *valor* que inspiraria a existência do Direito, assim como a Justiça e a Paz Social.[57]

A segurança jurídica, contudo, não é medida absoluta nem "um conceito tão geral que nós podemos fazê-lo dizendo aquilo que queremos."[58] Considera-se, nesse contexto, que a manutenção de alternativas que admitam flexibilidade seja indispensável para a garantia da liberdade. Ocorre que, atualmente, os fatores de instabilidade têm superado as fronteiras da *insegurança necessária*, o que acaba por obstar

---

[54] FERRAZ, Luciano. Segurança jurídica positivada: interpretação, decadência e prescritibilidade. *Revista Eletrônica sobre a Reforma do Estado (RERE)*. Salvador, Instituto Brasileiro de Direito Público, nº 22, junho, julho e agosto, 2010. Disponível em: <www.direitodoestado.com/revista/RERE-22-junho-2010-LUCIANO-FERRAZ.pdf>. Acesso em 1º nov. 2013.

[55] Humberto Ávila se refere à segurança do Direito, pelo Direito, como um direito, frente ao Direito, sob o Direito, de direito(s), como um direito, ou no Direito. Destaca que esses sentidos não são paralelos, mas "modos de exteriorização que se entrecruzam". Esclarece que "se uma só acepção, contudo, tivesse que ser utilizada como sendo aquela que, com maior abrangência, caracterizaria o conceito de segurança jurídica defendido nessa obra, a escolha cairia na acepção "segurança no Direito", pois é esta que melhor ilustra a compreensão de que a segurança não é uma qualidade intrínseca do Direito ou de suas normas, vinculadas à sua prévia determinação, porém um produto cuja existência, maior ou menor, depende da conjugação de uma série de critérios e de estruturas argumentativas a serem verificadas no próprio processo de aplicação do Direito." (ÁVILA, Humberto. *Segurança jurídica*: entre permanência, mudança e realização no direito tributário. 2. ed., rev., atual. e ampl. São Paulo: Malheiros, 2012. p. 140-141).

[56] BOBBIO, Norberto. La certezza Del Diritto è un mito? *Rivista Intenazionale di Filosofia del Diritto*, nº 28, p. 150-151, 1951; FULLER, Lon. *Anatomy of Law*. Connecticut: Greenwood, 1968. p. 73. Afirma que sem segurança jurídica não se pode falar em Direito. DEL CACHO, José L. Mezquita. *Seguridad jurídica y sistema cautelar*. v. 1, Teoria de la seguridad jurídica. Barcelona: Bosh, 1989. p.41. CARVALHO, Paulo de Barros. *Curso de Direito Tributário*. 21. ed. São Paulo: Saraiva, 2009. p. 165.

[57] VALEMBOIS, Anne-Laure. *La Constitutionnalisation de l'exigence de sécurité juridique en droit française*. Paris: LGDJ, 2005. p. 6.

[58] BOISSARD, Sophie. Comment garantir la stabilité des situations juridiques sans priver l'autorité administrative de tous moyens d'action et sans transiger sur le respect du principe de légalité? Le difficile dilemma du juge administrative". *Les Cahiers du Conseil Constitutionnel*, nº 11, p. 70, 2001.

36 | MARILDA DE PAULA SILVEIRA
SEGURANÇA JURÍDICA, REGULAÇÃO, ATO: MUDANÇA, TRANSIÇÃO E MOTIVAÇÃO

a *implementação dos pressupostos de garantia da segurança jurídica*[59]*diante da atuação estatal.* São diversos os fatores que se alinham para compor esse cenário:[60]

i) *excesso de informação:* embora o elevado número de normas, atos e obras permita uma maior compreensão da realidade, dificulta ou até inviabiliza a previsibilidade diante da quantidade de variáveis que devem ser consideradas;[61]

ii) *inflação legislativa:* não apenas o número de leis, mas de medidas provisórias aumentam em progressão geométrica no Brasil.[62] Esse aumento decorre da pretensão de regulação minudente (que alimenta o paradoxo da insegurança); da crescente intervenção estatal, da própria privatização, que demanda por regulação,[63] e das constantes alterações legislativas.[64]

iii) *complexidade das normas vigentes:* como a sociedade abriga interesses e valores diversos, muitas vezes colidentes, as normas tornam-se não apenas mais numerosas, mas quantitativa e qualitativamente mais complexas.[65] As diversas tarefas estatais, a pretensão de reduzir as assimetrias sociais, de induzir comportamentos,[66] as chamadas *leis ônibus*[67] e a

---

[59] Cognoscibilidade, confiabilidade e calculabilidade, como se verá melhor adiante.

[60] ÁVILA, Humberto. *Segurança jurídica:* entre permanência, mudança e realização no direito tributário. 2. ed., rev., atual. e ampl. São Paulo: Malheiros, 2012. p. 40-66.

[61] VALEMBOIS, Anne-Laure. *La Constitutionnalisation de l'exigence de sécurité juridique en droit française.* Paris: LGDJ, 2005. p. 8.

[62] MEDAUAR, Odete. Segurança Jurídica e confiança legítima. In: ÁVILA, Humberto (Org.). *Fundamentos do estado de direito.* São Paulo: Malheiros, 2005. p. 118.

[63] FERNANDEZ, José Luis Palma. *La seguridad juridica ante la abundancia de normas.* Madrid: Centro de Estudios Políticos y Constitucionales, 1997. p. 86.

[64] O Direito encontra-se em constante reforma, que segue ritmo cada vez mais acelerado, seja pela minudência dos regulamentos que se tornam obsoletos com maior velocidade, seja para atender à demanda social de uma sociedade cada vez mais "líquida". (OST, François. *Le temps du droit.* Paris: Odile Jacob, 1999. p. 293; BAUMAN, Zygmunt. *Modernidade líquida.* Trad.: Plínio Dentzien. Rio de Janeiro: Jorge Zahar, 2001. p. 143).

[65] FERRAJOLI, Luigi. The past and the future of the rule of law. In: COSTA, Pietro; ZOLO, Danilo (Orgs.). *The rule of law:* history, theory and criticism. Dordrecht: Springer, 2007. p. 337.

[66] SCHOUERI, Luís Eduardo. Segurança na ordem tributária nacional e internacional: tributação do comércio exterior. In: BARRETO, Aires Ferdinando *et al* (Orgs.). *Segurança jurídica na tributação e estado de direito.* São Paulo: Noeses, 2005. p. 376.

[67] Essa denominação se refere às normas que, em um único instrumento legislativo, cuidam dos mais variados temas e promovem alteração em diversas outras normas a respeito de diferentes matérias. (ENTERRÍA, Eduardo Garcia de. *Justicia y seguridad jurídica en un mundo de leys desbocadas.* Madrid: Civitas, 1999. p. 77).

própria complexidade das matérias reguladas agravam essa complexidade.

iv) *complexidade da coerência entre as normas:* a distribuição de competências constitucionais permite a concorrência de normas nacionais e regionais entre entes legiferantes, o que dificulta a compreensão de sua coerência.

v) *o paradoxo dos conceitos indeterminados:* se por um lado as normas com conceitos abertos permitem abarcar um maior número de possibilidades, sua aplicação acaba conduzindo à edição de regulamentos que tornam o ordenamento jurídico ainda mais complexo.[68]

vi) *rupturas na interpretação das normas pelos Tribunais:* como a aplicação do Direito envolve interpretação, ponderação e valorações, a instabilidade normativa também está diretamente vinculada à forma de atuação do Poder Judiciário. E, nessa seara, nota-se não apenas a *ausência de homogeneidade* na atuação dos seus diversos órgãos, como também constantes alterações no direcionamento jurisprudencial.

De fato, construir um sistema que garanta a segurança na aplicação do Direito representa uma luta do sistema jurídico "contra si mesmo."[69] Contudo, não se pode desconsiderar que todo esse movimento normativo interfere nas iniciativas e nas ações de todos os cidadãos, inclusive daqueles que mantêm relações jurídico-administrativas com o Estado e que são chamados de administrados.

Toda atuação, pública ou privada, é antecedida de um planejamento, ainda que mínimo. Significa dizer que toda escolha e/ou decisão tomada pelos administrados é precedida de uma análise de custo/benefício, ainda que instintiva. Para tanto, os indivíduos consideram os elementos disponíveis. Especificamente no que se refere às relações jurídico-administrativas, as decisões que podem ser impactadas pelos atos administrativos consideram os diversos cenários de atuação da

---

[68] GRAU, Eros Roberto. *O direito posto e o direito pressuposto.* 7. ed. São Paulo: Malheiros, 2008. p. 187; RAMÍREZ, Federico Arco. *La seguridad jurídica:* una teoría formal. Madrid: Dykinson, 2000. p. 333; CHEVALLIER, Jacques. Le droit économique: l'insécurité juridique ou nouvelle sécurité juridique? In: BOY, Laurence; RACINE, Jean-Baptiste; SIIRIAINEN, Fabrice (Orgs.). *Sécurité juridique et droit économique.* Bruxelles: Larcier, 2008. p. 561; DOUET, Frédéric. *Contribution à la sécurité juridique en Droit interne français.* Paris: LGDJ, 1997. p. 32.

[69] MOLFESSIS, Nicolas. Combattre l'insécurité juridique ou la lute du systéme juridique contre lui-même. In: Sécurité juridique et complexité du droit. Conseil d'État, *Rapport Public 2006 – Études e documents,* nº 57. Paris: Documentation française, 2006. p. 391.

Administração Pública. Essas possibilidades variam de acordo com a incidência do conjunto normativo do regime jurídico administrativo e "sem calculabilidade, não há como prevalecer uma economia de mercado."[70] No campo do Direito Administrativo, deve-se considerar, sobretudo, que milita em favor da Administração Pública a presunção de legalidade dos atos administrativos.

O planejamento de todos os atos que dependem, direta ou indiretamente, de uma relação jurídico-administrativa, considera os cenários possíveis, inclusive o risco de modificação do conjunto normativo e dos atos administrativos. Afinal, um dos elementos da democracia é, justamente, o constante debate que leva às alterações de perspectiva e à possibilidade de mudança. Nesse contexto, afirma Humberto Ávila, citando Francesco Carnelutti[71] que:

> Pode-se, dentro de todo esse contexto, afirmar que não apenas o futuro, mas também o passado termina provocando insegurança. O cidadão, pela ausência de inteligibilidade do ordenamento jurídico, não sabe o que é válido hoje (insegurança com relação ao Direito presente); ele, pela falta de previsibilidade do ordenamento jurídico, igualmente não sabe o que será válido ou vinculante amanhã (insegurança jurídica com relação ao Direito futuro); e, ele, pela carência de estabilidade do ordenamento jurídico, paradoxalmente também não sabe se o que foi válido ontem continuará valendo hoje (insegurança com relação ao Direito pretérito). O Direito não é seguro. E um Direito que não é seguro, não é Direito, como lembra Carnelutti.[72]

Embora se apresente como princípio implícito do Estado de Direito, a segurança jurídica encontra diversos fundamentos constitucionais que, direta ou indiretamente lhe dão suporte.

O primeiro ponto revelador de que a Constituição garante a segurança jurídica, reside no seu perfil regulatório e não principiológico, que assume a pretensão de proporcionar maior *cognoscibilidade, confiabilidade e calculabilidade* aos seus destinatários.[73] Além disso, a Constituição

---

[70] GRAU, Eros Roberto. *A ordem econômica na Constituição de 1999*. 12. ed. São Paulo: Malheiros, 2007. p. 32.

[71] CARNELUTTI, Francesco. Certezza, autonomia, libertà, diritto. *Diritto della Economia*, nº 2, p. 1.190. 1956.

[72] ÁVILA, Humberto. *Segurança jurídica*: entre permanência, mudança e realização no direito tributário. 2. ed., rev., atual. e ampl. São Paulo: Malheiros, 2012. p. 45.

[73] ÁVILA, Humberto. *Segurança jurídica*: entre permanência, mudança e realização no direito tributário. 2. ed., rev., atual. e ampl. São Paulo: Malheiros, 2012. p. 203-204.

garante a segurança de maneira direta no art. 5º, *caput*, e dá suporte (por indução ou dedução) àqueles três eixos.[74] Diversas outras previsões constitucionais também dão suporte ao princípio:[75] i) preâmbulo;[76] ii) art. 5º, *caput*;[77] iii) art. 103-A, inserido pela EC nº 45/2004;[78] iv) art. 5º, XXXVI;[79] v) art. 1º;[80] vi) art. 2º;[81] vii) princípio

---

[74] Apud ÁVILA, 2012. p. 197. RÜMELIN, Max. *Die rechtssicherheit*. Tübingen: Mohr Siebeck, 1924. p. 9,12,14: "qual a sua dimensão normativa (se fato, valor ou norma), qual a sua espécie normativa (se regra ou princípio), qual é o sentido de 'segurança' (se cognoscibilidade ou determinação, confiabilidade ou imutabilidade, calculabilidade ou previsibilidade), qual é o significado de 'jurídica' (se 'do', 'pelo', 'frente ao', 'sob o', 'de direitos', 'como um direito', 'no Direito'), qual o objeto ao qual ela se refere (se ao ordenamento jurídico, a uma norma ou a um comportamento), qual é o sujeito que ela protege (se o contribuinte ou o Estado, ou ambos), em qual perspectiva ela é concebida (se na visão do cidadão comum ou do especialista), quem deverá protegê-la (se o Poder Legislativo, o Poder Executivo ou o Poder Judiciário), qual é o momento em que ela deverá ser realizada (se hoje ou amanhã), em que medida ela deve ser garantida (se relativa ou absolutamente) e por que ela é protegida (se como fim ou como meio)." (ÁVILA, Humberto. *Segurança jurídica*: entre permanência, mudança e realização no direito tributário. 2. ed., rev., atual. e ampl. São Paulo: Malheiros, 2012. p. 201-202).

[75] ÁVILA, Humberto. *Segurança jurídica*: entre permanência, mudança e realização no direito tributário. 2. ed., rev., atual. e ampl. São Paulo: Malheiros, 2012. p. 207-250.

[76] Institui um Estado Democrático de Direito "destinado a assegurar [...] a segurança" como valor que denotaria "segurança pelo Direito": ÁVILA, Humberto. *Segurança jurídica*: entre permanência, mudança e realização no direito tributário. 2. ed., rev., atual. e ampl. São Paulo: Malheiros, 2012. p. 208.

[77] ATALIBA, Geraldo. *República e Constituição*. 3. ed. São Paulo: Malheiros, 2011. p. 179; ÁVILA, Humberto. *Segurança jurídica*: entre permanência, mudança e realização no direito tributário. 2. ed., rev., atual. e ampl. São Paulo: Malheiros, 2012. p. 209-210: "todos são iguais perante a lei sem distinção de qualquer natureza, garantindo-se aos brasileiros e aos estrangeiros residentes do país a inviolabilidade do direto [...] à segurança [...]". Embora o dispositivo não seja claro, pois não qualifica o termo segurança, o contexto em que se insere revela que se refere à segurança em toda a sua abrangência.

[78] É o único dispositivo constitucional que faz menção expressa à "segurança jurídica". Autoriza ao Supremo Tribunal Federal, por dois terços de seus membros, aprovar, de ofício ou por provocação, editar súmula vinculante aos demais órgãos do Poder Judiciário e da Administração Pública. Essa previsão garante "cognoscibilidade do ordenamento jurídico, como exigência de clareza e inteligibilidade das normas e de sua aplicação; calculabilidade como exigência de previsibilidade e de vinculação normativa." (ÁVILA, Humberto. *Segurança jurídica*: entre permanência, mudança e realização no direito tributário. 2. ed., rev., atual. e ampl. São Paulo: Malheiros, 2012. p. 211).

[79] REALE, Miguel. *Revogação e anulamento do ato administrativo*. 2. ed. Rio de Janeiro: Forense, 1980. p. 81: "a lei não prejudicará o direito adquirido, o ato jurídico perfeito e a coisa julgada". São mecanismos de instrumentalização da segurança jurídica que garantem confiabilidade ao sistema, nos casos concretos.

[80] "A República Federativa do Brasil, formada pela união indissolúvel dos Estados e Municípios e do Distrito Federal, constitui-se em Estado Democrático de Direito [...]." ii) Princípio do Estado Social de Direito: exige uma espécie de mudança estável que medeia a inovação e a continuidade; ao garantir condições sociais mínimas para se efetivar os direitos individuais exige, como consequência, que os cidadãos não sofram arbitrariedades e não sejam surpreendidos abruptamente;

[81] Princípio da divisão funcional dos poderes: a divisão e o controle recíproco dos poderes só se mantêm com um Direito "acessível, inteligível e estável". (ÁVILA, Humberto. *Segurança*

democrático;[82] viii) princípios subjetivos de liberdade: a) patrimoniais;[83] b) não Patrimoniais;[84] ix) princípios administrativos.[85] Como afirma Márcio Cammarosano "o valor segurança está significativamente referido já no Preâmbulo da Constituição, que, ao instituir um Estado Democrático, a ele se reporta como um daqueles que se destina a assegurar."[86]

Assim como os demais autores, Luís Roberto Barroso[87] também fundamenta a segurança jurídica no Estado de Direito e no art. 5º, *caput*, da Constituição. Afirma que o desenvolvimento do conceito na doutrina e na jurisprudência inclui diversos conteúdos, entre os quais, "confiança nos atos do Poder Público, a previsibilidade dos comportamentos e a estabilidade das relações jurídicas." O autor também aponta que a resolução do conflito de leis no tempo é um conflito de segurança jurídica e que um "postulado básico na matéria, que comporta exceções, mas tem aceitação universal, é o de que a lei nova não atinge os fatos

---

jurídica: entre permanência, mudança e realização no direito tributário. 2. ed., rev., atual. e ampl. São Paulo: Malheiros, 2012. p. 220; RAMÍREZ, Federico Arco. *La seguridad jurídica: una teoría formal*. Madrid: Dykinson, 2000. p. 86; GRAU, Eros Roberto. *O direito posto e o direito pressuposto*. 7. ed. São Paulo: Malheiros, 2008. p. 226).

[82] Baseia-se e pressupõe transparência e confiança entre representantes e representados. (VALEMBOIS, Anne-Laure. *La Constitutionnalisation de l'exigence de sécurité juridique en droit française*. Paris: LGDJ, 2005. p. 61; REDOR, Marie-Joële. *De l'État legal à l'État de Droit*. Paris: Economica, 1992. p. 291).

[83] 1) Princípio da proteção da propriedade (art. 5º, *caput* e XXII e XXIII, e art. 170, II e III): garante confiabilidade e calculabilidade aos proprietários que somente sofrem restrições por meio de procedimentos específicos e em casos extraordinários; 2) Princípios da liberdade de exercício de profissão e de atividade econômica (art. 5º, XIII; art. 170, *caput* e art. 150, II): a alteração das condições de exercício de uma profissão ou de atividade econômica deve pautar-se pela proporcionalidade, preservando de forma indireta a confiabilidade e a calculabilidade do ordenamento jurídico. (ÁVILA, Humberto. *Segurança jurídica*: entre permanência, mudança e realização no direito tributário. 2. ed., rev., atual. e ampl. São Paulo: Malheiros, 2012. p. 224; UHLRICH, Hanns. La sécurité juridique en droit économique allemand: observations d'un privatiste. In: BOY, Laurence; RACINE, Jean-Baptiste; SIIRIAINEN, Fabrice (Orgs.). *Sécurité juridique et droit économique*. Bruxelles: Larcier, 2008. p. 77).

[84] Princípio da proteção da liberdade; Princípio da proteção da família; Princípio da igualdade; Princípio da dignidade humana.

[85] Princípio da moralidade; Princípio da publicidade; Proibição de modificação constitucional; Legalidade; Anterioridade; Irretroatividade; Proibição de tributo com efeito de confisco; Reserva de lei complementar; Atividade financeira do Estado; Atividade interventiva do Estado; Legitimação para ações diretas. Atividade financeira do Estado; Atividade interventiva do Estado; Legitimação para ações diretas.

[86] CAMMAROSANO, Márcio. *O princípio constitucional da moralidade e o exercício da função administrativa*. Belo Horizonte: Fórum, 2006. p. 33.

[87] BARROSO, Luís Roberto. *Direito público*: estudos em homenagem ao professor Adilson Abreu Dallari - Constitucionalidade e legitimidade da reforma da previdência (ascensão e queda de um regime de erros e privilégios). Belo Horizonte: Del Rey, 2004. p. 446-486.

anteriores ao início de sua vigência, nem as consequências dos mesmos, ainda que se produzam sob o império do direito atual,"[88] nos termos do art. 5º, XXXVI, CR/88.

Embora todos os fundamentos constitucionais da segurança jurídica mereçam o devido apontamento, a análise que decorre do Estado de Direito demanda maior aprofundamento. Assim, porque, a despeito de todo o regramento citado, este princípio não encontra fundamento em normas constitucionais expressas. Sua existência, contudo, pode ser deduzida ou induzida de princípios e regras. Nesse sentido, além das disposições referidas, os fundamentos do Estado de Direito permitem deduzir, em larga medida, os ideais de *confiabilidade, cognoscibilidade e calculabilidade* que direcionam a segurança em nosso Ordenamento Jurídico.[89] Não se pretende analisar o princípio do Estado de Direito em toda a sua extensão, mas como ele contribui para fundamentar o conteúdo da segurança jurídica.

Boa parte da doutrina[90] e da jurisprudência[91] admite que a segurança jurídica consubstancia princípio de estatura constitucional,[92] [93] que encontra fundamento no modelo do Estado de Direito, embora essa expressão não se permita definir facilmente.

Os Tribunais têm utilizado o que denominam "princípio do Estado de Direito" para fundamentar decisões em cinco diferentes sentidos: i) o Estado também se submete à lei, pela ampla noção de legalidade; ii) os órgãos estatais estão subordinados a procedimentos

---

[88] BARROSO, Luís Roberto. *Direito público:* estudos em homenagem ao professor Adilson Abreu Dallari – Constitucionalidade e legitimidade da reforma da previdência (ascensão e queda de um regime de erros e privilégios). Belo Horizonte: Del Rey, 2004. p. 466.

[89] ÁVILA, Humberto. *Segurança jurídica:* entre permanência, mudança e realização no direito tributário. 2. ed., rev., atual. e ampl. São Paulo: Malheiros, 2012. p. 212.

[90] CARVALHO, Paulo de Barros. Segurança jurídica e modulação de efeitos. *Revista da Fundação Escola Superior de Direito Tributário*, v. 1, Porto Alegre, 2008. p. 207; SARLET, Ingo. A eficácia do direito fundamental à segurança jurídica: dignidade da pessoa humana, direitos fundamentais e proibição de retrocesso social no Direito Constitucional brasileiro. In: ANTUNES ROCHA, Cármen Lúcia (Org.). *Constituição e segurança jurídica – direito adquirido, ato jurídico perfeito e coisa julgada:* estudos em homenagem a José Paulo Sepúlveda Pertence. Belo Horizonte: Fórum, 2004. p. 91.

[91] SUPREMO TRIBUNAL FEDERAL, HC 82.959, Tribunal Pleno, Relator Ministro Marco Aurélio, DJ 1.9.2006. No mesmo sentido QO na Pet nº 2.900, 2. Turma, Relator Ministro Gilmar Mendes, DJ 1.8.2003; MS nº 24.268, Tribunal Pleno, Relator Ministro Gilmar Mendes, DJ 17.9.2004.

[92] ÁVILA, Humberto. *Segurança jurídica:* entre permanência, mudança e realização no direito tributário. 2. ed., rev., atual. e ampl. São Paulo: Malheiros, 2012. p. 295.

[93] FERRARI, Regina Maria Macedo Nery. O ato jurídico perfeito e a segurança jurídica no controle da constitucionalidade. In ROCHA, Cármen Lúcia Antunes (Org.). *Constituição e segurança jurídica*. Belo Horizonte: Fórum, 2004. p. 214.

de responsabilidade; iii) fundamento da divisão de poderes é um de seus desdobramentos; iv) efetivação de garantias fundamentais; v) estabelece relação direta com o princípio em apreço.[94] Almiro do Couto e Silva afirma que o Estado de Direito estaria apoiado, em seu aspecto material, nas ideias de "justiça" e de "segurança jurídica" e, no aspecto formal, em vários elementos, entre os quais se destacariam: i) a existência de um sistema de direitos e garantias fundamentais; ii) a divisão das funções do Estado; iii) a legalidade da Administração Pública; e iv) a proteção da confiança.[95] Apresentando os fundamentos do Estado de Direito, Sylvia Calmes também o fundamenta em três categorias (vinculação do Estado à lei; divisão de poderes e limitação do poder).[96]

O Estado de Direito traz em si a exigência de protetividade de direitos, a responsabilidade estatal, a universalidade, a não arbitrariedade do Direito, a submissão do Estado às regras claras, prospectivas e não contraditórias.[97] Elementos que o tornam cognoscível, confiável e calculável, protegendo o cidadão da arbitrariedade,[98] pois "o Estado de Direito ou é seguro, ou não é Estado de Direito."[99]

A segurança jurídica e seus elementos, portanto, seriam deduzidos dos fundamentos do Estado de Direito e, especialmente, de suas regras, atos e procedimentos, que garantem efetividade aos direitos

---

[94] MAFFINI, Rafael. *Princípio da proteção substancial da confiança no direito administrativo brasileiro*. Porto Alegre: Verbo Jurídico, 2006. p. 43.

[95] COUTO E SILVA, Almiro. Os princípios da legalidade da administração pública e da segurança jurídica no Estado de Direito contemporâneo. *Revista da Procuradoria-Geral do Estado do Rio Grande do Sul*, Porto Alegre: Instituto de Informática Jurídica do Estado do Rio Grande do Sul, v. 18, nº 46, p. 46; FIGUEIREDO, Lucia Valle. Estado de direito e devido processo legal. *Revista Trimestral de Direito Público*, São Paulo, nº 15, 1996. p. 35.

[96] CALMES, Sylvia. *Du príncipe de protection de la confiance legitime em Droits Allemand, Communautaire et Français*. Paris: Dalloz, 2001. p. 89: "A primeira delas corresponderia aos 'elementos constitutivos' do Estado de Direito, portadores de uma função de determinação, dos quais se poderia destacar: a) vinculação do Estado à Constituição, à lei e ao Direito; b) a divisão das funções estatais; c) a proteção jurisdicional contra os poderes públicos; d) a paz jurídica; e) a obrigação de motivação das decisões judiciais; f) imparcialidade, dentre outros. Por fim, Sylvia Calmes cita como terceira categoria de características do Estado de Direito, aqueles denominados "elementos relativizadores", pertinentes à função de adequação."

[97] CARRAZZA, Roque Antônio. Segurança jurídica e eficácia temporal das alterações jurisprudenciais: Competência dos tribunais superiores para fixá-la – questões conexas. In: FERRAZ JÚNIOR, Tércio Sampaio. *et all* (Orgs.). *Efeito ex nunc e as decisões do STF*. São Paulo: Manole, 2008. p. 41.

[98] CALMES, Sylvia. *Du príncipe de protection de la confiance legitime en Droits Allemand, Communautaire et Français*. Paris: Dalloz, 2001. p. 115.

[99] ÁVILA, Humberto. *Segurança jurídica*: entre permanência, mudança e realização no direito tributário. 2. ed., rev., atual. e ampl. São Paulo: Malheiros, 2012. p. 213.

individuais e ao exercício legítimo de poder pelo Estado.[100] Esse sentido tem sido reconhecido pelo Supremo Tribunal Federal (STF), que lhe atribui a condição de subprincípio do Estado de Direito.[101]

Independentemente da dedução constitucional, pode-se afirmar que a segurança (e a própria segurança jurídica) trata-se de anseio antropológico do ser humano. Seria a "soma da certeza, da legalidade, da hierarquia, da publicidade normativa, da irretroatividade do desfavorável, da interdição de arbitrariedade [...] equilibrados 'de tal suerte que permita promover, em el orden jurídico, la justicia y la igualdad em liberdad."[102] *Recasens Siches* afirma que "o Direito não nasceu na vida humana por virtude do desejo de prestar culto ou homenagem à ideia de justiça, mas para satisfazer uma ineludível urgência de segurança e de certeza na vida social."[103]

Além dos fundamentos que amparam a juridicidade do conceito, o debate a respeito de sua natureza principiológica permanece aceso. A questão que se coloca é se a segurança jurídica seria mesmo um princípio de valor superior, se decorreria de outras normas e se seria exigência deontológica da qual não se poderia impor outras regras.[104]

No direito comunitário, a segurança jurídica é admitida como um princípio de direito positivo. Contudo, é considerado um princípio vazio de conteúdo, cuja ausência não modificaria as soluções adotadas. Na Suíça, seria uma exigência jurídico-política que se direcionaria ao legislador. Na França, seria um postulado tão genérico que leva à afirmação de um caráter insignificante. Trata-se de conceito que não é recebido de forma homogênea nas diferentes ordens jurídicas. Nos Estados Unidos, haveria vedação às leis retroativas (art. 1º, seção 9, 1:

---

[100] SUMMERS, Robert. A formal theory of the rule of law. In: *Essays in legal theory*. Dordrecht: Klumer, 2000. p. 169.

[101] BRASIL. SUPREMO TRIBUNAL FEDERAL. MS 24.268-0, Relator Ministro Gilmar Mendes. DJ 17.9.2004, p. 183 do acórdão: "Considera-se, hodiernamente, que o tema tem, entre nós, assento constitucional (princípio do Estado de Direito) e está disciplinado, parcialmente, no plano federal, na Lei nº 9.784, de 29.1.99 (v.g., art. 2º). Como se vê, em verdade, a segurança jurídica, como subprincípio do Estado de Direito, assume valor ímpar no sistema jurídico, cabendo-lhe papel diferenciado na realização da própria justiça material."

[102] MAFFINI, Rafael. *Princípio da proteção substancial da confiança no direito administrativo brasileiro*. Porto Alegre: Verbo Jurídico, 2006. p. 49, cita a Sentença nº 27/1981, de 20 de julho, do Tribunal Constitucional da Espanha.

[103] SICHES, Recasens. *Vida humana, sociedad y derecho*. Alicante: Biblioteca Virtual Miguel de Cervantes, 2000. p. 219.

[104] MAFFINI, Rafael. *Princípio da proteção substancial da confiança no direito administrativo brasileiro*. Porto Alegre: Verbo Jurídico, 2006. p. 120

ex post facto law), de interpretação restrita, enquanto na América Latina, à exceção do México (art. 14 da Constituição Política dos Estados Unidos Mexicanos), e na Europa, a regra da não retroatividade seria de nível infraconstitucional, podendo até mesmo ser derrogada por legislação superveniente.[105]

Não obstante, a jurisprudência comunitária invoca muito este princípio desde 1961 (uma *exigência fundamental*, um *princípio geral da segurança jurídica*). Isso decorreria de três fatores de insegurança: a) o direito comunitário é fundamentalmente econômico, sendo, por natureza, flutuante, adaptável às realidades do mercado; b) o caráter supranacional desta ordem jurídica; c) a língua dos países submetidos a tal legislação é diferente, o que origina divergências de solução. Para solucionar essas questões, a corte comunitária viu-se compelida a fundamentar-se no princípio, mas não define, peremptoriamente, se este poderia mesmo ser utilizado como uma regra jurídica que assegura a confiabilidade do direito.[106]

Na França, o princípio se popularizou após um *rapport* que mostrou as imperfeições do sistema francês (inflação legislativa, instabilidade e frequentes mudanças). A partir daí, o governo começou a invocar a exigência de segurança jurídica, mas nem a Corte Administrativa nem a Constitucional admitiram-na como um princípio interno capaz de fundamentar e de sustentar um recurso. Sua utilização ficou limitada a servir como diretriz concretizada em cada campo, a partir de exigências mais precisas.[107]

Esse cenário reforça a premissa de que, sendo princípio, sobreprincípio, postulado ou regra, a segurança jurídica tem o perfil que lhe é dado pela ordem jurídica, a partir dos instrumentos adotados para sua concretização. Cada ordem jurídica enfrenta uma dificuldade diante do conceito, mas o mais importante é que, no exercício de todos os poderes do Estado, "a ordem jurídica se funde em uma "orientação confiável." Nesse sentido, embora a definição de segurança jurídica seja, em grande medida, consolidada pelo uso, nosso perfil constitucional assegura um núcleo central: capacidade de conhecer ou de acessar as

---

[105] BARROSO, Luís Roberto. *Direito público:* estudos em homenagem ao professor Adilson Abreu Dallari – Constitucionalidade e legitimidade da reforma da previdência (ascensão e queda de um regime de erros e privilégios). Belo Horizonte: Del Rey, 2004. p 467.

[106] ÁVILA, Humberto. *Segurança jurídica:* entre permanência, mudança e realização no direito tributário. 2. ed., rev., atual. e ampl. São Paulo: Malheiros, 2012. p. 46-53.

[107] MAFFINI, Rafael. *Princípio da proteção substancial da confiança no direito administrativo brasileiro.* Porto Alegre: Verbo Jurídico, 2006. p. 125-126.

regras que definem uma conduta e suas consequências, para que se possa assegurar um planejamento confiável. Mesmo que, ao fim e ao cabo, os elementos conhecidos ou acessados levem à percepção de que há um ambiente de risco.

Na presente obra, adota-se a compreensão de que a segurança jurídica desdobra-se em busca do alcance de três elementos: *cognoscibilidade, confiabilidade* e *calculabilidade*. De modo algum se desconsidera que as alterações do ordenamento jurídico e as mudanças de orientação são indispensáveis ao Estado Democrático de Direito. Defende-se, contudo, que as decisões sejam promovidas em um cenário que permita conhecer o Direito aplicável ao caso ou, no mínimo, acessar as variáveis relevantes para qualquer tomada de decisão. Deve-se poder confiar nos elementos que são considerados na ponderação de riscos.[108]

Isso não significa que o princípio da segurança jurídica pressupõe a certeza prévia e absoluta a respeito do conteúdo das normas jurídicas. Menos ainda pretende estagnar o ordenamento jurídico por uma pretensão de imutabilidade contrária ao próprio fundamento do Estado democrático de Direito. Sua garantia, por vezes, está relacionada à extensão da mudança, mas, em grande medida diz respeito à sua forma de implementação.

1.2 O conceito de segurança jurídica e o sentido de sua aplicação

Inicialmente é preciso estar claro que *segurança jurídica*, nos termos adotados por este trabalho, não é sinônimo de previsibilidade absoluta e nem mesmo de estabilidade dos direitos ou das instituições. Mesmo porque, nesse sentido, a segurança jurídica não seria compatível com o nosso modelo de Estado Democrático de Direito, que impede a manutenção de um status.[109] É elevado o número de obras jurídicas que cuidam diretamente deste princípio ou, especificamente, de um de seus instrumentos de aplicação.

Como já destacado anteriormente, são diversos os fatores que podem ser apontados como "causas de natureza social e causas de

---

[108] CAVALCANTI FILHO, Theophilo. *O problema da segurança no Direito*. São Paulo: RT, 1964. p. 172.

[109] A afirmação fundamenta-se na premissa de que apenas matérias consideradas cláusulas pétreas na Constituição não estão sujeitas às modificações implementadas pelo Poder Legislativo.

natureza jurídica para a insegurança hoje existente."[110] O volume de informações disponíveis dificulta ou mesmo impede que as decisões sejam conscientemente informadas; a produção legislativa cresce em proporção geométrica para atender aos diferentes grupos de interesses e, paradoxalmente, para garantir a previsibilidade das relações que tutela; a linguagem produz um paradoxo e um dilema: os conceitos abertos permitem resguardar igualitariamente o interesse de todos, mas tornam menos previsível seu conteúdo.

Essa percepção da realidade tem consequências que podem ser sintetizadas em três vertentes principais: i) falta de inteligibilidade do ordenamento jurídico: "o cidadão torna-se dominado por leis que desconhece, revelando-se o princípio de que a ignorância das leis não escusa o seu cumprimento quase um sarcasmo;" ii) carência de confiabilidade do ordenamento jurídico: "o cidadão não sabe se a regra, que era e é válida, ainda continuará válida [...] não está seguro se essa regra, embora válida, será efetivamente aplicada ao seu caso." iii) falta de calculabilidade do ordenamento jurídico: "o cidadão não sabe bem qual norma irá valer."[111]

É inquestionável que a insegurança jurídica retrai os indivíduos, as instituições e os investimentos internos e externos, pois obscurece as decisões de longo prazo em razão da difícil calculabilidade da posição a ser adotada pela Administração Pública. A mudança frequente da legislação afasta o investimento e impede ações de médio e de longo prazo necessárias para a economia de mercado.[112] A falta de confiabilidade no Direito em razão de suas frequentes e drásticas alterações, sem adaptar-se à nova realidade, impacta as opções dos administrados e torna-se um freio à atividade econômica.[113] Além de

---

[110] ÁVILA, Humberto. *Segurança jurídica:* entre permanência, mudança e realização no direito tributário. 2. ed., rev., atual. e ampl.. São Paulo: Malheiros, 2012. p. 46-53.

[111] ÁVILA, Humberto. *Segurança jurídica:* entre permanência, mudança e realização no direito tributário. 2. ed., rev., atual. e ampl. São Paulo: Malheiros, 2012. p. 66.

[112] RACINE, Jean-Baptiste; SIIRIAINEN, Fabrice. Sécurité juridique et droit économique. Propos introductifs, In: BOY, Laurence; RACINE, Jean-Baptiste; SIIRIAINEN, Fabrice (Orgs.). *Sécurité juridique et droit économique.* Bruxeles: Lacier, 2008. p. 16-18; CHAVALIER, Jacques. Le droit économique: l'insegurité juridique ou nouvelle sécurité juridique? In: BOY, Laurence; RACINE, Jean-Baptiste; SIIRIAINEN, Fabrice (Orgs.). *Sécurité juridique et droit économique.* Bruxeles: Lacier, 2008. p. 572.

[113] RACINE, Jean-Baptiste; SIIRIAINEN, Fabrice. Sécurité juridique et Droit Économique. Propos introductifs. In BOY, Laurence; RACINE, Jean-Baptiste; SIIRIAINEN, Fabrice (orgs.). *Sécurité juridique et Droit Économique.* Bruxeles: Larcier, 2008. p. 21.

um valor funcional,[114] a segurança jurídica tem um valor instrumental, pois permite que as pessoas planejem seu futuro, garantindo a autonomia individual. Ela assegura "mais que os direitos constantes da tábua do art. 5º, a paz e o clima de confiança que lhes dão condições psicológicas para trabalhar, desenvolver-se, afirmar-se e expandir sua personalidade."[115]

Este princípio, portanto, compõe as bases sobre as quais se constrói o próprio Direito e integra a opção constitucional pelo Estado de Direito. Como princípio, apresenta-se com um mínimo de barreira à arbitrariedade, sem o que não há espaço para a construção de um ordenamento jurídico. Contudo, aceitar esse pressuposto e essas definições não dá concretude à pretensão de segurança.

O Direito, em si, traz segurança para a sociedade nas mais diversas acepções (psicológica, subjetiva, social, moral, física e jurídica).[116] Contudo, o modelo de segurança jurídica adotado por um ordenamento depende de sua forma de concretização. E, essa forma sobre o Estado, a Administração Pública e a sociedade em que se vive.[117] Essa instrumentação depende, necessariamente, dos objetivos lançados pelo princípio e dos fundamentos diretos e indiretos previstos no ordenamento jurídico como "garantia de direitos frente às manifestações do próprio Direito."[118]

---

[114] Um valor em si, bem como agregado a outros valores como a Justiça. (TAMANAHA, Brian. *Law as a means to an end:* threat to the rule of Law. Cambridge: Cambridge University, 2006. p. 230).

[115] ATALIBA, Geraldo. *República e Constituição.* 3. ed. São Paulo: Malheiros, 2011. p. 167.

[116] RAMÍREZ, Federico Arcos. *La seguridad jurídica:* una teoria formal. Madrid: Dykison, 2000. p. 3; DEL CACHO, José L. Mezquita. *Seguridad jurídica y sistema cautelar.* v. 1. Teoria de la seguridad jurídica. Barcelona: Bosch, 1989. p. 213; DOUET, Frédéric. *Contribution à l'étude de la sécurité juridique en droit interne français.* Paris: LGDJ, 1997. p. 2; MATHIEU, Bertrand. La sécurité juridique: un prínipe constitutionnel clandestin mais efficient. In: FRAISSEIX, Patrick (Orgs.). *Mélanges Patrice Gélard*: droit constitutionnel. Paris: Montchrestien, 1999. p. 303.

[117] ÁVILA, Humberto. *Segurança Jurídica*: entre permanência, mudança e realização no Direito Tributário. 2. ed., revista, atualizada e ampliada. São Paulo: Malheiros, 2012. p. 133: "É preciso dizer, no entanto, que simplesmente aceitar essa vinculação apesar de importante, pouco adianta com relação a "como" a segurança jurídica deve ser realizada. Para tanto, conforme defendido neste trabalho, não basta aceitar a "ideia" de segurança como vinculada à ideia de Direito; é preciso definir a segurança jurídica de modo a atribuir-lhe operacionalidade – o que exige, a seu turno, tanto uma perspectiva analítica, capaz de desvelar as suas várias dimensões e os seus vários aspectos, quanto uma perspectiva dogmática, apta a demonstrar, dentre as várias dimensões e os vários aspectos, aqueles que devem ser adotados diante de determinado ordenamento jurídico"

[118] SILVA, José Afonso da. Constituição e segurança jurídica. In: ANTUNES ROCHA, Cármen Lúcia (Org.). *Constituição e segurança jurídica – direito adquirido, ato jurídico perfeito e coisa julgada:* estudos em homenagem a José Paulo Sepúlveda Pertence. Belo Horizonte: Fórum,

A partir desse conceito, considera-se que a segurança jurídica possui duas dimensões: uma objetiva e outra subjetiva. A dimensão objetiva diz respeito às "qualidades que o Direito deve possuir," já a dimensão subjetiva refere-se "à eficácia concreta e objetiva que aquele deve experimentar." Esse elemento subjetivo[119] ou seu critério definidor devem ser percebidos pelos cidadãos. Afinal, a percepção de um especialista ou advogado sobre o Direito não será a mesma de um cidadão que não possui esse tipo de formação. O conteúdo de uma norma ou o vício de um ato administrativo pode ser evidente para um especialista e não para outro cidadão qualquer.[120] Esse acesso é materializado em seus instrumentos de proteção individual (como o direito adquirido) ou coletivos (como a motivação).[121] [122]

Embora a expressão "segurança jurídica" tenha sido utilizada, ao longo do tempo, com variada significação e sua definição tenha reunido esforços de renomados autores, parte-se da concepção adotada por *Humberto Ávila* no sentido de que se trata de conteúdo inerente à própria ideia de Direito,[123] e se concretiza quando garantidos os ideais de *cognoscibilidade, confiabilidade e calculabilidade*. Contudo, "somente o ordenamento jurídico poderá densificá-la normativamente como princípio jurídico apto a efetivamente limitar a atuação estatal." Além

---

2004. p. 17; LOBO TORRES, Ricardo. Segurança jurídica e as limitações ao poder de tributar. In: FERRAZ, Roberto (Org.). *Princípios e limites da tributação*. São Paulo: Quartier Latin, 2007. p. 430; LOBO TORRES, Ricardo. Limitações ao poder impositivo e segurança jurídica. In: SILVA MARTINS, Ives Gandra da (Org.). *Limitações ao poder impositivo e segurança jurídica*. São Paulo: RT/CEU, 2007. p. 74.

[119] LUÑO, Antonio Perez. *La Seguridad Jurídica*. Barcelona: Ariel, 1991. p. 22.

[120] RAMÍREZ, Federico Arco. *La seguridad jurídica*: una teoría formal. Madrid: Dykinson, 2000. p. 260; COUTO E SILVA, Almiro do. O princípio da segurança jurídica (proteção à confiança) no Direito Público brasileiro e o direito da Administração Pública de anular os seus próprios atos: o prazo decadência do art. 54 da Lei do Processo Administrativo da União (Lei nº 9.784/99). *Revista de Direito Administrativo*, nº 237, p. 300. Rio de Janeiro, 2004.

[121] VALEMBOIS, Anne-Laure. *La constitutionnalisation de l'exigence de sécurité juridique en Droit Français*. Paris: LGDJ, 2005. p. 19.

[122] Parte-se do pressuposto, assumido pelo marco teórico, de que "o Estado não pode valer-se do princípio da proteção da confiança para tornar intangíveis determinados efeitos passados sob o argumento de que teria atuado confiando na permanência da norma posteriormente declarada inconstitucional, tendo em vista que esse princípio é construído com base nos direitos fundamentais da liberdade e de propriedade de que é titular." (ÁVILA, Humberto. *Segurança Jurídica*: entre permanência, mudança e realização no Direito Tributário. 2. ed., revista, atualizada e ampliada. São Paulo: Malheiros, 2012. p. 162. Por afastar-se do tema-problema proposto na pesquisa, o princípio da segurança jurídica da perspectiva estatal *não será objeto de aprofundamento na presente obra*.

[123] CAVALCANTI FILHO, Theophilo. *O problema da segurança no direito*. São Paulo: RT, 1964. p. 52.

disso, deve considerar, de forma global, a atuação dos três poderes do Estado.[124]

Esse posicionamento é compartilhado por *Leghina Villa*,[125] para quem o princípio possui três dimensões: "a) conhecimento e certeza do Direito positivo; b) confiança dos cidadãos nas instituições públicas e na ordem jurídica em geral, porquanto garantidores da paz social; c) previsibilidade das consequências jurídicas derivadas das próprias ações ou das condutas de terceiros." *Sylvia Calmes* também apresenta três elementos que concretizariam o princípio da segurança jurídica e destaca a previsibilidade com faceta *ex ante* que garantiria a possibilidade de "cálculo prévio" a respeito dos atos da Administração[126] e *acessibilidade* à informação das ações estatais.[127]

Esses elementos, por sua vez, têm sua efetividade assegurada por instrumentos regulados para cada esfera de poder. Embora alguns instrumentos sirvam a diversos propósitos, busca-se alocar cada um deles naquele elemento que compõe seu núcleo ou sua finalidade principal. Essa construção visa a identificar com maior clareza, quais os pontos de fragilidade na instrumentalização da segurança jurídica, no contexto atual.

Embora os ideais de *cognoscibilidade, confiabilidade e calculabilidade* discerníveis, estes não estão isentos de interpenetrações. Tal circularidade, contudo, é contornada pela definição dos conteúdos sem perda de clareza,[128] com o que se revela, indiretamente, o tipo de sociedade que se pretende construir.[129]

Na presente obra, defende-se a perspectiva de que, para além de um procedimento administrativo em que se assegure a ampla defesa como anteparo para que o administrado se "prepare" para uma eventual ruptura, a Administração tenha o dever de avaliar a alternativa de

---

[124] ÁVILA, Humberto. *Segurança Jurídica*: entre permanência, mudança e realização no Direito Tributário. 2. ed., revista, atualizada e ampliada. São Paulo: Malheiros, 2012. p. 195.

[125] VILLA, Leghina. *Apud* CASTILLO BLANCO. La protección de confianza en el derecho administrativo. Madrid: Marcial Pons, 1998. p. 63.

[126] CALMES, Sylvia. *Du príncipe de protection de la confiance legitime en Droits Allemand, Communautaire et Français*. Paris: Dalloz, 2001. p. 158-159.

[127] CALMES, Sylvia. *Du príncipe de protection de la confiance legitime en Droits Allemand, Communautaire et Français*. Paris: Dalloz, 2001. p. 158-159.

[128] ÁVILA, Humberto. *Segurança Jurídica*: entre permanência, mudança e realização no Direito Tributário. 2. ed., revista, atualizada e ampliada. São Paulo: Malheiros, 2012. p. 90; VALEMBOIS, Ane-Laure. *La Constitutionnalisation de l'exigence de sécurité juridique en Droit français*. Paris: LGDJ, 2005. p. 251.

[129] ÁVILA, Humberto. *Segurança Jurídica*: entre permanência, mudança e realização no Direito Tributário. 2. ed., revista, atualizada e ampliada. São Paulo: Malheiros, 2012. p. 95.

modulação de efeitos nas hipóteses de extinção do ato administrativo. Assim, a identificação de uma hipótese do quadro fático não atrairá uma conclusão automática.

Para que a cognoscibilidade seja assegurada é preciso que os cidadãos, a partir do delineamento de um caso concreto, consigam identificar quais são as alternativas disponíveis, de modo que sejam capazes de delimitar o que podem ou não fazer e quais as consequências de suas opções. Seria a capacidade de acessar os sentidos que podem ser extraídos das normas que regem a hipótese.

É inegável que esse acesso pode demandar conhecimento prévio que, muitas vezes, não integra os pressupostos da grande maioria da população brasileira. Algumas previsões normativas e construções jurídicas têm a finalidade precípua de assegurar ou, ao menos, de facilitar o acesso e a compreensão das normas jurídicas. Entre elas, pode-se destacar: i) a publicidade das normas e dos atos; ii) a motivação do ato administrativo e a fundamentação das decisões judiciais. Não se pode ignorar, por outro lado, que os instrumentos disponíveis não são suficientes para garantir a efetividade desse elemento da segurança.

O que se vê é que o ônus pelo desconhecimento não apenas das normas, mas das mais variadas possibilidades de interpretação, é atribuído aos seus destinatários. Basta ver que, muito embora o art. 3º da Lei de Introdução às Normas do Direito Brasileiro disponha expressamente que "ninguém se escusa de cumprir a lei, alegando que não a conhece," seu conteúdo é sempre traduzido no sentido de que se *deve presumir que todos têm conhecimento do conteúdo das leis.* Não se pode questionar que a previsão do referido art. 3º é indispensável para o Estado de Direito, sob pena de enfrentar-se sistemático descumprimento às normas. Contudo, um sistema construído sobre essas bases deve desenvolver instrumentos compensatórios suficientes para equilibrar a imposição desse ônus.

Notadamente, nas relações jurídico-administrativas, em que a presunção de legalidade acompanha os atos administrativos, não se pode pretender que a segurança exija *o acesso ao conhecimento dos elementos básicos de planejamento* – quais sejam: *regras e consequências* – como se essa fosse uma realidade corriqueira. Especialmente porque, no momento em que os administrados são afetados pelas mudanças (extinção ou alteração dos atos administrativos), as nuances de cada caso não podem ser desconsideradas, transferindo-se aos administrados, mais uma vez, o ônus de uma objetividade forjada.

Como o ordenamento jurídico e as decisões se apresentam por meio da linguagem, não é possível encontrar significados absolutamente determinados na atividade interpretativa. Isso não quer dizer, contudo, que esses conteúdos não contenham "núcleos de sentido já determinados paulatinamente pela atividade doutrinária e jurisprudencial" e que não seja desejável o seu acesso material e intelectual pelos administrados.[130]

Permeados pelos mais variados métodos de interpretação e hermenêutica existentes no ordenamento jurídico, embora vinculados aos limites da publicização e, principalmente, da fundamentação, o intérprete e *sua sociedade aberta de intérpretes da Constituição*,[131] no constitucionalismo contemporâneo, são convocados a democratizar o processo de interpretação.

O processo judicial (afastado da ideia privatista) é alargado para a participação de novos e outros atores, além da salutar postura do próprio Estado em tornar públicas, acessíveis e compreensíveis as decisões judiciais e o dia a dia das Cortes. A distância tradicionalmente alargada e formal entre o cidadão e o Judiciário é reduzida pela sociedade contemporânea que privilegia a informação.[132]

Nesse contexto, a *cognoscibilidade* busca garantir que o administrado saiba o que pode ou não fazer e quais as consequências de sua ação. Afigura-se como instrumento de garantia da liberdade, pois visa a garantir o conhecimento dos comportamentos do Estado e dos demais cidadãos.[133] Pode-se pretender, por um extremo, que para atender à cognoscibilidade, os administrados deveriam ter conhecimento exato das normas, o que demandaria certeza absoluta sobre o conteúdo do Direito.[134]

---

[130] BORGES, José Souto Maior. *Curso de Direito Comunitário*. São Paulo: Saraiva, 2005. p. 10; ÁVILA, Humberto. *Segurança Jurídica*: entre permanência, mudança e realização no Direito Tributário. 2. ed., revista, atualizada e ampliada. São Paulo: Malheiros, 2012. p. 256.

[131] HÄBERLE, Peter. *Hermenêutica Constitucional – a Sociedade Aberta dos Intérpretes da Constituição. Constituição para e Procedimental da Constituição*. Tradução de Gilmar Ferreira Mendes. Porto Alegre: Sérgio Antônio Fabris editor, 1997.

[132] Os meios de comunicação (TV Justiça, Twiter, Rádio Justiça e Facebook) representam importantes iniciativas de acesso e divulgação dos atos judiciais. No âmbito legislativo merece referência a salutar Lei nº 12.527, de 18 de novembro de 2011, que regula o acesso a informações previsto no inciso XXXIII do art. 5º, no inciso II do §3º do art. 37 e no §2º do art. 216 da Constituição Federal; altera a Lei nº 8.112, de 11 de dezembro de 1990; revoga a Lei nº 11.111, de 5 de maio de 2005, e dispositivos da Lei nº 8.159, de 8 de janeiro de 1991; e dá outras providências.

[133] ATALIBA, Geraldo. *República e Constituição*. 3. ed., São Paulo: Malheiros, 2011. p. 184.

[134] NOVOA, César Garcia. *El principio del seguridad jurídica em matéria tributaria*. Madrid: Marcial Pons, 2000. p. 113.

Com pretensão menos rigorosa, por outro lado, pode-se entender esse aspecto da segurança jurídica como "determinabilidade de conteúdos normativos," referindo-se à capacidade de compreender os sentidos que podem ser extraídos da norma, ou como "compreensibilidade e cognoscibilidade," entendidas como "capacidade, formal ou material, de conhecimento de conteúdos normativos possíveis de um texto normativo ou de práticas argumentativas destinadas a reconstruí-los."[135] Seria, com efeito, a capacidade de compreensão das *alternativas disponíveis, ainda que uma delas seja a indeterminação ou o risco.*

Essa capacidade se refere ao ordenamento jurídico como um todo, às normas gerais ou aos atos normativos, "no sentido de que este, no seu conjunto, deve ser inteligível, formal e materialmente,"[136] e aos atos normativos e administrativos, caracterizados por seus efeitos concretos, caso em que "a exigência de cognoscibilidade dirige-se à sua intimação, pertinência e adequada fundamentação".[137]

Haveria, portanto, a cognoscibilidade quando o próprio cidadão comum ("cidadãos médios"),[138] não especialista em Direito, fosse capaz ou de compreender ou de conseguir acessar instrumento para alcançar o sentido normativo para o seu caso "sem exercício de ginástica intelectual".[139] Essa capacidade não corresponde ao conhecimento do Direito em si, mas à condição de buscar informações em bases de dados seguras, acessíveis e coerentes.

A confiabilidade é o viés que busca assegurar a racionalidade da mudança. Com a clareza de que as transformações são indispensáveis à manutenção e ao aprimoramento do Estado Democrático de Direito, procura assegurar que as alterações necessárias não se processem de forma abrupta, razão pela qual se afirma que seus instrumentos evitam "alterações violentas."[140]

---

[135] ÁVILA, Humberto. *Segurança jurídica*: entre permanência, mudança e realização no direito tributário. 2. ed., rev., atual. e ampl. São Paulo: Malheiros, 2012. p. 129.

[136] ÁVILA, Humberto. *Segurança jurídica*: entre permanência, mudança e realização no direito tributário. 2. ed., rev., atual. e ampl. São Paulo: Malheiros, 2012. p. 145.

[137] ÁVILA, Humberto. *Segurança jurídica*: entre permanência, mudança e realização no direito tributário. 2. ed., rev., atual. e ampl. São Paulo: Malheiros, 2012. p. 147.

[138] CALMES, Sylvia. *Du príncipe de protection de la confiance legitime en Droits Allemand, Communautaire et Français.* Paris: Dalloz, 2001. p. 367-378.

[139] PFERSMANN, Otto. *Constitution et sécurité juridique – Autriche. Annuaire International de Justice Constitutionnelle.* Paris: Economica, 1999.

[140] ÁVILA, Humberto. *Segurança jurídica*: entre permanência, mudança e realização no direito tributário. 2. ed., rev., atual. e ampl. São Paulo: Malheiros, 2012. p. 130; VALEMBOIS, Ane-Laure. *La Constitutionnalisation de l'exigence de sécurité juridique en Droit français.* Paris: LGDJ, 2005. p. 17; NOVOA, César García. *El principio de seguridad jurídica en materia*

A efetividade desse elemento seria garantida pela limitação de alterações das normas gerais que se concretizam por meio: i) do ato jurídico perfeito; ii) da coisa julgada; iii) do direito adquirido; iv) das cláusulas pétreas. Já as modificações dos atos e das decisões *in* concreto são limitadas por: i) proibição da retroação das mudanças de posicionamento; ii) proteção da confiança; iii) boa-fé; iv) prescrição e decadência; v) modulação dos efeitos das decisões jurisprudenciais.

Nosso modelo democrático de Direito pressupõe a possibilidade de mudança até mesmo do texto constitucional, ao restringi-la apenas nas matérias que forem consideradas cláusulas pétreas. Nesse sentido, o princípio do Estado Social exige que sejam implementadas políticas planificadores e indutoras de mudanças sociais, especialmente por meio da distribuição de riqueza. Todavia, se por um lado, a segurança jurídica não propõe imutabilidade e estabilidade incompatíveis com o modelo contemporâneo de Estado, esse viés impõe que os impactos das modificações nas relações jurídicas sejam avaliados.

Seriam duas a acepções possíveis. Por um extremo, a confiabilidade seria garantida pela "imutabilidade do Direito," também referida como "petrificação do Direito."[141] Em linha intermediária, admite-se que seja o pressuposto atendido com a exigência de "estabilidade na mudança." Não se nega a "margem de incerteza e insegurança no Direito, pois, de outra forma, se tornaria ele um instrumento de estagnação social,"[142] mas concretiza-se a confiabilidade com "um ordenamento jurídico protetor de expectativas e garantidor de mudanças estáveis [...] ou racionalidade da mudança, que evite alterações violentas."[143]

---

tributaria. Madrid: Marcial Pons, 2000. p. 88; RACINE, Jean-Baptiste; SIIRIAINEN, Fabrice. Sécurité juridique et droit économique. Propos introductifs, In: BOY, Laurence; RACINE, Jean-Baptiste; SIIRIAINEN, Fabrice (Orgs.). *Sécurité juridique et droit économique.* Bruxeles: Lacier, 2008. p. 13.

[141] LUÑO, Antonio Enrique Perez. *La seguridad jurídica.* Barcelona: Ariel, 1991. p. 33.

[142] CAVALCANTI FILHO, Theophilo. *O problema da segurança no Direito.* São Paulo: RT, 1964. p. 162.

[143] ÁVILA, Humberto. *Segurança jurídica:* entre permanência, mudança e realização no direito tributário. 2. ed., rev., atual. e ampl. São Paulo: Malheiros, 2012. p. 130; VALEMBOIS, Anne-Laure. *La Constitutionnalisation de l'exigence de sécurité juridique en droit française.* Paris: LGDJ, 2005. p. 17; NOVOA, César García. *El principio de seguridad jurídica en materia tributaria.* Madrid: Marcial Pons, 2000. p. 88; RACINE, Jean-Baptiste; SIIRIAINEN, Fabrice. Sécurité juridique et droit économique. Propos introductifs. In: BOY, Laurence; RACINE, Jean-Baptiste; SIIRIAINEN, Fabrice (Orgs.). *Sécurité juridique et droit économique.* Bruxeles: Larcier, 2008. p. 13.

MARILDA DE PAULA SILVEIRA
SEGURANÇA JURÍDICA, REGULAÇÃO, ATO: MUDANÇA, TRANSIÇÃO E MOTIVAÇÃO

Essa condição também se refere ao ordenamento jurídico como um todo, "no sentido de que este, globalmente considerado, deve ter durabilidade,"[144] incluindo os regulamentos e os atos administrativos concretos, ou a normas e atos administrativos *concretos*, hipótese que "faz referência à eventual intangibilidade de situações subjetivas que afastam a sua revogação ou a sua anulação para casos individuais e concretos."[145]

Finalmente, a calculabilidade exige que o indivíduo possa "calcular em grande medida as consequências jurídicas abstratas atribuíveis a quaisquer dessas qualificações."[146] Esse cálculo deve permitir que se tenha conhecimento da possibilidade de alteração da norma e também da extensão dessa eventual mudança, ainda que as informações disponibilizem uma sinalização de alto risco. Os instrumentos reconhecidos e regulados para garantir a efetividade desse elemento da segurança jurídica são: i) irretroatividade, ii) regras de transição e a iii) redução do âmbito de discricionariedade administrativa.

Da mesma forma que nos elementos anteriores, a linguagem – dependente de determinação e de processos argumentativos – impacta a calculabilidade do Direito. Também aqui é possível identificar um extremo associado às noções de "previsibilidade" ou "certeza absoluta," segundo as quais os administrados seriam capazes de antecipar o conteúdo das normas jurídicas e a atuação estatal de forma precisa. Nessa linha, seria possível prever as decisões a serem tomadas no futuro, conhecendo, com exatidão, o Direito de amanhã. Essa noção, contudo, é incompatível com a própria noção de Estado Democrático de Direito.[147]

Nesse cenário, a calculabilidade modula dois aspectos da segurança jurídica: *i)* a definição dos conteúdos normativos e *ii)* a possibilidade de modificação das normas. Não se pode desconhecer que a aplicação das normas envolve grau de incerteza "decorrente da indeterminação das normas ou da multiplicidade de relações que elas

---

[144] ÁVILA, Humberto. *Segurança jurídica:* entre permanência, mudança e realização no direito tributário. 2. ed., rev., atual. e ampl. São Paulo: Malheiros, 2012. p. 90.

[145] ÁVILA, Humberto. *Segurança jurídica:* entre permanência, mudança e realização no direito tributário. 2. ed., rev., atual. e ampl. São Paulo: Malheiros, 2012. p. 147.

[146] ÁVILA, Humberto. *Segurança jurídica:* entre permanência, mudança e realização no direito tributário. 2. ed., rev., atual. e ampl. São Paulo: Malheiros, 2012. p. 259; GOMETZ, Giannmarco. *La certezza giuridica come prevedibilità.* Torino: Giappichelli, 2005. p. 211.

[147] FERNÁNDEZ, José Luiz Palma. *La seguridad jurídica ante la abundancia de normas.* Madrid: Centro de Estudios Políticos y Constitucionales, 1997. p. 38.

podem manter entre si, e da conexão com os fatos sobre os quais elas vertem."[148]

Para garantir a calculabilidade das alterações e conteúdos normativos, defende-se que o indivíduo possa "calcular, em grande medida, as consequências jurídicas abstratas atribuíveis a quaisquer dessas qualificações."[149] Para tanto, não é suficiente que se possa prever que a norma pode mudar, mas que o cidadão consiga calcular em que medida. Ainda que essa medida o leve à conclusão de que se expõe a um alto risco.

Porém, também em campo intermediário, "pode-se arguir que a segurança jurídica apenas exige a elevada capacidade de prever as consequências jurídicas de atos ou fatos pela maioria das pessoas"[150] conceito que corresponderia à "calculabilidade."[151] Nesse sentido, "calculabilidade significa, pois, a capacidade de o cidadão prever, em grande medida, os limites da intervenção do Poder Público sobre os atos que pratica, conhecendo, antecipadamente, o âmbito de discricionariedade existente para os atos estatais."[152]

E esse aspecto, assim como os outros, "igualmente pode fazer referência à ordem jurídica, no sentido de que esta, na sua totalidade, não pode ser objeto de modificações abruptas, drásticas e incoerentes"[153] ou a normas e atos concretos, hipótese em que "se destina a impor regras de transição ou cláusulas de equidade para atenuar modificação no entendimento administrativo."[154] Em ambas, "a segurança jurídica,

---

[148] NOVOA, César García. *El principio de seguridad jurídica en materia tributaria.* Madrid: Marcial Pons, 2000. p. 122; ÁVILA, Humberto. *Segurança jurídica:* entre permanência, mudança e realização no direito tributário. 2. ed., rev., atual. e ampl. São Paulo: Malheiros, 2012. p. 250.

[149] GOMETZ, Giannmarco. *La certezza giuridica come prevedibilità.* Torino: Giappichelli, 2005. p. 211; ÁVILA, Humberto. *Segurança jurídica:* entre permanência, mudança e realização no direito tributário. 2. ed., rev., atual. e ampl. São Paulo: Malheiros, 2012. p. 259.

[150] ÁVILA, Humberto. *Segurança jurídica:* entre permanência, mudança e realização no direito tributário. 2. ed., rev., atual. e ampl. São Paulo: Malheiros, 2012. p. 131.

[151] CALMES, Sylvia. *Du principe de protection de la confiance légitime en Droits Allemand, Communautaire et Français.* Paris: Dalloz, 2001. p. 159.

[152] ÁVILA, Humberto. *Segurança jurídica:* entre permanência, mudança e realização no direito tributário. 2. ed., rev., atual. e ampl. São Paulo: Malheiros, 2012. p. 132; GOMETZ, Gianmarco. *La certezza giuridica come prevedibilità.* Torino: Giappichelli, 2005. p. 224; GRAU, Eros Roberto. *O direito posto e o direito pressuposto.* 7. ed. São Paulo: Malheiros, 2008. p. 103.

[153] GRAU, Eros Roberto. *O direito posto e o direito pressuposto.* 7. ed. São Paulo: Malheiros, 2008. p. 103; ÁVILA, Humberto. *Segurança jurídica:* entre permanência, mudança e realização no direito tributário. 2. ed., rev., atual. e ampl. São Paulo: Malheiros, 2012. p. 145.

[154] ÁVILA, Humberto. *Segurança jurídica:* entre permanência, mudança e realização no direito tributário. 2. ed., rev., atual. e ampl. São Paulo: Malheiros, 2012. p. 147.

como exigência de calculabilidade, deve ser conceituada como a capacidade de o cidadão prever o espectro de consequências atribuíveis a atos ou a fatos e o espectro de tempo dentro do qual será definida a consequência aplicável."[155] A partir desses conceitos, para que se possa compreender como a segurança jurídica é concretizada no exercício da função administrativa e, mais especificamente, na modificação e extinção dos atos administrativos, será preciso investigar seu modelo atual e os fundamentos que justificam a manutenção desses instrumentos.

1.3 A segurança jurídica e a presunção de legalidade dos atos administrativos

De forma quase uníssona, doutrina e jurisprudência admitem a presunção de legalidade como uma das características centrais do ato administrativo, por meio da qual ele "é aceito, *ab initio*, como regular diante da ordem jurídica."[156] Também chamado de presunção de legitimidade, por alcançar o conteúdo do ato e não apenas sua forma,[157] ou de presunção de legitimidade e veracidade,[158] o instituto seria relevante para garantir que os atos possam ser produzidos unilateralmente e, ainda assim, vincular terceiros. Trata-se de presunção relativa que os autores fundamentam no próprio princípio da legalidade.

A presunção garante que o ato continue produzindo efeitos, enquanto uma eventual causa de extinção ou de modificação não for declarada. Não é por outra razão que atos nulos e anuláveis, embora não o devessem, acabam produzindo efeitos.[159] Em caso de litígio,

---

[155] ÁVILA, Humberto. *Segurança jurídica*: entre permanência, mudança e realização no direito tributário. 2. ed., rev., atual. e ampl. São Paulo: Malheiros, 2012. p. 173.

[156] ARAÚJO, Florivaldo Dutra. *Motivação e controle do ato administrativo*. 2. ed. Belo Horizonte: Del Rey, 2005. p. 43.

[157] JUSTEN FILHO, Marçal. *Curso de direito administrativo*. 5. ed. São Paulo: Saraiva, 2010. p. 344; PESTANA, Márcio. *Direito administrativo brasileiro*. Rio de Janeiro: Elsevier, 2008. p. 227.

[158] DI PIETRO, Maria Sylvia Zanella. *Direito Administrativo*. 14. ed. São Paulo: Atlas, 2002. p. 189: "A presunção de legitimidade diz respeito à conformidade do ato com a lei; em decorrência desse atributo, presumem-se, até prova em contrário, que os atos administrativos foram emitidos com observância da lei. A presunção de veracidade diz respeito aos fatos; em decorrência desse atributo, presumem-se verdadeiros os fatos alegados pela Administração. Assim ocorre com relação às certidões, atestados, declarações, informações por ela fornecidos, todos dotados de fé pública".

[159] GASPARINI, Diógenes. *Direito administrativo*. 11. ed. São Paulo: Saraiva, 2006. p. 74.

equivale a uma inversão do ônus da prova, de modo que não cabe à Administração Pública provar que o ato é legítimo, mas ao terceiro. Essa posição, contudo, não é compartilhada por *Florivaldo de Araújo Dutra*. O autor entende que, "ao contrário do que afirma, em uníssono, a doutrina administrativista, os atos administrativos possuem, fora as exceções indicadas em leis específicas, a presunção *hominis* de legalidade." Diferentemente da presunção relativa, que pode ser ilidida por prova inequívoca, aquela é "baseada nas circunstâncias aparentes que as envolvem e que são percebidas pelo senso comum, com base no que normalmente ocorre [...] e pode ser destruída por indícios capazes de deixar transparecer possíveis vícios."[160]

A jurisprudência acolhe a "presunção de legitimidade do ato administrativo" como uma de suas características que viabiliza a auto-executoriedade e inverte o ônus da prova em favor da Administração. Com fundamento nessa regra, o STF manteve decisão que anulou concessões de anistia, porque os terceiros afetados não teriam cuidado de comprovar "indícios de irregularidade nos processos originários."[161] Nota-se que o judiciário inverteu o ônus da prova em favor da Administração, para que a alteração da situação jurídica favorável aos administrados fosse mantida. Em outro precedente, a presunção de veracidade serviu como um dos fundamentos que afastou a inconstitucionalidade de certa norma instituidora de serventias extrajudiciais, por entender o STF que "o ato administrativo e o ato legislativo gozam de presunção de veracidade e no processo objetivo [...] não estariam os órgãos de governo envolvidos no seu fazimento, obrigados a demonstrar a necessidade da mesma [criação de serventias]."[162]

---

[160] ARAÚJO, Florivaldo Dutra. *Motivação e controle do ato administrativo*. 2. ed. Belo Horizonte: Del Rey, 2005. p. 51.

[161] STF. 1ª Turma. RMS 25662. Rel. Min. Carlos Britto. DJ 28.9.2007. *"EMENTA: RECURSO ORDINÁRIO EM MANDADO DE SEGURANÇA. SERVIDORES DA EXTINTA SIDERBRÁS. ANISTIA. LEI Nº 8.878/94. PORTARIA Nº 387/94. PEDIDO DE REINTEGRAÇÃO NO SERVIÇO PÚLICO. O Conselho de Coordenação e Controle das Empresas Estatais anulou várias decisões concessivas de anistia, com base no Decreto nº 1.499/95. E o fez, na forma da Súmula 473/ STF, pela comprovação de indícios de irregularidade nos processos originários. Mais tarde, o art. 11 do Decreto nº 3.363/2000 ratificou os atos praticados pelo citado Conselho de Coordenação e Controle das Empresas Estatais. Presunção de legitimidade desses atos que não foi infirmada pelos impetrantes. Recurso ordinário desprovido."*

[162] STF. Pleno. ADI 1935/RO. Rel. Min. Carlos Velloso. DJ 29.8.2002. *"EMENTA: CONSTI-TUCIONAL. SERVENTIAS JUDICIAIS E EXTRAJUDICIAIS CRIAÇÃO. MATÉRIA DE ORGANIZAÇÃO JUDICIÁRIA. C.f., art. 96, II, b e d. NECESSIDADE DE CRIAÇÃO DE SERVENTIAS: PRESUNÇÃO DE VERIDICIDADE DOS ATOS ADMINISTRATIVO E LEGISLATIVO. I. - Serventias judiciais e extrajudiciais: matéria de organização judiciária: iniciativa reservada ao Tribunal de Justiça. C.F., art. 96, II, b e d. II. - Necessidade de criação de*

O STJ possui mais de uma centena de julgados que se sustentam a partir da premissa, bem sedimentada, de que os atos administrativos (concretos e normativos) presumem-se legítimos. Nos julgados, fica clara a premissa da Corte de que cabe aos administrados lidar com esse postulado e o RMS 33.825 é significativo no ponto. No caso, questionava-se a legalidade de determinada cláusula editalícia e, embora se tenha reconhecido que "poder-se-ia alegar que a cláusula editalícia é obscura," o Tribunal decidiu que "vale a interpretação do edital de acordo com a presunção de legitimidade dos atos administrativos [...] sendo possível inferir do conteúdo da cláusula editalícia o tema proposto, dentro de suas possibilidades gramaticais, devem ser mantidos o edital e a posição da banca examinadora."[163]

Embora a divergência entre presunção relativa *juris tantum* e *hominis* repercuta na distribuição do ônus da prova processual, não impacta na percepção do administrado que sofre os efeitos dos atos administrativos concretos ou normativos. Independentemente do resultado processual dessa presunção e da verossimilhança da prova que se tenha que produzir na hipótese de contestação do ato, não se pode negar que a presunção de legalidade dos atos administrativos impacta na relação que os administrados estabelecem com o Poder Público. Essa regra pré-definida reflete diretamente em todos os aspectos que compõem a segurança jurídica (cognoscibilidade, confiabilidade e calculabilidade). Basta ver que um ato sujeito a qualquer hipótese de extinção "pode produzir efeitos, se os particulares aparentemente o enxergam conforme o direito, ou se, vislumbrando-o ilegal, não tem força de resistência diante da coação estatal".[164] E enquanto o controle não age, assim o é.

Se, por um lado, nas questões litigiosas, a Administração Pública se beneficia da inversão do ônus da prova, por outro, faz com que o

---

serventias extrajudiciais: presunção de legitimidade e veridicidade do ato administrativo e do ato legislativo. Ressalva quanto à desarrazoabilidade da lei, que, desarrazoada, é inconstitucional. C.F., art. 5º, LIV. III. - ADIn julgada improcedente."

[163] STJ. 2. Turma. RMS. 33825 SC. Rel. Mauro Campbell Marques. DJe 14.6.2011."7. Poder-se-ia alegar que a cláusula editalícia é obscura, mas, aqui, vale a interpretação do edital de acordo com a presunção de legitimidade dos atos administrativos, de maneira que a ilegalidade ocorreria apenas se fosse plenamente incompatível com o item 12 do Anexo II do edital, a exigência de uma redação sobre a Lei de Responsabilidade Fiscal. Ao contrário, sendo possível inferir do conteúdo da cláusula editalícia o tema proposto, dentro de suas possibilidades gramaticais, devem ser mantidos o edital e a posição da banca examinadora no ponto."

[164] ARAÚJO, Florivaldo Dutra. *Motivação e controle do ato administrativo.* 2. ed. Belo Horizonte: Del Rey, 2005. p. 49.

administrado trabalhe com a perspectiva de que os atos administrativos estão sempre de acordo com as normas jurídicas. Esse contexto interfere diretamente na relação de boa-fé que os administrados estabelecem com o Poder Público, na medida em que adotam o pressuposto da legalidade e definem suas ações a partir da confiança legítima depositada nessa atuação. É incomum que terceiros busquem confirmar a legalidade de um ato administrativo, especialmente quando este lhe é favorável.

Essa construção, contudo, tem alimentado um sistema perverso: os administrados são submetidos a um regime que lhes incute confiança na atuação administrativa, mas, em caso de modificação ou de extinção dos atos administrativos, independentemente das razões que as fundamentam (como falhas ou obscuridade da própria Administração), repassa-se ao administrado o ônus de lidar com as consequências. A resposta que se dá a esse modelo reside na fórmula genérica de que essas mudanças buscam alcançar o interesse público que deve se sobrepor aos interesses privados. Desse modo, os administrados devem lidar com todas as hipóteses de extinção e de modificação dos atos administrativos.

Nota-se que, embora o administrado parta da presunção de que os atos administrativos são constitucionais e legais, as alterações das relações jurídico-administrativas (em concreto) e dos regulamentos (em abstrato) não consideram essa realidade. Esse modelo sistêmico e abstrato sobrecarrega a posição do administrado e deixa às cegas o terceiro, que sofre os efeitos de eventual modificação no cenário do regime jurídico-administrativo. No caso dos atos administrativos em sentido estrito (ou concretos), parte-se da premissa de que a extinção ou a modificação do ato administrativo restaura o interesse público, sem, contudo, ponderar-se sobre os aspectos do caso, de modo a atribuir esse ônus sempre ao administrado. No caso dos atos administrativos normativos, parte-se da premissa de que a modificação do regime jurídico é própria da democracia e de que a generalidade do ato seria capaz de garantir a distribuição dos ônus da alteração.[165]

Em suma, seja no juízo de aplicação do ato administrativo, seja no de construção do ato regulamentar, o regime jurídico administrativo foi pensado com o pressuposto geral de que o administrado deve ser capaz de suportar suas alterações. É certo que há barreiras impostas pela Constituição e pela lei que limitam a atuação do poder público nesse

---

[165] Esses aspectos do ato normativo serão aprofundados no Capítulo 6.

sentido.[166] Contudo, todo o sistema foi pensado a partir de soluções binárias e que, especialmente no campo normativo, favorecem a ampla discricionariedade da Administração. Assim, ainda que o administrado desconheça a norma (lei ou regulamento), não consiga acessar os elementos que pudessem prepará-lo para a mudança e em nada seja responsável pela prática do ato, está sujeito a uma solução objetiva. Ainda assim, a partir do pressuposto adotado na presente obra, compreende-se que essa noção de interesse público não é capaz de suportar a complexidade da sociedade pós-moderna. Não se questiona que, em todas as hipóteses que atraem a presunção de legalidade do ato administrativo, o objetivo maior a ser alcançado seja o bem comum. Observa-se, contudo, que a fórmula para essa conclusão não pode ser pressuposta e que somente pode ser alcançada se forem consideradas as condições específicas que cercam a tomada de decisão.

Assim, cabe avaliar como instrumentalizar a concretização da segurança jurídica na extinção e na modificação dos atos administrativos, considerando que, de fato, a presunção de legitimidade interfere na confiança que os administrados depositam na ação estatal, com a complexidade das circunstâncias envolvidas em cada hipótese.

---

[166] A barreiras opostas à extinção e à modificação do ato administrativo serão melhor estudadas no Capítulo 4.

CAPÍTULO 2

DELIMITAÇÃO DO ATO ADMINISTRATIVO COMO OBJETO DE ESTUDO: JUSTIFICATIVA, FUNDAMENTOS E EFEITOS

O estudo trabalha com um recorte inicial que é o exercício da função administrativa entendida como:

O conjunto de poderes jurídicos destinados a promover a satisfação de interesses essenciais, relacionados com a promoção de direitos fundamentais, cujo desempenho exige uma organização estável e permanente e que se faz sob regime jurídico infralegal e submetido ao controle jurisdicional.[167]

Não obstante, tendo em vista que a perspectiva da segurança jurídica é o fio condutor do trabalho, o estudo compreende todas as espécies de atos administrativos, inclusive os chamados atos normativos, que alguns autores inserem no exercício da função legislativa.[168]

---

[167] JUSTEN FILHO, Marçal. *Curso de direito administrativo*. 5. ed. São Paulo: Saraiva, 2010. p. 39.

[168] O conceito clássico das funções do Estado extrai-se de Seabra Fagundes, no sentido de que "cada um desses órgãos [Legislativo, Executivo e Judiciário] não exerce, de modo exclusivo, a função que nominalmente lhe corresponde, e sim, tem nela a sua competência principal ou predominante". (FAGUNDES, M. Seabra. *O controle dos atos administrativos pelo poder judiciário*. São Paulo: Saraiva, 1984. p. 4). Regis Fernandes de Oliveira e Antônio Carlos Cintra do Amaral entendem que os atos normativos se inserem na função legislativa. Contudo, Celso Antônio Bandeira de Mello, Jaime Vidal Perdomo e Maurício Zockun inserem os atos normativos na esfera dos atos administrativos e no exercício da função administrativa, *pressuposto adotado no presente trabalho*. "A despeito das opiniões de Régis Fernandes de Oliveira e Antonio Carlos Cintra do Amaral, entendemos que a produção de Decretos e atos internos são inerentes ao exercício da função administrativa, tal como concebida pela Constituição da República Brasileira. Assim sendo, qualificamos esses como atos administrativos". (ZOCKUN, Maurício. *Dos atributos e da extinção dos atos administrativos*. Disponível em: <http://www.zockun.com.br/downloads/Dos%20

No estágio atual do Estado democrático de Direito brasileiro, as manifestações da função administrativa se materializam de formas diversas (atos, contratos, regulamentos), mas trazem uma característica comum, que é a procedimentalização. Apesar da variada regulamentação que tenta dar forma aos procedimentos, esse modelo busca limitar o exercício do poder, ampliar a transparência e a participação, fortalecendo o respeito aos valores democráticos. Não se cogita o fim do ato administrativo, mas a sua inserção em um contexto de maior participação, assegurada pelo procedimento e pela motivação.[169]

Essas tarefas são desenvolvidas pelos mais diversos órgãos que buscam legitimar suas ações pela satisfação do interesse público ou do bem comum e podem ser identificadas[170] como *conformadora ou ordenadora,*[171] *regulatória,*[172] *prestacional*[173] e *de controle.*[174] Justamente essa diversidade de competências que forma o regime jurídico administrativo exige que se restrinja ainda mais o objeto deste estudo. Buscando avaliar se a apreciação obrigatória de um regime de transição é compatível com o sistema constitucional vigente, o objeto da pesquisa ficará limitado às hipóteses de modificação e extinção dos atos administrativos. Em suma,

---

atributos%20e%20da%20extin%C3%A7%C3%A3o%20dos%20atos%20administrativos. pdf>. Acesso em: 7 set. 2013).

[169] Como salienta Vasco, o procedimento é "o novo conceito central do direito administrativo." (PEREIRA DA SILVA, Vasco Manuel Pascoal Dias. *Em busca do acto administrativo perdido.* Coimbra: Almedina, 1996. p. 301; DUARTE, David. *Procedimentalização, Participação e Fundamentação:* para uma concretização do Princípio da Imparcialidade como Parâmetro Decisório. Coimbra: Almedina, 1996).

[170] Em que pese a complexidade do tema, as diferentes classificações propostas pelos autores e a própria dificuldade de definir a abrangência de cada núcleo de competência em si – basta a referência ao Poder de Polícia – na presente obra, adota-se a proposta de Marçal Justen Filho para definir a abrangência do objetivo de investigação proposto.

[171] São os poderes inerentes à limitação administrativa: edição de regas, decisões e sua execução. Nela se inclui o exercício do Poder de Polícia Administrativa. (SUNDFELD, Carlos Ari. *Direito administrativo ordenador.* São Paulo: Malheiros, 1993).

[172] "Conjunto de providências por meio das quais o Estado busca disciplinar o desempenho pela iniciativa privada de atividades de interesse coletivo. A função administrativa regulatória costuma ser atribuída a entidades administrativas dotadas de autonomia reforçada, tal como as agências reguladoras independentes". (JUSTEN FILHO, Marçal. *Curso de direito administrativo.* 5. ed. São Paulo: Saraiva, 2010. p. 45).

[173] "A função administrativa prestacional é composta dos poderes para promover a satisfação concreta de necessidades coletivas relacionadas a direitos fundamentais. Traduz-se, em especial, no instituto do serviço público. Mas também aí poderia estar abrangida a intervenção direta do Estado no domínio econômico, autorizada e disciplinada no art. 173 da Constituição." (JUSTEN FILHO, Marçal. *Curso de direito administrativo.* 5. ed. São Paulo: Saraiva, 2010. p. 45).

[174] "Atuação formal e institucionalizada direcionada a verificar a correção formal e material da atuação dos próprios órgãos estatais." (JUSTEN FILHO, Marçal. *Curso de direito administrativo.* 5. ed. São Paulo: Saraiva, 2010. p. 46).

o presente estudo busca analisar como o regime jurídico administrativo protege o administrado de suas alterações coercitivas. Como essas alterações não alcançam um universo homogêneo, neste trabalho não se cuidará dos contratos administrativos,[175] dos atos políticos ou das funções de governo[176] e dos contratos privados da administração.[177]

De fato, é próprio do Poder Público expedir decisões coercitivas, ainda que procedimentalizadas, em ordem que considere as manifestações apresentadas pelos interessados, exatamente como exige o ambiente democrático. Sem dúvida, todas essas relações travadas pela Administração podem ser impactadas diretamente pela forma de concretização da segurança jurídica. Contudo, a diversidade de regimes e a natureza dos institutos exigem que, também nesse ponto, seja feito um novo recorte.

Excluídas as relações contratuais[178] e as escolhas políticas[179] que se submetem a regime bastante específico, o universo de análise

---

[175] "Os contratos administrativos também constituem espécie do gênero contratos da Administração, mas têm normas reguladoras diversas das que disciplinam os contratos privados firmados pelo Estado. Sendo contratos típicos da Administração, sofrem a incidência de normas especiais de direito público, só se lhes aplicando supletivamente as normas de direito privado, como está expresso na lei. Em última análise, é o regime jurídico que marca a diferença entre os contratos administrativos e os contratos privados da Administração." (CARVALHO FILHO, José dos Santos. *Manual de direito administrativo.* 25. ed. São Paulo: Atlas, 2012. p. 172. No mesmo sentido: DI PIETRO, Maria Sylvia. *Direito administrativo.* 14. ed. São Paulo: Atlas, 2002. p. 244).

[176] Na ADI 1231/DF, em que se discutia a constitucionalidade da Lei que concedeu anistia de multas aos candidatos que concorreram às eleições de 1994, o STF classificou o ato como político e afirmou: "A anistia é ato político, concedido mediante lei, assim da competência do Congresso *e do Chefe do Executivo,* correndo por conta destes a avaliação dos critérios de conveniência e oportunidade do ato, sem dispensa, entretanto, do controle judicial, porque pode ocorrer, por exemplo, desvio do poder de legislar ou afronta ao devido processo legal substancial (CF, art. 5º, LIV)". Conceitualmente, Marçal Justen Filho define ato político como "aqueles atinentes à existência do Estado e à formulação de escolhas políticas primárias". (JUSTEN FILHO, Marçal. *Curso de direito administrativo.* 5. ed. São Paulo: Saraiva, 2010. p. 43).

[177] "É evidente que quando a Administração firma contratos regulados pelo direito privado, situa-se no mesmo plano jurídico da outra parte, não lhe sendo atribuída, como regra, qualquer vantagem especial que refuja às linhas do sistema contratual comum. Na verdade, considera-se que, nesse caso, a Administração age no seu *ius gestionis,* com o que sua situação jurídica muito se aproxima da do particular". (CARVALHO FILHO, José dos Santos. *Manual de direito administrativo.* 25. ed. São Paulo: Atlas, 2012. p. 172). No mesmo sentido: DI PIETRO, Maria Sylvia. *Direito Administrativo.* 14. ed. São Paulo: Atlas, 2002. p. 244.

[178] O regime contratual da administração pública não será objeto de estudo na presente obra. O contrato administrativo de transação será tratado apenas na perspectiva de conciliação, a partir da procedimentalização para extinção ou modificação do ato administrativo.

[179] BONAVIDES, Paulo. *Curso de direito constitucional.* 5. ed. São Paulo: Malheiros, 1994. p. 292-293: "as questões políticas, expressas em atos legislativos e de governo, fogem à alçada judicial, não sendo objeto de exame de constitucionalidade, salvo se interferirem na existência constitucional de direitos individuais"

da presente obra centra-se no ato administrativo. E, apesar de serem inúmeros os procedimentos, com as disciplinas mais diversas, adota-se a classificação de *Marçal Justen Filho* no sentido de que "todas as hipóteses [de ato administrativo] podem ser classificadas em três modalidades básicas." Seriam elas: "(a) a produção de um ato administrativo normativo (regulamento), (b) a produção de um ato administrativo não regulamentar, destinado à composição de um litígio, ou (c) a produção de um ato administrativo não regulamentar, não destinado à composição de um litígio."[180] Em classificação ainda mais estrita, identificam-se duas espécies de atos administrativos: os atos administrativos concretos e os atos normativos.

Nesse delimitado universo, investiga-se como o regime jurídico se comporta nos casos de extinção e de modificação do ato administrativo (concreto e normativo) para que se possa avaliar em que medida a avaliação cogente e motivada de um regime de transição atende ao princípio da juridicidade e contribui para a legitimidade do exercício do poder público. Essa análise parte dos pressupostos desenvolvidos no capítulo anterior, relacionados à perspectiva de atuação quanto ao interesse público, à discricionariedade e à segurança jurídica. Cabe, portanto, delimitar o universo dos atos administrativos, as formas de extinção/modificação e suas respectivas barreiras.

2.1 O ato administrativo: origem civilista e princípio da legalidade

Muito embora grande parte dos autores que cuidaram de temas relacionados aos atos administrativos tenha direcionado parte de suas pesquisas à análise da teoria dos atos jurídicos, compreende-se que esse aprofundamento não é necessário ao estudo da tese ora proposta. Sabe-se que a doutrina civilista, tradicionalmente, distingue os atos jurídicos *stricto sensu* dos negócios jurídicos (distinção acolhida pelo Código Civil de 2002, art. 185 da Lei nº 10.406/2002). Enquanto nestes o agente exerceria sua autonomia da vontade sem prévias obrigações, os atos jurídicos em sentido estrito seriam ações lícitas, vinculadas à lei.[181] Nesse sentido, basta registrar que, para uma categoria de atos jurídicos *lato sensu*, os efeitos da ação humana independem da vontade

---

[180] JUSTEN FILHO, Marçal. *Curso de direito administrativo*. 5. ed. São Paulo: Saraiva, 2010. p. 284.

[181] MELLO, Marcos Bernardes de. *Teoria do fato jurídico (Plano da existência)*. 11. ed. São Paulo: Saraiva, 2001. p. 143.

(atos jurídicos *stricto sensu*), ao passo que outra categoria se caracteriza pela declaração de vontade que visa à obtenção de um resultado determinado e juridicamente assegurado (negócios jurídicos).[182] Partindo dessa construção, o trabalho demanda a *análise dos fundamentos que pautaram o desenvolvimento da teoria dos atos administrativos e, mais especificamente, das consequências e dos limites impostos à sua modificação e extinção.* Esse estudo revelará porque os atos administrativos ainda se submetem a um sistema que apresenta soluções binárias de extinção e modificação dos atos administrativos, que se definem por extremos (*ex nunc* e *ex tunc*). A delimitação desse sistema permitirá verificar se seus fundamentos são compatíveis com o princípio da segurança jurídica e com a legitimidade indispensável para sustentar o Estado democrático.

Embora indispensável, o estudo da doutrina civilista, a análise pormenorizada de toda a teoria que envolve o ato jurídico em si não interferem nos fundamentos e nas conclusões deste trabalho. Apesar de os atos administrativos serem atos jurídicos submetidos a tratamento normativo específico, o que acaba por afastá-los da matriz da Teoria Geral do Direito Civil, não se pode desconsiderar a influência dessa disciplina. É inquestionável que sua base encontra-se na teoria dos atos jurídicos, lentamente desenvolvida no direito privado. Seus contornos, contudo, foram delimitados pelo influxo dos princípios do direito público que buscaram suprir as demandas da relação de administração.[183] Entre esses preceitos estão o princípio da legalidade e da supremacia do interesse público, diretrizes fundamentais do Direito Administrativo que pautavam todas as formas de exteriorização do poder público.

Para além das características que são apontadas como intrínsecas ao ato e ao próprio regime jurídico administrativo, os conceitos com os quais trabalha a moderna doutrina administrativista brasileira resultam de uma mescla das concepções[184] formadas a partir da tradição francesa[185] e alemã.[186] Enquanto na França, essa construção

---

[182] SILVA PEREIRA, Caio Mário da. *Instituições de direito civil.* Rio de Janeiro: Forense, 1961. v. 1, p. 338.

[183] CIRNE LIMA, Ruy. *Princípios de direito administrativo.* 7. ed. São Paulo: Malheiros, 2007. p. 52.

[184] HORBACH, Carlos Bastide. *Teoria das nulidades do ato administrativo.* São Paulo: Revista dos Tribunais, 2007. p. 36.

[185] PEREIRA DA SILVA, Vasco Manuel Pascoal Dias. *Em busca do acto administrativo perdido.* Coimbra: Almedina, 1996. p. 44.

[186] ENTERRÍA, Eduardo Garcia; FERNÁNDEZ, Tomás-Ramón. *Curso de derecho administrativo.* 8. ed. Madrid: Civitas, 1998. p. 534.

se deu jurisprudencialmente, na Alemanha, Otto Mayer pretendeu construir um conjunto de institutos que delimitassem a autonomia do Direito Administrativo, entre os quais enfatizava a noção de ato administrativo.[187]

O estudo dessas origens no direito administrativo francês tem levado alguns autores[188] a afirmar que a jurisdição administrativa, pautada pela rígida divisão de poderes – que impõe a definição de sua esfera de competência,[189] – acabou por determinar, caso a caso, o que estaria ou não inserido no regime jurídico-administrativo. Nesse sentido, teria havido uma precedência da definição processual em detrimento da limitação material ou substantiva dos institutos de direito administrativo, na França. Assim, o ato administrativo seria o instrumento de uma função administrativa em construção, delimitada a partir dos casos apreciados pela jurisdição administrativa. Defensor da tese, *Marcello Caetano* chega a afirmar que "o tema central do direito administrativo moderno é, sem dúvida, constituído pela teoria do acto administrativo"[190] cujos traços definidores foram estabelecidos pela jurisprudência, na medida em que a Jurisdição Administrativa francesa delimitava sua competência, e pela doutrina que os sistematiza.[191]

Inicialmente, os atos administrativos eram definidos por um critério formal-orgânico: seriam manifestações unilaterais editadas por

---

[187] Como registra Odete Medauar, o autor é considerado o pai do direito administrativo alemão. (MEDAUAR, Odete. *O direito administrativo em evolução.* São Paulo: Revista dos Tribunais, 1992. p. 37-38).

[188] ESTORNINHO, Maria João. *Réquiem pelo contrato administrativo.* Coimbra: Almedina, 1990. p. 22; HORBACH, Carlos Bastide. *Teoria das nulidades do ato administrativo.* São Paulo: Revista dos Tribunais, 2007. p. 25; PEREIRA DA SILVA, Vasco Manuel Pascoal Dias. *Em busca do acto administrativo perdido.* Coimbra: Almedina, 1996, p. 44; ENTERRÍA, Eduardo Garcia; FERNÁNDEZ, Tomás-Ramón. *Curso de derecho administrativo.* 8. ed. Madrid: Civitas, 1998. p. 533; VIRALLY, Michel. Acte administratif. In: ODENT, Raymond; WALINE, Marcel (Dir.). *Répertoire de Droit Public et Administratif.* Paris: Dalloz, 1958. t. I, p. 7.

[189] MEIRELLES, Hely Lopes. *Direito administrativo brasileiro.* 19. ed. São Paulo: Malheiros, 1994. p. 49: Lei francesa do 16-24.08.1790: "As funções judiciárias são distintas e permanecerão separadas das funções administrativas. Não poderão os juízes, sob pena de prevaricação, perturbar, de qualquer maneira, as atividades dos corpos administrativos". No mesmo sentido, a Constituição francesa de 1971: "Os tribunais não podem invadir as funções administrativas ou mandar citar, para perante eles comparecerem, os administradores, por atos funcionais."

[190] CAETANO, Marcello. *Princípios fundamentais de direito administrativo.* Coimbra: Almedina, 1996. p. 89.

[191] Conforme registra Virally, o *Répertoire Dalloz* de 1958 registra que "la doctrine a rarement considere l'acte administratif lui-même, mais l'a étudié dans le cadre de ses recherches d'un critère de compétence, ce qui n'a peu contribué à compliquer sa définition et à la rendre incertaine". (VIRALLY, Michel. Acte administratif. In: ODENT, Raymond; WALINE, Marcel (Dir.). *Répertoire de Droit Public et Administratif.* Paris: Dalloz, 1958. t. I, p. 7).

órgãos administrativos do Estado, em oposição aos órgãos legislativos e judiciários. Já na Alemanha, a teoria do ato administrativo foi elaborada sobre as bases do sistema judiciário, por considerarem que, assim como uma decisão judicial, o ato administrativo também está fundamentado na lei e deve ter garantida a sua execução. Nesses termos, o ato na esfera administrativa faria às vezes da sentença no âmbito do Poder Judiciário.[192]

A partir dessa breve delimitação dos fatores que influenciaram o sistema atual do ato administrativo no Brasil, é indispensável que se estabeleçam os limites do seu conceito e os elementos e/ou requisitos que o compõem. Afinal, essa delimitação interferirá diretamente no regime jurídico que é objeto da presente obra. Neste ponto, será preciso diferenciar os atos administrativos de efeitos concretos e os atos administrativos regulamentares. Definido o contexto de cada um e o papel que desempenham na relação jurídico-administrativa, será possível delimitar o modelo de concretização da segurança jurídica vigente e as possibilidades de melhor compatibilização desses instrumentos com o princípio da juridicidade, central no Estado democrático de Direito brasileiro.

2.2 O ato administrativo típico ou de efeitos concretos: posição no regime jurídico administrativo, elementos e requisitos

Em que pese não se possa falar em um conceito definitivo de ato administrativo, a dupla influência referida pode ser sentida na definição que vem sendo acolhida pela doutrina administrativista brasileira. Basta citar os conceitos adotados por *Celso Antônio Bandeira de Mello* e *Odete Medauar*. Para o autor, conceitua-se ato administrativo como a "declaração do Estado (ou de quem lhe faça as vezes) no exercício de prerrogativas públicas, manifestada mediante providências jurídicas complementares da lei, a título de lhe dar cumprimento, e sujeitas a controle de legitimidade por órgão jurisdicional."[193] Para a autora, "é um dos modos de expressão das decisões tomadas por órgãos ou entidades

---

[192] MAYER, Otto. *Derecho administrativo alemán*. Buenos Aires: Depalma, 1982. t. I, p. 76 e 126: "O ato administrativo é um ato de autoridade que emana da administração e que determina ao súdito o que para ele é de direito em um caso concreto."

[193] BANDEIRA DE MELLO, Celso Antônio. *Curso de direito administrativo*. 11. ed. São Paulo: Malheiros, 1999. p. 271.

da Administração Pública, que produz efeitos jurídicos, em especial no sentido de reconhecer, modificar, extinguir direitos ou impor restrições e obrigações, com observância da legalidade."[194]

Apesar de o conceito reunir os mesmos pressupostos fundamentais (origem estatal, modificação de situações jurídicas e legalidade), não há uniformidade doutrinária quanto ao tratamento que se dá aos componentes que formam o ato administrativo. Conforme registra *Celso Antônio Bandeira de Mello*, não há "concordância total entre os autores sobre a identificação e o número dos elementos,"[195] opinião compartilhada por *Maria Sylvia Zanella de Pietro*[196] e *Odete Medauar*.[197] Enquanto alguns autores[198] entendem que o ato é composto de elementos (que dizem respeito à sua existência)[199] e de requisitos (que são indispensáveis à sua validade), outros[200] empregam ambos os termos indistintamente.

Essa construção teórica, que fundamenta a distinção entre os componentes que delimitam a existência do ato (elementos) e os que lhe garantem a conformidade com a ordem jurídica (requisitos), tem sua origem no direito civil. A teria do negócio jurídico admite como elementos o que "compõe sua existência no campo do direito" e como requisitos, no plano da validade, "a qualidade que o negócio deve ter ao entrar no mundo jurídico, consistente em estar de acordo com as regras jurídicas ('ser regular')."[201]

---

[194] MEDAUAR, Odete. *O direito administrativo em evolução*. São Paulo: Revista dos Tribunais, 1992. p. 149.

[195] BANDEIRA DE MELLO, Celso Antônio. *Curso de direito administrativo*. 11. ed. São Paulo: Malheiros, 1999. p. 275.

[196] DI PIETRO, Maria Sylvia Zanella. *Direito administrativo*. 13. ed. São Paulo: Atlas, 2001. p. 186.

[197] MEDAUAR, Odete. *O direito administrativo em evolução*. São Paulo: Revista dos Tribunais, 1992. p. 149.

[198] DI PIETRO, Maria Sylvia Zanella. *Direito administrativo*. 13. ed. São Paulo: Atlas, 2001. p. 187; PONTES DE MIRANDA, Francisco Cavalcante. *Trato de direito privado*. Parte Geral. Rio de Janeiro: Borsoi, 1954. t. IV, p. 4; MEDAUAR, Odete. *Direito administrativo moderno*. 7. ed. São Paulo: Revista dos Tribunais, 2003. p. 154; AMARAL, Diogo Freitas do. *Curso de direito administrativo*. Coimbra: Almedina, 2001. p. 249.

[199] AZEVEDO, Antônio Junqueira de. *Negócio jurídico*: existência, validade e eficácia. 3. ed. São Paulo: Saraiva, 2000. p. 29.

[200] MEIRELLES, Hely Lopes. *Direito administrativo brasileiro*. 19. ed. São Paulo: Malheiros, 1994. p. 49; MASAGÃO, Mário. *Curso de direito administrativo*. 6. ed. São Paulo: Revista dos Tribunais, 1977. p. 144; GASPARINI, Diógenes. *Direito administrativo*. 8. ed. São Paulo: Saraiva, 2003. p. 59.

[201] AZEVEDO, Antônio Junqueira de. *Negócio jurídico*: existência, validade e eficácia. 3. ed. São Paulo: Saraiva, 2000. p. 29.

Na linha da doutrina que não distingue os componentes do ato, o presente trabalho rompe com essa diferenciação entre requisitos e elementos. Compreende tratar-se de construção teórica distanciada da realidade, que pode servir como um dos fundamentos que sustentam a categoria dos atos inexistentes. E no regime que acolhe a presunção de legalidade da atuação administrativa, as consequências que afetam diretamente o administrado não podem ser desconsideradas. Adota-se como princípio, assim como *Carlos Bastide Horbach*, que "a independência dos atos administrativos reside no fato de estarem subordinados a um regime jurídico especial, o regime da cogência e da imperatividade, o regime de direito público."[202] Nesses termos, são duas as razões que fundamentam o posicionamento adotado.

Não se pode negar a aproximação do regime do ato jurídico e do regime do ato administrativo, especialmente unidos em suas origens teóricas. Contudo, compreende-se que a diversidade de circunstâncias que podem decorrer da atuação administrativa não é compatível com qualquer tipo de pré-compreensão conceitual teoricamente fechada, cuja opção possa levar a consequências absolutamente diversas. E não é outra a hipótese: definir que os atos administrativos possuem requisitos de existência pode contribuir para a conclusão de que a ausência de qualquer desses requisitos determinaria a sua inexistência. De outro lado, vícios que maculassem seus elementos acarretariam alguma hipótese de invalidade. Esse quadro teórico geral delimita o padrão de possibilidades e suas respectivas consequências, inviabilizando soluções variadas que considerem a complexidade de cada situação. Essa construção limitada acaba por desconectar-se das singularidades de cada conjunto de circunstâncias e não parece compatível com a demanda democrática procedimental e individualizada.

Além disso, não nos parece que a existência dos atos administrativos esteja vinculada aos caracteres necessários para a sua formação, mas, sim, ao momento em que passa a produzir efeitos. Não importa de que maneira e em que formato um ato administrativo – por mais incompleto que seja – alcança o universo de terceiros. No momento em que os efeitos são produzidos e sentidos, interna ou externamente, não se pode negar o fato de que sua existência é real. A percepção do ato e as consequências produzidas por seus efeitos materializam-se nas obrigações que recaem sobre a Administração Pública, destinada

---

[202] HORBACH, Carlos Bastide. *Teoria das nulidades do ato administrativo.* São Paulo: Revista dos Tribunais, 2007. p. 56.

a gerenciar a realidade que decorre desses efeitos, especialmente tendo em conta a presunção de legalidade dos atos administrativos. Nada mais real e existente do que consequências com as quais se tenha que lidar. Sem qualquer distinção, portanto, o trabalho avança, considerando que o ato administrativo é composto por cinco elementos: competência, objeto, forma, motivo e finalidade. Nesse elenco, especificamente, a doutrina é bastante convergente.[203]

2.3 O ato administrativo normativo e sua posição no regime jurídico administrativo

Tradicionalmente, o poder regulamentar da Administração Pública foi vinculado à prerrogativa de editar atos complementares à lei, que permitissem a sua efetiva aplicação. Nesse sentido, os atos regulamentares teriam caráter executivo e não poderiam ampliar ou alterar as previsões normativas, sob pena de invadirem competência reservada ao Poder Legislativo. Mesmo nesse período, apesar de se ter convencionado afirmar que o ato regulamentar "não acarreta modificação à ordem jurídica vigente," pois, não haveria regulamento autônomo no Brasil, *Seabra Fagundes* já afirmava que todo ato jurídico implica na modificação de situação jurídica anterior.[204]

De fato, não é possível se exigir que o ato regular reprise os termos da lei. Nesta tarefa de dar "fiel execução" aos parâmetros genéricos da lei, o ato não se limita a simples repetição de seus termos. Exatamente por isso, sempre se afirmou que o ato regulamentar teria por objetivo "pormenorizar as condições de modificação originária doutro ato (lei)."[205] Tendo em vista que o legislador não possui condições de elencar todas as soluções possíveis, o ato regulamentar assume a tarefa

---

[203] FRANCO SOBRINHO, Manoel de Oliveira. *Atos administrativos*. São Paulo: Saraiva, 1980. p. 82; ALESSI, Renato. *Sistema istituzionale del diritto amministrativo ilaliano*. 3. ed. Milano: Giuffré, 1960. p. 308. Houve alguma divergência a respeito da *causa* como requisito do ato administrativo. Renato Alessi entendia que a noção de causa – extraída dos negócios jurídicos – não é própria do ato administrativo, pois o interesse público apresenta-se como limite na atuação administrativa e não propriamente como sua causa. No mesmo sentido posicionam-se Enterría e Fernández (ENTERRÍA, Eduardo Garcia; FERNÁNDEZ, Tomás-Ramón. *Curso de derecho administrativo*. 8. ed. Madrid: Civitas, 1998. p. 544). A doutrina atual, majoritária, não acolhe o conceito de causa que acaba segmentado pelas noções de motivo e finalidade.

[204] FAGUNDES, M. Seabra. *O controle dos atos administrativos pelo poder judiciário*. São Paulo: Saraiva, 1984. p. 17.

[205] FAGUNDES, M. Seabra. *O controle dos atos administrativos pelo poder judiciário*. São Paulo: Saraiva, 1984. p. 19.

indispensável de complementá-lo, produzindo inovações que garantam a sua executoriedade. Esse controle seria feito pelo Congresso Nacional, que por disposição constitucional expressa (art. 49, V da CR/88) estaria autorizado a sustar atos normativos que extrapolassem os limites do poder de regulamentação.[206]

Ainda hoje, referindo-se ao regulamento executivo,[207] *Marçal Justen Filho* esclarece que "o que se pode discutir não é a existência de cunho inovador nas regras contidas no regulamento, mas a extensão da inovação produzível por essa via."[208] Tal entendimento já foi albergado pelo *STF*, em voto do *Min. Celso de Mello*, quando observou que:

> Não obstante a função regulamentar efetivamente sofra os condicionamentos normativos impostos, de modo imediato, pela lei, o Poder Executivo, ao desempenhar concretamente a sua competência regulamentar, não se reduz à condição de mero órgão de reprodução do conteúdo material do ato legislativo a que se vincula.[209]

Mais recentemente, o alcance dos regulamentos foi vinculado ao conceito de discricionariedade técnica e o rol de regulamentos autônomos admitidos[210] foi ampliado.[211]

---

[206] MOTTA, Fabrício. *Função normativa da administração pública*. Belo Horizonte: Del Rey, 2007. p. 128.

[207] Art. 84, VI da CF/88: Compete privativamente ao Presidente da República:
VI - dispor, mediante decreto, sobre: [...] (Redação dada pela Emenda Constitucional nº 32, de 2001).
a) organização e funcionamento da administração federal, quando não implicar aumento de despesa nem criação ou extinção de órgãos públicos; [...] (Incluída pela Emenda Constitucional nº 32, de 2001).
b) extinção de funções ou cargos públicos, quando vagos;

[208] JUSTEN FILHO. Marçal. *Curso de direito administrativo*. São Paulo: Saraiva, 2005. p. 147.

[209] BRASIL. Supremo Tribunal Federal. Min. Celso de Mello. ADI 561-8. *apud* JUSTEN FILHO. Marçal. *Curso de direito administrativo*. São Paulo: Saraiva, 2005. p. 147.

[210] A doutrina majoritária sempre admitiu como regulamento autônomo o disposto no art. 84, VI da Constituição:
Art. 84 - Compete privativamente ao Presidente da República:
VI - dispor, mediante decreto, sobre: (Redação dada pela Emenda Constitucional nº 32, de 2001).
a) organização e o funcionamento da administração federal, quando não implicar aumento de despesa nem criação ou extinção de órgãos públicos; (Incluída pela Emenda Constitucional nº 32, de 2001).
b) extinção de funções ou cargos públicos, quando vagos; (Incluída pela Emenda Constitucional nº 32, de 2001).

[211] Para os fins da presente obra, basta a delimitação das espécies normativas para que se possa identificar a ausência de motivação ou de regime de transição na atualidade. Nesse sentido, não se faz necessário aprofundar o estudo da matéria.

MARILDA DE PAULA SILVEIRA
SEGURANÇA JURÍDICA, REGULAÇÃO, ATO: MUDANÇA, TRANSIÇÃO E MOTIVAÇÃO

Na perspectiva de delegação da competência regulamentar por meio de leis, o fenômeno foi intitulado como *deslegalização*, por alguns autores[212] e pela jurisprudência. Em que pesem as divergências a respeito do tema, converge-se no sentido de que o desenvolvimento científico, as especificidades das questões técnicas, a necessidade de atualização constante e a dificuldade de se alcançar determinados consensos, tornaram quase indispensável que certas matérias encontrem espaço na esfera regulamentar.

Os regulamentos, contudo, estão limitados às questões técnicas, de modo que a lei mantém o regramento básico definido a partir de critérios políticos. Daí afirmar-se que a delegação deve limitar-se à *discricionariedade técnica*, seara em que o conteúdo normativo é inovador e não apenas executivo. Esse fenômeno ganhou fôlego com as agências reguladoras,[213] mas se estende para todos os órgãos da Administração Pública.[214]

Já a existência de regulamentos autônomos no Brasil encontrou bastante controvérsia doutrinária.[215] Os autores se põem de acordo

---

[212] Por todos: CANOTILLHO, J. J. Gomes. *Direito Constitucional*. 6. ed., Coimbra: Almedina, 1995. p. 915. A deslegalização ocorreria quando "uma lei, sem entrar na regulamentação da matéria, rebaixa formalmente o seu grau normativo, permitindo que essa matéria possa vir a ser modificada por regulamento". No mesmo sentido: ARAGÃO, Alexandre Santos de. O Poder Normativo das Agências Independentes e o Estado Democrático de Direito. *Revista de Informação Legislativa*, Brasília. a. 37, nº 148, outubro/dezembro, 2000, p. 289.

[213] ANEEL: Lei nº 9.427/96, Art. 2º - A Agência Nacional de Energia Elétrica - ANEEL tem por finalidade regular e fiscalizar a produção, transmissão, distribuição e comercialização de energia elétrica, em conformidade com as políticas e diretrizes do governo federal. ANATEL: Lei nº 9.472/97, art. 19: Art. 19. À Agência compete adotar as medidas necessárias para o atendimento do interesse público e para o desenvolvimento das telecomunicações brasileiras, atuando com independência, imparcialidade, legalidade, impessoalidade e publicidade, e especialmente:
IV - expedir normas quanto à outorga, prestação e fruição dos serviços de telecomunicações no regime público;
X - expedir normas sobre prestação de serviços de telecomunicações no regime privado;
XII - expedir normas e padrões a serem cumpridos pelas prestadoras de serviços de telecomunicações quanto aos equipamentos que utilizarem;
XIV - expedir normas e padrões que assegurem a compatibilidade, a operação integrada e a interconexão entre as redes, abrangendo, inclusive, os equipamentos terminais;
XVI - deliberar na esfera administrativa quanto à interpretação da legislação de telecomunicações e sobre os casos omissos;

[214] Citam-se, exemplificativamente, o Banco Central, a Receita Federal, o Departamento Nacional de Produção Mineral e os órgãos que titularizem o exercício do poder de polícia.

[215] Marçal Justen Filho relata que haveria quatro orientações principais na doutrina e jurisprudência: "A primeira corrente entende que, em determinadas situações, a ausência de disciplina legislativa pode ser suprida por meio de regulamento. A segunda posição defende a possibilidade de dispositivo legal atribuir expressa competência ao Poder Executivo para disciplinar, inovadoramente, certos temas por meio de regulamento. A

quanto ao seu conceito, mas divergem a respeito da existência de norma constitucional que os autorize. Conceitualmente, afirmam que essa espécie normativa se revelaria quando "desvinculados de uma lei [...] encontra seu fundamento de validade diretamente na Constituição, de modo a dispensar a existência de uma lei."[216] Significa dizer que o regulamento autônomo criaria direitos e obrigações, sem fundamento legal, diretamente do texto constitucional.

Compreende-se, no presente trabalho, que além do disposto no art. 84, VI a Constituição também veicula competência para edição de regulamentos autônomos ao Conselho Nacional de Justiça e ao Conselho Nacional do Ministério Público.

Nessa linha, o STF e o STJ já admitiram a constitucionalidade de Resoluções e Portarias que não encontravam amparo em leis, mas que regulamentariam diretamente disposições constitucionais. No caso paradigmático da ADC nº 12, o STF reconheceu a constitucionalidade da Res./CNJ nº 7, que estabelece vedação ao nepotismo no Poder Judiciário, por entender que apesar da ausência de lei específica, "as restrições constantes do ato resolutivo são, no rigor dos termos, as mesmas já impostas pela Constituição de 1988, dedutíveis dos republicanos princípios da impessoalidade, da eficiência, da igualdade e da moralidade."[217] [218]

---

terceira orientação admite que a sumariedade da disciplina constante de uma lei propicie ao Poder Executivo o suprimento, por meio de um regulamento. A quarta concepção afirma que o regulamento deve ser estritamente subordinado à lei, sem que se admita qualquer inovação ou acréscimo às normas contempladas por ela." (JUSTEN FILHO, Marçal. *Curso de direito administrativo*. 5. ed. São Paulo: Saraiva, 2010. p. 157).

[216] JUSTEN FILHO, Marçal. *Curso de direito administrativo*. 5. ed. São Paulo: Saraiva, 2010. p. 155.

[217] STF. Pleno. ADC 12. Rel. Min. Carlos Britto. DJe 17.12.2009. EMENTA: AÇÃO DECLA-RATÓRIA DE CONSTITUCIONALIDADE, AJUIZADA EM PROL DA RESOLUÇÃO Nº 07, de 18.10.05, DO CONSELHO NACIONAL DE JUSTIÇA. ATO NORMATIVO QUE "DISCIPLINA O EXERCÍCIO DE CARGOS, EMPREGOS E FUNÇÕES POR PARENTES, CÔNJUGES E COMPANHEIROS DE MAGISTRADOS E DE SERVIDORES INVESTIDOS EM CARGOS DE DIREÇÃO E ASSESSORAMENTO, NO ÂMBITO DOS ÓRGÃOS DO PODER JUDICIÁRIO E DÁ OUTRAS PROVIDÊNCIAS". PROCEDÊNCIA DO PEDIDO. 1. Os condicionamentos impostos pela Resolução nº 07/05, do CNJ, não atentam contra a liberdade de prover e desprover cargos em comissão e funções de confiança. As restrições constantes do ato resolutivo são, no rigor dos termos, as mesmas já impostas pela Constituição de 1988, dedutíveis dos republicanos princípios da impessoalidade, da eficiência, da igualdade e da moralidade. 2. Improcedência das alegações de desrespeito ao princípio da separação dos Poderes e ao princípio federativo. O CNJ não é órgão estranho ao Poder Judiciário (art. 92, CF) e não está a submeter esse Poder à autoridade de nenhum dos outros dois. O Poder Judiciário tem uma singular compostura de âmbito nacional, perfeitamente compatibilizada com o caráter estadualizado de uma parte dele. Ademais, o art. 125 da Lei Magna defere aos Estados a competência de organizar a sua própria Justiça, mas não é menos certo que esse mesmo art. 125, *caput*, junge essa organização aos princípios

Essas são as espécies que serão objeto de análise no presente estudo. Muito embora os atos administrativos de efeitos concretos estejam situados no juízo de aplicação das normas e, portanto, atraiam uma forma de concreção em perspectiva diversa dos atos regulamentares, ambos estão ligados ao mesmo pressuposto de segurança que demanda a avaliação cogente de um regime de transição. Assim como os atos administrativos concretos, os atos normativos são produzidos pela Administração Pública e interferem na situação jurídica de terceiros. Muito embora decorram do Poder Regulamentar, esses atos também se submetem ao regime jurídico administrativo e interferem na legitimidade da atuação estatal, pressupostos que os unem e que justificam sua inclusão na presente obra.

"estabelecidos" por ela, Carta Maior, neles incluídos os constantes do art. 37, cabeça. 3. Ação julgada procedente para: a) emprestar interpretação conforme a Constituição para deduzir a função de chefia do substantivo "direção" nos incisos II, III, IV, V do artigo 2º do ato normativo em foco; b) declarar a constitucionalidade da Resolução nº 07/2005, do Conselho Nacional de Justiça.

[218] Esse também é o posicionamento atual do Superior Tribunal de Justiça: MS 14017/DF, Rel. Min. Herman Benjamin, DJe 01.7.2009:

5. No Direito Constitucional contemporâneo, inexiste espaço para a tese de que determinado ato administrativo normativo fere o Princípio da Legalidade, tão só, porque encontra fundamento direto na Constituição Federal. Ao contrário dos modelos constitucionais retórico-individualistas do passado, despreocupados com a implementação de seus mandamentos, no Estado Social brasileiro, instaurado em 1988, a Constituição deixa em muitos aspectos de ser refém da lei, e é esta que, sem exceção, só vai aonde, quando e como o texto constitucional autorizar. 6. A empresa defende uma concepção ultrapassada de legalidade, incompatível com o modelo jurídico do Estado Social, pois parece desconhecer que as normas constitucionais também têm status de normas jurídicas, delas se podendo extrair efeitos diretos, sem que para tanto seja necessária a edição de norma integradora. 7. A Constituição é a norma jurídica por excelência, por ser dotada de superlegalidade. No Estado Social, seu texto estabelece amiúde, direitos e obrigações de aplicação instantânea e direta, que dispensam a mediação do legislador infraconstitucional. Mesmo que assim não fosse, há regramento infraconstitucional sobre a matéria, diferentemente do que afirma a impetrante. 8. A Portaria MTE 540/2004 concretiza os princípios constitucionais da Dignidade da Pessoa Humana (Art. 1º, III, da CF), da Valorização do Trabalho (Art. 1º, IV, da CF), bem como prestigia os objetivos de construir uma sociedade livre, justa e solidária, de erradicar a pobreza, de reduzir as desigualdades sociais e regionais e de promover o bem de todos (Art. 3º, I, III e IV, da CF). Em acréscimo, foi editada em conformidade com a regra do Art. 21, XXIV, da CF, que prescreve ser da competência da União "organizar, manter e executar a inspeção do trabalho". Por fim, não se pode olvidar que materializa o comando do art. 186, III e IV, da CF, segundo o qual a função social da propriedade rural é cumprida quando, além de outros requisitos, observa as disposições que regulam as relações de trabalho e promove o bem-estar dos trabalhadores. 9. Some-se a essas normas, o disposto no Art. 87, parágrafo único, I e II, da Constituição de 1988, pelo qual compete ao Ministro de Estado, entre outras atribuições estabelecidas na Constituição e na lei, exercer a orientação, a coordenação e a supervisão dos órgãos e entidades da administração federal na área de sua competência e "expedir instruções para a execução das leis, decretos e regulamentos."

Todavia, é preciso considerar que enquanto os atos administrativos de efeitos concretos se submetem a um intrincado regime de alterações e proteções, o ato regulamentar se sujeita a regra quase objetiva: "são, por natureza, revogáveis a qualquer tempo e em qualquer circunstância, desde que a Administração respeite seus efeitos produzidos até o momento da invalidação." E compreende-se que assim o seja, porque "estes atos (gerais ou regulamentares) têm missão normativa assemelhada à lei, não objetivando situações pessoais. Por isso mesmo, não geral, normalmente, direitos subjetivos individuais à sua manutenção, razão pela qual os particulares não podem opor-se à sua revogação."[219]

Assim, para que se possa definir a perspectiva atual de modificação e extinção desses atos, é preciso delimitar o sistema que vem sendo construído.

---

[219] MEIRELLES, Hely Lopes. *Direito administrativo brasileiro*. 27. ed. São Paulo: Malheiros, 2002. p. 196.

CAPÍTULO 3

O MODELO TRADICIONAL DE EXTINÇÃO E MODIFICAÇÃO DO ATO ADMINISTRATIVO DE EFEITOS CONCRETOS: SOLUÇÕES BINÁRIAS E POSIÇÕES DE EXTREMOS

Antes mesmo de avaliar as hipóteses que podem levar à extinção dos atos administrativos, os autores divergem a respeito do que realmente se extingue: o ato ou seus efeitos. Enquanto *Agústin Gordillo*[220] conceitua a extinção como a cessação definitiva de seus efeitos jurídicos, *Sayagués Laso*[221] entende que a extinção põe fim ao próprio ato.

Muito embora esse debate tenha direcionado a definição das espécies de extinção do ato administrativo ao longo do tempo, atualmente a doutrina e a jurisprudência atuam a partir de categorias predefinidas. Identifica-se uma hipótese de modificação da relação jurídico-administrativa, examina-se em que medida aquela circunstância interfere nos efeitos do ato para subsumi-la a uma classe predefinida com suas respectivas consequências.[222] Nesse sentido, diversos foram os autores

---

[220] GORDILLO, Agustín. *Tratado de derecho administrativo*. Tomo 3. El acto administrativo. 6. ed. Belo Horizonte: Del Rey e Fundación de Derecho Administrativo, 2003. p. XXX-1: "En cambio la extinción implica la cesación definitiva de ellos [efectos] juridicos. La modificación del acto, por su parte, no hace Cesar los efectos cino qu elos tranforma o cambia en algún sentido determinado. Dado que ló tipificante del acto administrativo es su calidad de producir efectos juridicos, no parece que puedan imaginarse casos de actos que subsistan sin producir efectos jurídicos. A la inversa, puede ser posible encontrar efectos ultraactivos de actos ya desaparecidos del mundo jurídico. Pero um acto sin efetctos jurídicos no existe ya en el mundo jurídico."

[221] LASO, Enrique Sayagués. *Tratado de derecho administrativo*. v. 2. Montevideo: Faculdad de Derecho Y Ciencias Sociales, Fundación de Cultura Universitaria, 1991. p. 515-516.

[222] Por exemplo: Um indivíduo é titular de uma autorização para venda ambulante de algodão doce na praça, aos finais de semana, há muitos anos. Esse indivíduo é pai de três filhos menores e a esposa doente não pode trabalhar. A Lei Municipal é modificada e passa

que formularam teorias para sistematizar as hipóteses de extinção de um ato administrativo perfeito e eficaz, assim como vários foram os modelos utilizados pela doutrina[223] para sistematizar essas hipóteses.

Como as diferentes classificações consideram o ponto de vista teórico do autor, adota-se, na presente obra, a sempre referida - e que nos parece mais completa – classificação de *Celso Antônio Bandeira de Mello*,[224] segundo a qual haveria quatro diferentes espécies de extinção:[225] i) cumprimento de seus efeitos;[226] ii) desaparecimento do elemento infungível da relação jurídica;[227] iii) retirada;[228] e iv) renúncia.[229] Além de classificadas as hipóteses de extinção dos atos administrativos, estas foram atreladas às *barreiras que se opõem à sua extinção*, cujo estudo será aprofundado a seguir.[230]

Essa análise busca identificar se o modelo que vem sendo construído e aplicado é compatível com a complexidade do Estado democrático. Somente com a delimitação do cenário atual será possível

---

a vedar a circulação de ambulantes nas praças. Assume-se a hipótese como caducidade do ato administrativo de autorização, que produz efeitos *ex nunc* [a partir da edição da lei] vinculada ao pressuposto de que não há direito adquirido a regime jurídico.

[223] Hely Lopes Meirelles refere-se apenas às hipóteses de revogação e de anulação. (MEIRELLES, Hely Lopes. *Direito administrativo brasileiro*. 27. ed. São Paulo: Malheiros, 2002. p. 195. Já Maria Sylvia Zanella Di Pietro acolhe a classificação de Celso Antônio Bandeira de Mello. DI PIETRO, Maria Sylvia Zanella. *Direito administrativo*. 14. ed. São Paulo: Atlas, 2002. p. 224. José dos Santos Carvalho Filho se refere à extinção natural, extinção subjetiva, caducidade e desfazimento volitivo (anulação, revogação e cassação). CARVALHO FILHO, José dos Santos. *Manual de direito administrativo*. 27. ed. São Paulo: Atlas, 2012. p. 151. Marçal Justen Filho classifica as hipóteses de extinção em exaurimento da eficácia do ato, decurso do tempo, desaparecimento do pressuposto fático, renúncia do interessado, rescisão por inadimplemento, força maior e caso fortuito, invalidação e revogação. JUSTEN FILHO, Marçal. *Curso de direito administrativo*. 5. ed. São Paulo: Saraiva, 2010. p. 362. Sérgio Ferraz divide três categorias: execução do ato, perecimento do objeto ou do seu beneficiário e retirada do objeto (revogação, invalidação e renúncia). FERRAZ, Sérgio. Extinção dos atos administrativos: Algumas reflexões. *Revista de Direito Administrativo*. Rio de Janeiro, Renovar, nº 231, p. 58. 2003.

[224] Que segue orientações da doutrina de Pietro Virga. MELLO, Celso Antônio Bandeira de. *Curso de Direito Administrativo*. 20. ed. São Paulo: Malheiros, 2006. p. 414-417.

[225] Essas categorias são, tradicionalmente, vinculadas aos atos de efeitos concretos. Como visto, os atos normativos têm a extinção e a modificação vinculada à revogação, que se pauta por fatores que serão objeto de maior aprofundamento no Capítulo 6 desta obra.

[226] Seria a forma natural de extinção do ato. O ato administrativo tem os seus efeitos exauridos pelo esgotamento de seu conteúdo jurídico, pela execução material ou pelo implemento de condição resolutiva ou termo.

[227] O sujeito (nos atos *intuitu personae*) morre e o objeto real sobre o qual incide o ato desaparece.

[228] Trata-se de um gênero que inclui as espécies em que um ato administrativo posterior, motivado, acaba por extinguir o anterior. Neles se incluem a revogação, a invalidação, a cassação, a caducidade e a contraposição ou derrubada.

[229] O beneficiário de uma situação jurídica favorável rejeita o ato.

[230] Acolhe-se, nesse sentido, denominação de Weida Zancaner. A matéria será aprofundada no Capítulo 5 desta obra.

avaliar se os modelos de extinção e os instrumentos que se impõem como barreira à atuação da Administração Pública são compatíveis com o princípio da segurança jurídica e com os princípios democráticos do nosso Estado de Direito.

Apura-se em que medida essas teorias foram construídas com soluções que se concentram em extremos, próprias de um modelo fechado e predefinido. Nessa perspectiva, será possível avaliar se as categorias que foram sendo admitidas são suficientes, se têm levado os autores a forjar outros tantos novos modelos ou mesmo a abrir exceções, como alternativa para suportar todas as "peculiaridades dos casos concretos." Investiga-se, ainda, qual dimensão se dá às especificidades de cada caso concreto, à presunção de legalidade do ato administrativo e ao elemento subjetivo daqueles que compõem a relação jurídico-administrativa.

3.1 O esgotamento dos efeitos do ato e suas consequências

A primeira causa de extinção ou de modificação atrelada ao ato administrativo seria o esgotamento de seus efeitos. Ocorreria quando função ou o efeito para os quais o ato foi produzido se exaurem. Essa dinâmica se apresenta de forma mais evidente quando seus efeitos são únicos e imediatos.

Em algumas dessas hipóteses, essa é a forma apontada como de extinção natural do ato administrativo, em que seu objeto é satisfeito sem qualquer intervenção direta. É o que ocorre nas hipóteses de "esgotamento do conteúdo jurídico" e de "execução material" dos atos administrativos. No primeiro caso, os efeitos previstos para o ato fluem com o tempo e se esgotam, como, por exemplo, no gozo de férias e de licenças. Já na segunda hipótese, tem-se a obtenção e o cumprimento de determinada providência, como ocorre na apreensão de certa mercadoria ou na ordem de demolição.[231]

Em outros casos, contudo, embora a extinção do ato administrativo se classifique "pelo exaurimento de sua eficácia," ela é provocada (voluntária ou involuntariamente), de modo que não depende única e exclusivamente do decurso do tempo ou de sua execução material. É o caso da extinção que decorre do implemento de condição resolutiva (evento futuro e incerto), de termo (evento futuro e certo, em que a

---

[231] MELLO, Celso Antônio Bandeira de. *Curso de Direito Administrativo*. 20. ed. São Paulo: Malheiros, 2006. p. 414-417.

certeza pode ser determinada ou indeterminada),[232] de caso fortuito ou de força maior.[233]

Nesses casos, em maior ou menor medida, sempre haverá um elemento indeterminado que influenciará no planejamento de terceiros, seja o evento futuro e incerto da condição resolutiva, seja a certeza indeterminada do termo ou o evento imprevisível de consequências incalculáveis do caso fortuito e/ou da força maior. A extinção dos atos em hipóteses como estas impacta qualquer planejamento de forma inquestionável.

É o caso da aposentadoria, que – segundo jurisprudência consolidada no STF – consubstancia ato administrativo complexo que somente se aperfeiçoa com o registro perante o Tribunal de Contas. Significa dizer que o controle exercido pelo órgão, caso conclua pela irregularidade do ato, representa *condição resolutiva*[234] que extinguirá o direito ao recebimento dos proventos em curso. Embora as barreiras à extinção dos atos sejam tratadas em capítulo específico,[235] cabe anotar que essa condição resolutiva não está sujeita aos efeitos da decadência – independentemente do tempo que a Administração Pública demore para implementá-la, a seu exclusivo critério. Mais recentemente, amparado no princípio da segurança jurídica e no princípio do devido processo legal, o STF entendeu que o período de 5 (cinco) anos desde o ingresso do processo na Corte de Contas seria um prazo razoável para que os Tribunais apreciem a legalidade do ato, após o qual é possível o implemento da condição resolutiva, mas deve ser garantido ao administrado o contraditório e a ampla defesa.[236] [237]

---

[232] Caso em que o fato é certo, mas a data é indeterminada. (AMARAL, Diogo de Freitas. *Curso de direito administrativo*. 5. ed. reimp. 2001. Coimbra: Almedina, 2006. v. 2, p. 425).

[233] Doutrina e jurisprudência reconhecem efeitos de natureza patrimonial, diversamente do que se passa no caso do desaparecimento do pressuposto fático. (JUSTEN FILHO, Marçal. *Curso de direito administrativo*. 5. ed. São Paulo: Saraiva, 2010. p. 363).

[234] STF. Pleno. RMS 25072/DF, Rel. para acórdão Min. Eros Grau. DJ 27.4.2007. "2. O ato de aposentadoria consubstancia ato administrativo complexo, aperfeiçoando-se somente com o registro perante o Tribunal de Contas. Submetido à condição resolutiva, não se operam os efeitos da decadência antes da vontade final da Administração".

[235] Capítulo 4.

[236] Até então, o Supremo Tribunal Federal entendia que o implemento dessa condição resolutiva não estaria sujeito nem mesmo ao contraditório e à ampla defesa: "O Tribunal de Contas da União, ao julgar a legalidade da concessão de aposentadoria, exercita o controle externo a que respeita o artigo 71 da Constituição, a ele *não sendo imprescindível o contraditório*". Precedentes [MS nº 24.784, Relator o Ministro CARLOS VELLOSO, DJ 19.05.2004; MS n. 24.728, Relator o Ministro GILMAR MENDES, DJ 09.09.2005; MS nº 24.754, Relator o Ministro MARCO AURÉLIO, DJ 18.02.2005 e RE n. 163.301, Relator o Ministro SEPULVEDA PERTENCE, DJ 28.11.97

[237] Atualmente, a jurisprudência firmou-se no seguinte sentido: STF. Pleno. MS 28.520/PR, Ayres Britto, Segunda Turma, DJe de 2.4.2012: MANDADO DE SEGURANÇA. ATO DO

Nota-se que a doutrina tradicional[238] e a jurisprudência vinculam essas espécies de extinção a consequências fechadas, que se limitam à supressão imediata do ato com efeitos *ex nunc* e à possibilidade de "impor algum efeito de natureza patrimonial"[239] para reparação do administrado. Esse modelo, contudo, não considera as diferenças que distinguem os conflitos, especialmente no que se refere à possibilidade de manutenção do ato, à interferência da própria Administração Pública na causa extintiva e ao elemento subjetivo dos terceiros afetados. O grande elemento destacado como fator de diferenciação é a possibilidade de resolver eventuais prejuízos em perdas e danos, o que, na realidade, acaba levando a questão para o Poder Judiciário.

Nas hipóteses de caso fortuito ou de força maior,[240] não se analisam os interesses em conflito e a possibilidade de manutenção do

---

[237] TRIBUNAL DE CONTAS DA UNIÃO. COMPETÊNCIA DO SUPREMO TRIBUNAL FEDERAL. NEGATIVA DE REGISTRO A APOSENTADORIA. PRINCÍPIO DA SEGURANÇA JURÍDICA. GARANTIAS CONSTITUCIONAIS DO CONTRADITÓRIO E DA AMPLA DEFESA. IMPROCEDÊNCIA. 1. Havendo o Tribunal de Contas da União exercido a competência que lhe foi conferida pelo inciso III do art. 71 da Constituição Federal em prazo inferior a cinco anos, não há de se falar em exercício do contraditório e da ampla defesa por parte do interessado. 2. A manifestação do órgão constitucional de controle externo há de se formalizar em tempo que não desborde das pautas elementares da razoabilidade. Todo o Direito Positivo é permeado por essa preocupação com o tempo, enquanto figura jurídica, para que sua instabilidade intersubjetiva ou mesmo intergrupal. A própria Constituição Federal de 1988 dá conta de institutos que têm no perfazimento de um certo lapso temporal, a sua própria razão de ser. Pelo que existe uma espécie de tempo constitucional médio que resume em si, objetivamente, o desejado critério da razoabilidade. Tempo que é de cinco anos (inciso XXIX do art. 7º e arts. 183 e 191 da CF; bem como art. 19 do ADCT). 3. O prazo de cinco anos é de ser aplicado aos processos de contas que tenham por objeto o exame de legalidade dos atos a concessivos de aposentadorias, reformas e pensões. *Transcorrido in albis o interregno quinquenal, a contar da submissão do ato ao TCU, é que se deve convocar os particulares para participarem do processo de seu interesse, a fim de desfrutar das garantias constitucionais do contraditório e da ampla defesa (inciso LV do art. 5º).* 4. Segurança denegada'.

[238] GASPARINI, Diógenes. *Direito Administrativo*. 11. ed. São Paulo: Saraiva, 2006. p. 101: "Atente-se que nas três primeiras causas [cumprimento de seus efeitos, desaparecimento do sujeito da relação jurídica e desaparecimento do objeto da relação jurídica] não há qualquer prescrição da Administração Pública, podendo-se, por essa razão, nominá-las de causas normais de extinção do ato administrativo [...] Nessas hipóteses não há necessidade de ser editado qualquer ato para declarar a extinção, nem há qualquer indenização a ser satisfeita pela Administração Pública. Os então beneficiários do ato extinto pelo cumprimento dos seus efeitos ou voltam à situação anterior, e nenhuma indenização, por certo é devida, a quem quer que seja, (esgotamento do prazo) ou ingressam na nova situação e sob o seu regime passam a viver (o ato alcançou seu objetivo). Observe-se que com a execução do ato pode-se causar um dano. Nesse caso, cabe à Administração Pública promover a correspondente indenização. Esta, como se vê, não decorre da extinção do ato pela execução, mas do abuso."

[239] JUSTEN FILHO, Marçal. *Curso de direito administrativo*. 5. ed. São Paulo: Saraiva, 2010. p. 363.

[240] Maria Helena Diniz define a força maior como um fato da natureza, em que se pode conhecer o motivo ou a causa que deu origem ao acontecimento, como um raio que provoca um incêndio, inundação que danifica produtos ou intercepta as vias de comunicação

ato, ainda que esta alternativa e/ou eventual indenização atendam ao interesse público. Pacificou-se na jurisprudência a compreensão de que se trata de excludentes da responsabilidade do Estado, de modo que os efeitos da extinção do ato administrativo determinados por esta causa devem ser assumidos pelos terceiros que vierem a sofrer seus efeitos.[241] Verifica-se que, nos parâmetros utilizados para a extinção do ato em si, não há mecanismos que permitam a diferenciação das consequências de cada ato, em que pese a diversidade dos fatos. De todo modo, ainda cabe analisar como as barreiras à extinção dos atos administrativos incidem sobre cada espécie, para que se possa verificar o contexto de inserção dos novos mecanismos de controle ora propostos.

3.2 O desaparecimento do elemento infungível e seus efeitos para a relação jurídica

Essa hipótese alcançaria os atos administrativos em casos de perecimento do bem indispensável à sua existência, seja em razão do destinatário (quando *intuitu personae*),[242] seja em função do objeto.[243]

---

ou um terremoto que ocasiona grandes prejuízos. Por outro lado o caso fortuito tem origem em causa desconhecida, como um cabo elétrico aéreo que sem saber o motivo se rompe e cai sobre fios telefônicos provocando uma morte. (DINIZ, Maria Helena. *Curso de Direito civil Brasileiro:* responsabilidade civil. v. 7. 17. ed. São Paulo: Saraiva, 2003. p. 105). O Código Civil, da perspectiva contratual, dispõe que: Art. 393. O devedor não responde pelos prejuízos resultantes de caso fortuito ou força maior, se expressamente não se houver por eles responsabilizado.
Parágrafo único. O caso fortuito ou de força maior verifica-se no fato necessário, cujos efeitos não era possível evitar ou impedir.
Nos casos em comento o STJ também não se preocupou em distinguir caso fortuito de força maior, mas sim, em verificar a presença deles em cada processo, e para isso levou em consideração as particularidades de cada caso, com a ressalva de que a imprevisibilidade é comum a todos eles.
[241] STF. 2. Turma. Rel. Min. Ellen Gracie. DJ 12.6.2009. "CONSTITUCIONAL E ADMINISTRA-TIVO. AGRAVO REGIMENTAL EM RECURSO EXTRAORDINÁRIO. RESPONSA-BILIDADE OBJETIVA DO ESTADO. INSCRIÇÃO INDEVIDA DE CPF NO CADIN. REPARAÇÃO DE DANOS. ART. 37, §6º, DA CF/88. FATOS E PROVAS. SÚMULA STF 279. 1. Acórdão recorrido fundado no fato de que, não tendo a União logrado comprovar qualquer das *hipóteses que ensejam o afastamento de sua responsabilidade, a saber, a ocorrência de caso fortuito ou força maior, ou, ainda, a culpa exclusiva da vítima* – cabe-lhe responder pelos danos que seus agentes, diretos ou indiretos, nessa condição, causaram ao cidadão". 2. Incidência da súmula STF 279 para aferir alegada ofensa ao artigo 37, §6º, da Constituição Federal – responsabilidade objetiva do Estado. Precedentes. 3. Inexistência de argumento capaz de infirmar o entendimento adotado pela decisão agravada. 4. Agravo regimental improvido".
[242] CARVALHO FILHO, José dos Santos. *Manual de direito administrativo.* 25. ed. São Paulo: Atlas, 2012. p. 151: "É o caso de uma permissão. Sendo o ato de regra intransferível, a morte do permissionário extingue o ato por falta do elemento subjetivo." BANDEIRA DE MELLO, Celso Antônio. *Curso de direito administrativo.* 22. ed. São Paulo: Malheiros, 2007. p. 426: "é o que se passa com o beneficiário de atos *intuito personae*. Exemplo: a morte

Parte da doutrina considera irrelevantes as razões que levam ao desaparecimento do elemento infungível para fins de determinação dos efeitos do ato, a partir de sua extinção. Afirma-se que "os então beneficiários do ato extinto [pelo desaparecimento do sujeito] não têm direito a qualquer indenização."[244]

Outros autores, contudo, considerando que certas hipóteses são causadoras de prejuízo, defendem que uma eventual consequência deva ser remetida para a via indenizatória.[245] Cita-se, como exemplo, hipótese em que um servidor se suicida ou falece em razão de acidente do trabalho ou de doença profissional. Pode-se cogitar, ainda, do falecimento de um permissionário de táxi decorrente de um acidente causado pela Administração (falta de sinalização em obra pública). Em todos esses casos, o caminho natural seria e extinção do ato e a remessa dos prejudicados (familiares, nos casos) para recomposição de eventuais perdas e danos. Solução que, muitas das vezes, acaba levando a questão para o Judiciário. Exatamente esse é o sentido em que se firmou a jurisprudência para os permissionários de casas lotéricas.[246]

---

de um funcionário extingue os efeitos da nomeação. O mesmo se dá quando desaparece o objeto da relação. Exemplo: a tomada pelo mar de um terreno de marinha dado em aforamento extingue a enfiteuse."

[243] CARVALHO FILHO, José dos Santos. *Manual de direito administrativo*. 25. ed. São Paulo: Atlas, 2012. p. 151: "Exemplo: interdição de um estabelecimento; se o estabelecimento vem a desaparecer ou se definitivamente for desativado, o objeto do ato se extingue e, com ele, o próprio ato".

[244] GASPARINI, Diógenes. *Direito Administrativo*. 11. ed. São Paulo: Saraiva, 2006. p. 102.

[245] FERRAZ, Sérgio. Extinção dos atos administrativos: algumas reflexões. *Revista de Direito Administrativo*. Rio de Janeiro, Renovar, nº 231, p. 52, jan./mar. 2003: "A causa do perecimento é irrelevante, referentemente à extinção, só assumindo importância eventual na temática da reparabilidade (ou não) dos circunstanciais danos decorrentes da extinção. Assim, se o objeto do ato administrativo perece, por força maior ou *factum principis*, por culpa (*lato sensu*) da Administração ou do administrado, a investigação da causalidade não repercutirá na perspectiva da existência do ato. O mesmo se diga, no que concerne ao desaparecimento do beneficiário: se o funcionário se suicida ou se falece em razão de acidente do trabalho ou de doença profissional, tais dados só poderão vir a ter significação jurídica na sede das discussões preparatórias, em nada obstaculizando a fatal extinção do ato administrativo da nomeação do servidor". GASPARINI, Diógenes. *Direito Administrativo*. 11. ed. São Paulo: Saraiva, 2006. p. 102: "teria direito a uma indenização se o desaparecimento do objetivo tivesse como causa um comportamento culposo ou doloso do beneficiário do ato".

[246] TRF-2. AC 200250010012635 RJ 2002.50.01.001263-5. DJ 22/09/2010. "CIVIL E ADMINISTRATIVO. PERMISSÃO PARA EXPLORAÇÃO DE CASA LOTÉRICA. FALECIMENTO DO TITULAR DE EMPRESA INDIVIDUAL CONCESSIONÁRIA. RESCISÃO CONTRATUAL. DECADÊNCIA. INEXISTÊNCIA. O prazo decadencial de cinco anos, previsto no artigo 54 da Lei nº 9.784 /99, somente pode ser contado a partir de sua vigência, ou seja, janeiro de 1999, sob pena de se conceder efeito retroativo à referida Lei. Destarte, tendo, *in casu*, ocorrido a anulação de ato tido por ilegal antes de transcorridos os cinco anos especificados na referida Lei, não há que se falar em decadência, porquanto

Nota-se que muitas dessas hipóteses de extinção atraem ônus que devem ser suportados por seus destinatários. Porém, doutrina e jurisprudência[247] não cogitam de outras hipóteses que não sejam a extinção do ato com efeitos *ex nunc* e a reparabilidade em caso de prejuízos causados pela própria Administração.

A partir desse cenário, cabe avaliar como as barreiras à extinção do ato administrativo atuam nessa hipótese e se o desaparecimento do objeto infungível impõe, como única alternativa, a extinção do ato. No exemplo em que faleceu o taxista por *culpa do serviço* da Administração Pública, não seria viável a manutenção da permissão, ainda que por tempo determinado, respeitando-se o direito sucessório?

As expectativas legítimas dessa família aliadas aos elementos do caso concreto não poderiam ser suficientes para impor ao Poder Público a avaliação de alternativas que não levassem ao rompimento abrupto da relação jurídica e a remessa à via indenizatória?[248]

---

a Administração anulou a tempo seu ato anterior eivado de ilegalidade. A orientação jurisprudencial, relativamente à permissão de serviço lotérico, aponta no sentido de que tal modalidade de contrato administrativo reveste-se dos atributos da discricionariedade, da unilateralidade e da precariedade (Cf.: STJ, AgRg no Ag 561648/RS) . Não se verifica ilegalidade na rescisão do contrato de permissão de prestação de serviço público pelas casas lotéricas, cujo poder de outorga é atribuído à Caixa Econômica Federal, vez que o artigo 35 da Lei nº 8.987 /95 prevê a extinção da permissão no caso de falecimento do titular da empresa concessionária. Inexiste direito adquirido ao prosseguimento do contrato após a morte de seu titular, mesmo para os contratos firmados anteriormente à vigência da Lei 8.987 /95, pois a prestação de serviços por meio de empresa individual tem caráter *intuitu personae*, isto é, são as qualidades ou os atributos específicos do titular da firma individual que orientam a contratação desses serviços. Nesses termos, com a morte desse titular, desapareceria a razão de existir do vínculo negocial. Recurso improvido".

[247] STJ. 1. Turma. RMS 22382/DF. Rel. Min. Francisco Falcão. DJ 17.5.2007. "RECURSO EM MANDADO DE SEGURANÇA. ATO ADMINISTRATIVO. CANCELAMENTO DE PERMISSÃO. ATO PRECÁRIO. EXECUÇÃO DE SERVIÇO PÚBLICO. TRANSFERÊNCIA IMEDIATA. IMPOSSIBILIDADE. AUSÊNCIA DE INTERESSE PÚBLICO. I - Ausência de ilegalidade ou abusividade no ato que determinou o cancelamento da permissão de exploração do Serviço de Transporte Público Alternativo - STPA/DF. II - A permissão de exploração de serviço público se instrumentaliza pela execução do serviço, de modo que é da sua própria gênese conceitual a sua outorga *intuitu personae*, de onde surge a premente característica da precariedade, uma vez que conspira contra o interesse público a sua perpetuação. III - Estando o Ato administrativo de cancelamento da permissão entre os possíveis ao âmbito da Administração, como reforço à proteção ao interesse público, não há qualquer abusividade ou ilegalidade que possa caracterizar ofensa a direito líquido e certo, amparado pela via mandamental. IV - Consoante bem exposto pelo Parquet Federal, *verbis*: "Registre-se, por fim, que, nos termos do art. 35, VI c.c. art. 40 da mencionada Lei nº 8.987/95, extingue-se a permissão pelo falecimento ou pela incapacidade do titular, no caso de empresa individual, da qual decorre a imediata assunção do serviço pelo poder permitente (§2º), não havendo, assim, que se falar em transferência da delegação para os herdeiros do permissionário" V - Recurso Ordinário improvido."

[248] Essa questão será retomada e respondida no Capítulo 6 desta obra.

Também nessa espécie de extinção dos atos administrativos, verifica-se que a objetivação de suas consequências pretende uniformizar as situações de fato. Esse modelo, contudo, acaba levando à desconsideração dos mais diversos elementos infungíveis que sustentam a existência dos mais variados atos administrativos. Cabe, portanto, avaliar se esse modelo é compatível com a segurança jurídica e se, de fato, é possível distinguir a origem das causas de extinção e as suas consequências. Para além do formato tradicional, analisa-se alternativa para essa forma abrupta de extinção do ato que viabilize maior plasticidade ao rompimento da relação jurídico-administrativa, em conformidade com o caso concreto.

3.3 A renúncia e seus efeitos para a extinção do ato administrativo

O ato administrativo se extingue por meio da renúncia quando seu destinatário, beneficiário de situação jurídica favorável, decide abdicar ou refutar o benefício. Tradicionalmente, é tratada como "sempre possível, em princípio, e independente de indenização,"[249] pois se cuida de direito potestativo do titular, que produz efeitos a partir do momento em que é manifestada.

Tratando-se de decisão unilateral definitiva, manifestada pelo próprio beneficiário do ato, não há que se cogitar de impacto em seu planejamento. Contudo, é preciso ter em conta os efeitos dessa decisão sobre o interesse público, consideradas as condições do caso concreto. Ilustrativamente, pode-se afirmar que seria quase certo que a renúncia a um título honorífico não repercutiria na concretização do bem comum. O mesmo não se pode dizer, contudo, da renúncia a uma permissão de serviço público. Nesse caso, afirma-se que "o renunciante deve notificar a Administração Pública pertinente, dando-lhe um prazo razoável para reassumir os serviços permitidos."[250] Não se pode considerar apenas a perspectiva da administração ou do administrado. Deve-se considerar, na verdade, o interesse público revelado pelo caso concreto.

---

[249] GASPARINI, Diógenes. *Direito Administrativo*. 11. ed. São Paulo: Saraiva, 2006. p. 104: "A renúncia é sempre de direito pertencente ao beneficiário. Renuncia-se ao que se tem. [...] A renúncia, em princípio, é sempre possível e independentemente de indenização. Embora essa seja a regra, não é permitida a renúncia quando a situação por ela criada causar um prejuízo ao interesse público, como ocorreria com a renúncia aos direitos decorrentes de uma permissão de serviço público".

[250] GASPARINI, Diógenes. *Direito Administrativo*. 11. ed. São Paulo: Saraiva, 2006. p. 104.

Com efeito, para além das regras específicas que podem, eventualmente, reger a matéria (caso das permissões e concessões de serviços públicos), cabe avaliar quais seriam as barreiras que se opõem a essa hipótese de extinção do ato e sua compatibilidade com um novo modelo, que não se limite a soluções binárias e à remessa de terceiros prejudicados para a esfera da compensação indenizatória.

3.4 A retirada do ato administrativo e suas espécies

A classificação adotada na presente obra reuniu, em um gênero específico, hipóteses que classificou como *casos de retirada*. Trata-se de casos de extinções em que há um ato subsequente, autônomo e motivado, o qual subtrai do ordenamento jurídico o ato administrativo anterior. As razões de fato e/ou de direito que amparam o ato de retirada foram subdivididas em cinco espécies: i) cassação; ii) caducidade; iii) contraposição ou derrubada; iv) revogação; ou v) invalidação. A análise dos fundamentos e dos efeitos vinculados a cada uma dessas espécies será feita separadamente.

A *cassação do ato administrativo* trata-se de causa de extinção do ato administrativo que ocorre em razão do descumprimento das condições que deveriam permanecer atendidas para a manutenção do ato que outorga benefício a terceiros. Essa hipótese manifesta-se como consequência de uma penalidade ou como a penalidade em si, a partir da observância do devido processo legal, do contraditório e da ampla defesa. Pode ocorrer, por exemplo, com a licença para construir, quando há descumprimento do projeto ou com a aposentadoria como pena aplicada ao inativo, nos termos do art. 134 da Lei nº 8.112/90.[251]

Tradicionalmente, os efeitos da penalidade são executáveis *ex nunc*, a partir da decisão administrativa que não possua efeito suspensivo. Como essa suspensividade está vinculada à determinação legal, o efeito recursal é, a princípio, o devolutivo. Tal regra garante a executividade imediata do ato administrativo, sem que a administração deva aguardar o trâmite recursal para executar o ato impugnado. Na lei de procedimento administrativo federal (Lei nº 9.784/99), a regra é de inexistência do efeito suspensivo, salvo um justo receio de prejuízo ou de difícil e incerta reparação (artigo 61, parágrafo único).

---

[251] Art. 134. Será cassada a aposentadoria ou a disponibilidade do inativo que houver praticado, na atividade, falta punível com a demissão.

É inegável que a imposição de quaisquer sanções na esfera administrativa, entre as quais se inclui a cassação, sujeita o administrado à possibilidade de alteração do cenário em que vive, por decisão da Administração Pública. Nesse sentido, poder-se-ia pensar que a cassação não se inseriria no campo deste estudo, pois abarca hipótese em que o administrado provoca a extinção do ato, descumprindo condições que deveriam permanecer atendidas. Afinal, se a *culpa* é do beneficiário do ato, por que este seria alcançado por alguma barreira que garantisse estabilidade a esta relação jurídica?

De fato, como visto, os instrumentos de concretização da segurança jurídica buscam garantir aos indivíduos o melhor acesso aos elementos necessários para a tomada de decisão. Entretanto, essa regra não deve ser lida apenas da perspectiva do administrado que, diretamente, participa da relação jurídico-administrativa. Em casos de cassação, deve-se investigar se esse modelo de extinção do ato é consentâneo com o interesse público. Basta notar que decisões como esta podem atingir a esfera jurídica de terceiros que não participam diretamente da relação jurídica administrativa. É o caso dos adquirentes de unidade em condomínio vertical que têm a sua licença para construir cassada.

Também nesse ponto, cabe avaliar como as barreiras à extinção do ato administrativo repercutem nessa espécie de extinção do ato administrativo.

Na *caducidade* o ato administrativo é subtraído da ordem jurídica por caducidade quando se torna incompatível com uma norma ou com o regime jurídico superveniente. Afirma-se, normalmente, que as hipóteses de caducidade estariam abarcadas, em grande medida, pela máxima de que não há direito adquirido a regime jurídico. Assim, a superveniência de norma jurídica que torna inadmissível a situação anteriormente permitida suprimiria, imediatamente, a existência do próprio ato.[252]

Significa dizer que a caducidade não se submeteria a prazo prescricional ou decadencial e retroagiria seus efeitos até a data em que o ato tornou-se ilegal (*ex tunc*). Um bom exemplo de caducidade

---

[252] CAETANO, Marcello. *Manual de direito administrativo.* Coimbra: Almedina, 1997. v. 1, p. 534: "a declaração de caducidade é um acto meramente declarativo, resultando, então, na supressão dos efeitos, não da declaração de caducidade, mas dos factos objectivos ocorridos, que nos termos da lei são causa de extinção do acto administrativo. É por isso que, mesmo não tendo havido declaração, o acto em relação ao qual se verifique um motivo de caducidade deve considerar-se tendo caducado".

seria relacionado à licença de funcionamento de um hotel, a partir do momento em que um novo plano diretor da cidade passa a considerar a área como exclusivamente residencial.

Embora construída a partir do pressuposto genérico de que os administrados devem suportar as alterações legislativas que impactam nos atos administrativos, essa matéria foi bem analisada nos casos em que foi expedido alvará de construção. Adotando uma espécie objetiva de modulação de efeitos – sem que a expressão fosse adotada –, a jurisprudência pacificou-se no sentido de que o construtor deve suportar os danos da alteração apenas se a obra ainda não tiver sido iniciada.[253] Caso a obra já tenha se iniciado, o construtor poderá seguir com sua autorização inicial.

No entanto, essa hipótese de extinção do ato administrativo é a que mais enfrenta o postulado de que "não há direito adquirido a regime jurídico". Mesmo antes do Ministro Moreira Alves, que acabou se tornando o maior defensor desta tese no STF, já prevalecia o entendimento de que "o direito adquirido impede que se perca o que se adquiriu; não é, porém, meio de acumular benefícios que se excluem." O pressuposto sempre foi o de que o cidadão deveria estar ciente de que a "dinâmica da retribuição podia a qualquer tempo ser alterada, correndo o funcionário esse risco".[254]

Delimitado o contexto, é de se indagar como as restrições opostas à extinção/modificação dos atos administrativos se relacionam com a realidade constitucional brasileira.

Já a *contraposição* ou a *derrubada* trata-se de extinção que ocorre quando a Administração expede um ato com fundamento em competência diversa da anterior com efeitos contrapostos. Nas palavras de *Diogo Freitas do Amaral,* "o segundo acto como que toma o lugar do primeiro, passando a ocupar o espaço até aí preenchido pelo acto originariamente praticado."[255]

---

[253] STJ. 2. Turma. REsp 103298/PR. Min. Ari Pargendler. DJ 17.2.1999. ADMINISTRATIVO. LICENÇA PARA CONSTRUIR DEFERIDA PELA AUTORIDADE MUNICIPAL. RESTRIÇÃO SUPERVENIENTE DA LEGISLAÇÃO ESTADUAL. OBRA AINDA NÃO INICIADA. Se a obra ainda não foi iniciada, a restrição é válida. Precedentes do Supremo Tribunal Federal. Recurso especial não conhecido.

[254] Referindo farta jurisprudência sobre o tema do período contemporâneo das Constituições de 1967 e 1969, e no particular o Agravo de Instrumento 71.244/SP, rel. Min. Moreira Alves, 2. Turma, julgado em 07.10.1977.
FRANÇA, R. Limongi. *Direito adquirido - Série Jurisprudência Brasileira.* Vol. 83. Curitiba: Juruá, 1984. p. 126-127.

[255] AMARAL, Diogo de Freitas. *Curso de direito administrativo.* 5. reimp. ed. 2001. Coimbra: Almedina, 2006. v. 2, p. 426.

Tradicionalmente, doutrina e jurisprudência apontam apenas para o caminho da anulação, independentemente das razões que determinem a contraposição ou a derrubada. Contudo, como a contraposição pode acompanhar atos discricionários ou vinculados, também nesse caso, cabe indagar se a atuação administrativa se sujeitaria a alguma barreira ou caminho alternativo que não se limitasse ao rompimento imediato, considerando as especificidades dos casos e a perspectiva do próprio administrado.

A *revogação dos atos administrativos* é tradicionalmente definida como a extinção do ato administrativo lícito, por razões de conveniência e oportunidade, respeitando-se os efeitos já ocorridos. Nessa hipótese de extinção, o decurso do tempo e a modificação das circunstâncias fáticas fazem com que o órgão competente reavalie o cenário e conclua que a manutenção do ato não atende mais à pretensão administrativa que encontra previsão legal.

Essa previsão, contudo, contém espaço decisório que permite ao administrador reavaliar as condições de manutenção do ato. Trata-se da faculdade de retirar, parcial ou integralmente, o ato lícito do ordenamento jurídico, pois aos atos ilícitos estão reservadas as avaliações próprias da invalidação.

Quanto ao motivo que pode levar à revogação do ato administrativo, alguma controvérsia instalou-se a respeito da necessidade da modificação superveniente do cenário de sua edição para que a revogação fosse possível.

Parte da doutrina defende que a Administração Pública manteria perenemente sua competência discricionária para optar entre as várias – duas ou mais – alternativas possíveis, independentemente de qualquer alteração fática ou jurídica posterior.[256] O simples decurso do tempo seria suficiente para que a situação fosse reapreciada nos moldes da margem de liberdade que lhe foi outorgada pela lei. É possível encontrar decisões do Superior Tribunal de Justiça (STJ) que abonam esse posicionamento.[257]

---

[256] Juliana de Almeida Picini afirma que "a possibilidade de revogação funda-se, por certo, no princípio do paralelismo das formas, sendo seu fundamento a 'competência que permite ao agente dispor discricionariamente sobre a mesma situação que já fora objeto de anterior provimento'. Quem puder decretar, pode revogar o decreto expedido". (PICINI, Juliana de Almeida. Possibilidade de revogação parcial de decreto expropriatório. *Fórum administrativo – Direito. Público*, Belo Horizonte, Fórum, a. 6, nº 60, p. 6.841-6.842, fev. 2006).

[257] "A revogação de procedimento licitatório em razão da inexistência de recursos orçamentários, bem como em razão da inconveniência da aquisição de equipamentos sofisticados, não gera direito à contratação" (STJ. Corte Especial. MS 4.513/DF, rel. Min. Vicente Leal,

90 | MARILDA DE PAULA SILVEIRA
SEGURANÇA JURÍDICA, REGULAÇÃO, ATO: MUDANÇA, TRANSIÇÃO E MOTIVAÇÃO

Há, contudo, quem entenda que não basta a variação da *opinião* do Poder Público a respeito do mérito para revogação do ato administrativo. Nesses termos, seriam indispensáveis as alterações fáticas supervenientes ao ato que fundamentassem a mudança de perspectiva da Administração. Nesse sentido, manifestam-se *Celso Antônio Bandeira de Mello*[258] e *Sergio Ferraz*, que – ao salientarem que a "estabilidade da decisão administrativa é uma qualidade do agir administrativo" – afirmam como realidade que, "em razão dessa excepcionalidade [a revogação do ato é excepcional, sua manutenção é a regra], é obrigatória, pena de invalidação, a motivação do ato revogador."[259]

Essa posição é recorrente em casos de revogação de licitação, pois encontra fundamento no art. 49 da Lei nº 8.666/93. Nesses casos, os tribunais têm reiterado que "a autoridade administrativa pode revogar licitação em andamento, em fase de abertura de propostas, por razões de interesse público decorrente de fato superveniente devidamente comprovado."[260] De todo modo, por analogia, alguns autores e decisões também se fundamentam no dispositivo para outras searas.[261]

Atualmente, nota-se uma tendência de crescimento da linha que demanda maior concretização da segurança jurídica na esfera administrativa. Nesse sentido, o espaço de liberdade para a revogação dos atos tem sido reduzido. Nas palavras de *Diogo Freitas do Amaral*, "a tendencial irrevogabilidade dos actos administrativos constitutivos de direito ou de interesses legalmente protegidos, constitui, pois, refracção

---

julgado em 01.8.2000, DJU de 04.09.2000, p. 114) e "A revogação da licitação ocorreu em vista de estudos técnicos, para proporcionar a inclusão de novos canais de televisão para o Município de Araçatuba e cidades limítrofes e a autoridade administrativa agiu em consonância com as normas editalícias e as disposições da Lei nº 8.666/93" (MS 6.9993/DF, rel. Min. Franciulli Netto, 1. Seção do STJ, julgado em 14.2.2001, *RSTJ*, v. 146, p. 48).

[258] "Se houver vinculação atual, o decidido pelo ato anterior seria ainda na atualidade a única decisão legal possível. Então, descaberia modificar o decidido ou eliminar o que tinha e tem que existir em decorrência de imposição de lei, sob pena de ofendê-la, caso em que a revogação seria ilegítima". BANDEIRA DE MELLO, Celso Antônio. *Curso de direito administrativo*. 20. ed. São Paulo: Malheiros, 2006. p. 241.

[259] FERRAZ, Sergio. Extinção dos atos administrativos: algumas reflexões. *Revista de Direito Administrativo*. Rio de Janeiro, Renovar, nº 231, p. 54, jan./mar.2003.

[260] STJ. MS 7.910-DF, 1a Seção. Rel. Min. José Delgado. Julgado em 18.6.2000. RSTJ, v. 148, p. 62.

[261] STJ. MS 8.844-DF, 1. Seção. Rel. Min. Franciulli Neto, DJU 04.08.2003, p. 211; STJ. 1. Turma. Rel. Min. Garcia Vieira, julgado em 20.5.1999, RSTJ, v. 126, p. 60: "A autorização conferida para exploração de bancas de jornais e revistas só pode ser cancelada se houver motivo superveniente que justifique tal ato. Existindo mais de uma banca no mesmo local, a revogação operada a apenas uma delas fere o princípio da igualdade. Trata-se de ato arbitrário, é cabível sua anulação pelo Poder Judiciário."

do princípio da confiança em relação a actos administrativos."[262] Essa posição também é adotada por *Onofre Alves Batista Júnior*, no sentido de que "a revogação deixou de ser mera faculdade, para se consubstanciar em uma atividade de algum modo vinculada e vinculante, em que pese a discrição aberta pelo ordenamento jurídico [...] em nome da eficiência administrativa, o ato pode ter que ser mantido."[263]

Nesse cenário, considera-se, na presente obra, que só haveria três possibilidades que autorizariam, em tese, o administrador a reavaliar a conveniência da manutenção de um ato administrativo: i) elementos novos não supervenientes foram agregados à avaliação inicial e o administrador concluiu que a decisão anterior não foi a melhor possível; ii) elementos supervenientes mudaram o cenário e fizeram com que a Administração pudesse repensar a decisão; iii) a administração repensou, em autotutela, e concluiu que houve um equívoco na primeira oportunidade, de modo que a decisão inicial não foi a melhor possível.

As questões que remanescem, portanto, seriam: em todas essas hipóteses, a Administração Pública estaria livre para *revogar* o ato administrativo? Considerando que as decisões administrativas interferem no planejamento dos administrados, especialmente tendo em conta a presunção de legalidade dos atos administrativos, haveria barreira à extinção do ato administrativo nessas hipóteses? Seria possível modular os efeitos dessa decisão, a depender dos elementos do caso concreto, para melhor atender aos interesses em tela?

No âmbito federal, o art. 53 da Lei nº 9.784/99 dispõe que o Poder Público pode revogar seus próprios atos por motivo de conveniência e oportunidade, respeitados os direitos adquiridos.[264] Afirma-se, também, serem irrevogáveis os atos vinculados, porque são passíveis de outras formas de extinção, bem como os atos que já houverem produzidos todos os seus efeitos, porque "nesses casos faltam os efeitos jurídicos sobre os quais possam recair os efeitos do acto revogatório".[265]

---

[262] AMARAL, Diogo Freitas do. *Curso de direito administrativo.* 5. reeimp. ed. 2001. Coimbra: Almedina, 2006. v. 2, p. 441.

[263] BATISTA JÚNIOR, Onofre Alves. *O Princípio constitucional da eficiência administrativa.* Belo Horizonte: Fórum, 2012. p. 478.

[264] STJ. 3ª Turma. MS 4.288/DF, rel. Min. Willian Patterson. DJU 24.6.1996, p. 22.703: "A Administração, ao prorrogar o prazo de validade de concurso público, no uso de sua faculdade discricionária, não mais pode revogar o ato, porquanto transformou em direito à expectativa dos candidatos aprovados."

[265] AMARAL, Diogo Freitas do. *Curso de direito administrativo.* 5. reeimp. ed. 2001. Coimbra: Almedina, 2006. v. 2, p. 437.

Estabelece-se alguma divergência a respeito do decurso do tempo como óbice à revogação dos atos administrativos. A doutrina administrativista, de modo geral, sempre considerou que a revogação não estaria sujeita à prescrição ou à decadência, bastando a vigência do ato e a competência do agente para que a revogação fosse possível.

Mais recentemente, com fundamento no princípio da segurança jurídica, alguns autores passaram a defender que a revogação também deve respeitar a proteção da confiança, de modo que deveria estar sujeita a um prazo decadencial. Na hipótese de omissão legal, há quem defenda a aplicação de um prazo geral de cinco anos.[266] O STF já se manifestou no sentido de que a possibilidade de revogação não se pode estender indefinidamente, pois a segurança jurídica deve ser observada nas relações jurídico-administrativas.[267]

Alguns defendem, ainda, que a saída para esse conflito seria a monetarização das perdas daqueles impactados pela revogação que não encontram amparo nas citadas barreiras. Defende-se que os prejudicados de boa-fé, desde que comprovem prejuízo efetivo (dano material, moral, emergente e lucro cessante), ainda que decorrente de ato lícito, têm direito à reparação nos termos do art. 37, §6º, da Constituição.[268]

Contudo, doutrina e jurisprudência majoritária firmaram-se no sentido de que, "quando existe o poder de revogar perante a ordem normativa, sua efetivação normalmente não lesa direito algum de terceiro," de modo que não haveria direito à indenização. Cabe registrar que, quando "inexiste o poder de revogar, mas a Administração necessita, para atender a um interesse público, rever certa situação e afetar relação jurídica constituída, atingindo direito de alguém (não meras

---

[266] FERRAZ, Sérgio. Extinção dos atos administrativos: algumas reflexões. *Revista de Direito Administrativo*. Rio de Janeiro, Renovar, nº 231, p. 66, jan./mar. 2003: "Instauração de processo administrativo com vistas à revogação de ato administrativo só poderá ocorrer até um máximo de cinco anos, contados de sua produção." CARVALHO, Raquel Melo Urbano de. *Curso de direito administrativo*. Salvador: Jus Podium, 2008. p. 430: "Com a devida vênia, não se entende cabível afirmar que é de 05 (cinco) anos o prazo decadencial para revogação, mormente se se considera como temo *'a quo'*, o próprio ato a ser extinto. A circunstância que tornou inconveniente o ato que se pretende revogar é que poderia funcionar como termo inicial do prazo de decadência para o exercício do direito potestativo revogatório, não o próprio ato a ser revogado. Ademais, não se vislumbra a previsão de quinquênio decadencial no ordenamento. Ausente regra expressa neste sentido na legislação, impõe-se a observância do prazo que se mostre proporcional diante de cada realidade específica".

[267] STF. Pleno. MS 24.268/MG. Rel. Min. Gilmar Mendes. DJU 05.02.2004. RTJ v. 191/03, p. 922.

[268] FERRAZ, Sérgio. Extinção dos atos administrativos: algumas reflexões. *Revista de direito administrativo*. Rio de Janeiro, Renovar, nº 231, p. 47-66, jan./mar. 2003.

faculdades ou expectativas), a solução é expropriá-lo",[269] nos termos do art. 5º, XXIV, da Constituição, hipótese que refoge ao espectro de extinção do ato administrativo e ao objeto desta obra.

Como já salientado, esse é o caminho que o judiciário construiu para os casos em que se revoga licença para construir antes de iniciada a obra. Nesses casos, entende a jurisprudência majoritária,[270] que cabe à Administração ressarcir os gastos já efetivados e os prejuízos comprovados. Contudo, caso iniciada a obra, obstada a revogação, restaria ao Poder Público apenas a alternativa de desapropriação.[271]

A imposição de óbices ou o acolhimento de soluções que coloquem o administrado em posição de indefinição diante das posturas administrativas, muitas vezes, não atraem prejuízos que sejam comprováveis por danos palpáveis. Isso faz com que a solução indenizatória não oponha barreira que alcance todo o universo daqueles que confiaram nas escolhas administrativas, agiram de boa-fé e foram surpreendidos por uma mudança de posicionamento da administração. Além disso, como a revogação preserva apenas os efeitos já produzidos (*ex nunc*), o administrado se submete a uma mudança definitiva para o futuro. Essa abertura, que acaba por deixar ao acaso um grupo relevante de indivíduos que se relaciona com a Administração Pública, traz prejuízo para o sistema jurídico como um todo e tem se revelado seriamente danosa. Abala a confiança nas instituições administrativas e nas posturas do Estado.

Nesse grupo encontram-se aqueles permissionários ou autorizatários do clássico exemplo da banca de revista. Muito embora tenha como única fonte de renda uma banca de revista há anos e anos, sem que possa postular "danos palpáveis" – já que seus investimentos foram

---

[269] BANDEIRA DE MELLO, Celso Antônio. *Curso de direito administrativo*. 20. ed. São Paulo: Malheiros, 2006. p. 426.

[270] STF. 2ª Turma. RE 105.634-PR. Rel. Min. Francisco Rezek, julgado em 20.9.1985. DJU de 08.11.85, p. 20.107: "Antes de iniciada a obra, a licença para construir pode ser revogada por conveniência da Administração Pública, sem que valha o argumento do direito adquirido. Precedentes do Supremo Tribunal Federal. Recurso Extraordinário não conhecido".

[271] BANDEIRA DE MELLO, Celso Antônio. *Curso de direito administrativo*. 20. ed. São Paulo: Malheiros, 2006. p. 426-427: "depois de concedida regularmente uma licença para edificar e iniciada a construção, a Administração não pode revogar ou 'cassar' essa licença sob alegação de que mudou o interesse público ou de que alterou-se a legislação a respeito. Se o fizer, o Judiciário, em havendo pedido do interessado, deve anular o ato abusivo, pois cumpre à Administração expropriar o direito de construir naqueles termos. Não é o mesmo ter que buscar em juízo uma indenização por danos e ser buscado no Judiciário, com indenização prévia. São caminhos diferentes. Desassiste ao Poder Público, através de comportamento abusivo, lançar o administrado em via menos conveniente para ele."

absorvidos pelo tempo de permissão, – o permissionário está sujeito à revogação abrupta do ato por fato superveniente. Ainda que seja incontroversa sua ciência de que o ato poderia ser revogado a qualquer tempo, é razoável exigir que estivesse sempre preparado para uma mudança abrupta depois de vinte anos?

Investiga-se, portanto, se não seria mais compatível com os princípios do Estado de Direito, especialmente considerando que pode não haver ônus algum para a Administração ou para o interesse público, que fosse dado ao permissionário um período para que este se adaptasse à nova circunstância. Ou mesmo que este fosse comunicado de que a Administração está reavaliando a conveniência do ato que lhe afeta diretamente. Remanesce, portanto, a questão que se coloca na presente obra: a alternativa tradicional, engessada, seria compatível com a ordem constitucional vigente?

3.5 A invalidação do ato administrativo e seus efeitos

Diferentemente da revogação, em que se promove a revisão de ato lícito que não mais atende aos interesses da Administração Pública, a identificação de um vício pode atingir o ato administrativo das mais diversas formas, impactando as suas consequências. Ao longo de tantos anos, diversas foram as questões controvertidas envolvendo até mesmo sua terminologia. Atualmente, convencionou-se inseri-las no gênero da invalidade. Essa construção dogmática de uma teoria das nulidades se desenvolveu com a noção de ato jurídico na doutrina civilista. Contudo, "a teoria geral das nulidades não é radicalmente diferente no direito privado e no direito administrativo".[272]

Embora, nos primeiros tempos do direito romano, a conclusão de que o ato nulo não detém existência nem consequências tenha conferido maior simplicidade à teoria, sua real complexidade dificultou bastante a compreensão dos institutos.[273] Foi de *Savigny* o mérito de sistematizar a teoria das nulidades, apresentando um quadro geral de ineficácias. Para o autor, a invalidação dos atos jurídicos poderia ser dividida em três classes: i) completa ou parcial; ii) certa ou eventual;

---

[272] LAUBADÈRE, André de; VENEZIA, Jean-Claude; GAUDEMET, Yves. *Traité de droit administratif.* 13. ed. Paris: LGDJ, 1994. t. I, p. 594.

[273] MENEZES CORDEIRO, António Manuel da Rocha. *Tratado de direito civil português.* 2. ed. Coimbra: Almedina, 2000. t. I, p. 640.

e iii) concomitante com o fato cuja eficácia impede ou posterior.[274] Essa divisão foi sistematizada – segundo os civilistas[275] – por *Aubry e Rau*[276] e gerou controvérsias ao longo dos anos, inclusive por uma questão de linguagem.

Mais modernamente, embora sejam vários os princípios gerais que formam a teoria das nulidades, muitos autores, entre os quais se pode citar *Pontes de Miranda*,[277] manifestaram-se no sentido de que as hipóteses de invalidade são definidas por uma política jurídica influenciadora da técnica legislativa.[278] Assim, caberia verificar qual foi a "política jurídica" adotada para o ato administrativo.

A teoria das nulidades foi construída a partir da premissa de que sua declaração equivaleria a uma pena para que não mais se descumprisse o sistema jurídico. Nessa perspectiva, um ato inválido seria a negação do próprio Direito, de modo que a sanção de perda de seus atributos seria a única forma de garantir que o ordenamento jurídico resguardasse sua coercibilidade.[279] A nulidade foi entendida como sanção ou pena para punir atos contrários ao Direito,[280] exatamente como esclarece *Clóvis Beviláqua* ao afirmar que, "como pena, em relação

---

[274] MENEZES CORDEIRO, António Manuel da Rocha. *Tratado de direito civil português.* 2. ed. Coimbra: Almedina, 2000. t. I, p. 640: "[é de] Savigny o mérito de ter apresentado e divulgado um quadro geral de ineficácias, quadro esse que condicionaria toda a evolução posterior da matéria, até as codificações tardias, através da pandectística e, em especial, de Windscheid. Apenas à luz do 'direito romano atual' – e, portanto, das fontes romanas tratadas pelos quadros da terceira sistemática – foi possível aprofundar ideias como a da invalidade dos negócios jurídicos".

[275] MENEZES CORDEIRO, António Manuel da Rocha. *Tratado de direito civil português.* 2. ed. Coimbra: Almedina, 2000. t. I, p. 640.

[276] C. Aubry; C. Rau. *Curs de droit civil français d'après la méthode de Zachariae.* Paris: Techniques, 1936. t. I, p. 230.

[277] PONTES DE MIRANDA, Francisco Cavalcante. *Trato de direito privado.* Parte Geral. Rio de Janeiro: Borsoi, 1954. t. IV, p. 4: "Se a falta de satisfação do pressuposto acarreta deficiência que se faz sentir, no mundo jurídico, desde a entrada para sempre, do suporte fático (nulidade), ou desde a entrada dele, mas por algum tempo (anulabilidade), é questão de técnica legislativa que o sistema jurídico resolve, conforme seus intuitos de política jurídica."

[278] HORBACH, Carlos Bastide. *Teoria das nulidades do ato administrativo.* São Paulo: Revista dos Tribunais, 2007. p. 36.

[279] Segundo Savigny, lei que proíbe determinada conduta sem prescrever-lhe sanção, prescreve sua nulidade. SAVIGNY, Friedrich Carl von. *Revista para a história da ciência do direito.* t. III, 1815, p. 352.

[280] MELLO, Marcos Bernardes. *Teoria do fato jurídico: plano de validade.* 5. ed. São Paulo: Saraiva, 2001. p. 58; HORBACH, Carlos Bastide. *Teoria das nulidades do ato administrativo.* São Paulo: Revista dos Tribunais, 2007. p. 58; C. Aubry; C. Rau. *Curs de droit civil français d'après la méthode de Zachariae.* Paris: Techniques, 1936. t. I, p. 230; MAZEAUD, Henri; MAZEAUD, Léon; MAZEAUD, Jean. *Leçons de droit civil.* 4. ed. Paris: Montchrestien, 1970. v. 1, t. I, p. 377.

ao crime, é a decretação da nulidade uma reação do organismo social para manter ou reestabelecer o equilíbrio da ordem jurídica".[281] Essa posição não é unânime,[282] mas foi adotada pela doutrina civilista e administrativista, sendo esta vinculada ao Princípio da Legalidade.[283] Acolhido o conceito de que a invalidade constitui uma sanção, pode-se dizer que sua imposição sofre uma espécie de *dosimetria* que passa pela gravidade do vício e dos interesses afetados pelo ato. Essas diferenças fizeram com que a doutrina segmentasse os atos inválidos em três espécies: *inexistentes, nulos e anuláveis*. O alcance dessas hipóteses nem sempre foi uniforme, o que já era sentido por *Planiol*, em 1911.

O autor propunha que fossem tratados como inexistentes os atos cuja invalidade não precisaria ser declarada pela lei; como nulos os que seriam anulados de pleno direito pela lei; e como anuláveis aqueles que dependeriam da declaração por um julgamento.[284]

Esse tratamento jurídico das invalidades vem sendo orientado pela Lei nº 4.717/65, disciplinadora da Ação Popular, a qual distingue os atos nulos e anuláveis a partir dos requisitos de validade dos atos administrativos e das causas de nulidade.[285] *Oswaldo Aranha Bandeira*

---

[281] BEVILÁQUA. Clóvis. *Teoria geral do direito civil*. 3. ed. [S.l.]: Ministério da Justiça e Negócios Interiores, 1966. p. 274.

[282] Bobbio divide as reações do ordenamento jurídico contra atos viciados em três: sancionatórias, de vigilância e sanatórias. As nulidades seriam medidas de vigilância e não sancionatórias. Também o conceito de sanção sustentado por Hart (imposição de um mal para desencorajar conduta ilícita) não se adapta aos efeitos da nulidade. (BOBBIO, Norberto. *Teoría general del derecho*. Madrid: Debate, 1995. p. 34).

[283] CAETANO, Marcello. *Manual de direito administrative*. 10. ed. 6. reeimp. rev. e atual. pelo professor Diogo Freitas do Amaral. t. I. Coimbra: Almedina, 1997. p. 465: a invalidade do ato administrativo seria "uma sanção legal imposta por inobservância das normas aplicáveis à respectiva produção. Essa sanção apresenta-se sob vários aspectos, podendo ser mais ou menos grave, sanável ou não."

[284] PLANIOL, Marcel. *Traité élementaire de droit civil*. 6. ed. Paris: LGDJ, 1911. t. I, p. 126.

[285] "Art. 2º. São nulos os atos lesivos ao patrimônio das entidades mencionadas no artigo anterior, nos casos de:
a) incompetência;
b) vício de forma;
c) ilegalidade do objeto;
d) inexistência dos motivos;
e) desvio de finalidade.
Parágrafo único. Para a conceituação dos casos de nulidade observar-se-ão as seguintes normas:
a) a incompetência fica caracterizada quando o ato não se incluir nas atribuições legais do agente que o praticou;
b) o vício de forma consiste na omissão ou na observância incompleta ou irregular de formalidades indispensáveis à existência ou à seriedade do ato;
c) a ilegalidade do objeto ocorre quando o resultado do ato importa em violação de lei, regulamento ou outro ato normativo;

de Mello,[286] *Celso Antônio Bandeira de Mello,*[287] *Weida Zancaner,*[288] *e Maria Sylvia Zanella Di Pietro*[289] concluem que a sistemática da Lei nº 4.717/65 consagrou no direito administrativo a divisão do direito civil entre atos nulos e anuláveis. Já *Odete Madauar,*[290] *Diogo de Figueiredo Moreira Neto,*[291] *Diogenes Gasparini*[292] e *Reges Fernandes de Oliveira*[293] afirmam não admitir a aplicação da teoria civilista ao direito administrativo. Fundamentando o seu posicionamento, *Odete Madauar* parte do princípio da legalidade e afirma que "todas as normas são, em princípio, de ordem pública e todos os atos administrativos são editados para atendimento do interesse público"[294] e, além disso, que o art. 5º, LXXIII da Constituição faz expressa referência à ação popular como instrumento para "anular" atos lesivos ao erário. Apesar disso, a autora acaba por admitir que

---

d) a inexistência dos motivos se verifica quando a matéria de fato ou de direito, em que se fundamenta o ato, é materialmente inexistente ou juridicamente inadequada ao resultado obtido;

e) o desvio de finalidade se verifica quando o agente pratica o ato visando um fim diverso daquele previsto, explícita ou implicitamente, na regra de competência.

Art. 3º Os atos lesivos ao patrimônio das pessoas de direito público ou privado, ou das entidades mencionadas no art. 1º, cujos vícios não se compreendam nas especificações do artigo anterior, serão anuláveis, segundo as prescrições legais, enquanto compatíveis com a natureza deles.

Art. 4º. São também nulos os seguintes atos ou contratos, praticados ou celebrados por quaisquer das pessoas ou entidades referidas no art. 1º".

[286] BANDEIRA DE MELLO, Oswaldo Aranha. *Princípios gerais do direito administrativo.* Rio de Janeiro: Forense, 1969. v. 1, p. 585. "Perfilhou-se o legislador pátrio, assim, no direito público, a distinção igual à constante do Código Civil, de atos jurídicos nulos e anuláveis, e, praticamente, a mesma quanto à especificação das hipóteses de nulidade e anulabilidade."

[287] BANDEIRA DE MELLO, Celso Antônio. *Curso de direito administrativo.* 11. ed. São Paulo: Malheiros, 1999. p. 338: o autor entende que a distinção entre atos nulos e anuláveis está na possibilidade de convalidação destes. Afirma que a estabilidade das relações jurídicas é fundamental para o direito público e que "não é repugnante ao direito administrativo a hipótese de convalidação dos atos inválidos."

[288] ZANCANER, Weida. *Da convalidação e da invalidação dos atos administrativos.* 2. ed. São Paulo: Malheiros, 2001. p. 101-102.

[289] DI PIETRO, Maria Sylvia Zanella. *Direito administrativo.* 13. ed. São Paulo: Atlas, 2001. p. 226.

[290] MEDAUAR, Odete. *Direito administrativo moderno.* 6. ed. São Paulo: Revista dos Tribunais, 2002. p. 169.

[291] MOREIRA NETO, Diogo de Figueiredo. *Curso de direito administrativo.* 11. ed. Rio de Janeiro: Forense, 1997. p. 140.

[292] GASPARINI, Diógenes. *Direito administrativo.* 8. ed. São Paulo: Saraiva, 2003. p. 106. "[o] ato administrativo sempre ofenderá, quando ilegal, um interesse público."

[293] OLIVEIRA, Regis Fernandes de. *Ato administrativo.* 4. ed. São Paulo: RT, 2001. p. 127-128. "O que o ato denominado saneador ou convalidador perpetra é o refazimento do anterior, dando-lhe, então, condições de validade no campo jurídico. E a eficácia que será, agora, retroativa, de modo a validar alguns dos efeitos do ação anterior. Não poderá validar o próprio ato."

[294] MEDAUAR, Odete. *Direito administrativo moderno.* 6. ed. São Paulo: Revista dos Tribunais, 2002. p. 169.

"a permanência do ato administrativo eivado de ilegalidade tal como foi editado ou mediante ratificação ou convalidação dependerá na natureza do vício, do confronto do Princípio da Legalidade e de outros preceitos [...]."[295]

Não obstante, como o estudo aprofundará a seguir, embora segmentadas as invalidades, a leitura da teoria tradicional e da jurisprudência dominante revela que os desdobramentos das nulidades não foram pensados para alcançar de forma diversa o ato, seus efeitos e o responsável pelo vício. Nessa teoria, sempre se avaliou quais seriam as consequências do ilícito para o próprio ato, sem considerar que, na esfera pública, o responsável pela prática do ato administrativo viciado pode, muitas vezes, não ser o seu destinatário ou o seu beneficiário. Desse modo, as repercussões das invalidades acabam por recair sobre indivíduos que não participaram da prática do ato ou mesmo sobre a própria Administração Pública. De todo modo, em uma ou outra hipótese, a pretensão de reestabelecer a legalidade do ato ou de sancionar o ilícito acaba trazendo consequências negativas para terceiros e para a própria esfera pública.

De fato, não há hipótese de modificação ou de extinção do ato administrativo que alcance a realidade de forma linear. Nesse ponto, cabe avaliar de que maneira as causas de invalidade incidem sobre o ato, seus efeitos (produzidos e esperados) e sobre o responsável pelo vício.

A *nulidade absoluta,* ou simplesmente nulidade, sempre foi vinculada ao ato que ofende a legalidade e demanda proteção de ordem pública. Tradicionalmente, afirma-se que a declaração de nulidade opera efeitos retroativos, retirando do mundo jurídico o ato e suas consequências, como se jamais houvessem existido. Nesse sentido, esse ato não poderia ser objeto de confirmação, pois a nulidade não poderia ser convalidada.[296]

---

[295] MEDAUAR, Odete. *Direito administrativo moderno.* 6. ed. São Paulo: Revista dos Tribunais, 2002. p. 170. "A permanência do ato administrativo eivado de ilegalidade tal como foi editado ou mediante ratificação ou convalidação dependerá na natureza do vício, do confronto do princípio da legalidade e de outros preceitos do ordenamento (por exemplo: segurança e certeza das relações jurídicas, consolidação dessas situações), do sopesamento das circunstâncias envolvendo o caso, da finalidade pretendida pela norma lesada."

[296] MAZEAUD, Henri; MAZEAUD, Léon; MAZEAUD, Jean. *Leçons de droit civil.* 4. ed. Paris: Montchrestien, 1970. v. 1, t. I, p. 378; PEREIRA, Caio Mário da Silva. *Instituições de direito civil.* Rio de Janeiro: Forense, 1961. v. 1, p. 449-450. "O ato nulo de pleno direito é frusto em seus resultados, nenhum efeito produzindo: *quod nullum est nullum producit effectum.* Quando se diz, contudo, que é destituído de efeitos, quer se referir aos que normalmente lhes pertencem, pois, às vezes, algumas consequências dele emanam, como é o caso do casamento putativo; outras vezes, há efeitos indiretos, como se dá com o negócio jurídico

A mesma compreensão que fundamentou a perspectiva clássica sobre as leis inconstitucionais acabou por influenciar nossa teoria das nulidades. O controle de constitucionalidade no sistema norte-americano era bastante rígido e as leis consideradas inconstitucionais eram declaradas "nulas e írritas", na tradução de Rui Barbosa.[297] Essa compreensão, somada aos fundamentos do direito civil, fomentou o cenário ideal para que se fortalecesse a ideia de que atos irregulares, contrários à lei, também seriam sempre nulos e írritos. Cabe anotar, nesse ponto, que, muito embora a própria declaração de inconstitucionalidade tenha admitido a possibilidade de modulação de efeitos, a teoria das nulidades do ato administrativo ainda resiste a este conceito, tema que será mais bem enfrentado nos últimos capítulos desta obra.

Não apenas sob essa influência, mas também seguindo a doutrina civilista, alguns autores[298] construíram sua teoria das nulidades, no direito administrativo, considerando as categorias de atos nulos e de atos anuláveis (Teoria Dualista). Com fundamento no interesse público e no princípio da legalidade, outros autores[299] defenderam que a única espécie de invalidade admitida no direito público seria a nulidade (Teoria Monista). Ressaltando que, no direito civil, a nulidade busca restaurar o equilíbrio individual, enquanto, no direito administrativo, os interesses são múltiplos. *Seabra Fagundes* já observava que as esferas complementam-se, mas deve ser realizada "através duma adaptação inteligente feita pela doutrina, no tocante à sistematização geral, e pela

---

translatício do domínio, que, anulado, é inábil à sua transmissão, mas vale, não obstante, como causa justificativa da posse; outras vezes, ainda, ocorre o aproveitamento do ato para outro fim, como e.g., a nulidade do instrumento que deixe de subsistir obrigação. Em outros casos, o ato nulo produz alguns efeitos do ato válido, como é, no direito processual, a citação nula por incompetência do juiz, que é apta a interromper a prescrição e constituir o devedor em mora, tal qual válida [...]."

[297] NEVES, Marcelo. *Teoria da inconstitucionalidade das leis.* São Paulo: Saraiva, 1988. p. 73.

[298] CIRNE LIMA, Ruy. *Princípios de Direito Administrativo.* 7. ed. São Paulo: Malheiros, 2007. p. 94; FONSECA, Tito Prates da. *Direito Administrativo.* Rio de Janeiro: Freitas Bastos, 1939. p. 390; MASAGÃO, Mário. *Curso de Direito Administrativo.* 6. ed. São Paulo: RT, 1977. p. 161; BANDEIRA DE MELO, Oswaldo Aranha. *Princípios gerais do Direito Administrativo.* Rio de Janeiro: Forense, 1969. v. 1, p. 580; FAGUNDES, M. Seabra. *O controle dos atos administrativos pelo poder judiciário.* São Paulo: Saraiva, 1984. p. 51: "O ato só pode ser invalidado ou nulo. No segundo, o vício pode ser grave, mas razões especiais aconselharam a subsistência do ato (como nos casos de incompetência por fato de requisitos à investidura), e pode ser de secundária importância, não justificando, por isso, a fulminação do ato (como nos pequenos defeitos de forma). O ato será apenas irregular."

[299] MEIRELLES, Hely Lopes. *Direito administrativo brasileiro.* 19. ed. São Paulo: Malheiros, 1994. p. 156.

jurisprudência, no que respeita aos casos concretos, de modo a articular-se com os princípios gerais e especiais do direito administrativo."[300]

Atualmente, a corrente majoritária adota a Teoria Dualista e prevalece a compreensão de que a nulidade divide espaço com a anulabilidade, de modo que a nulidade alcançaria atos administrativos que apresentem vício insanável, enquanto a anulabilidade estaria reservada para os casos de convalidação possível. Entende-se que esse caminho resguarda o princípio da legalidade, da segurança jurídica, da boa-fé e da supremacia do interesse público. Ao mesmo tempo em que não se poderia admitir no ordenamento jurídico a permanência de ato incorrigível, não se poderia admitir a supressão de ato por irregularidade sanável. Nesses termos, a anulação seria ato vinculado,[301] e poderia ser declarada tanto pela Administração Pública, quanto pelo Poder Judiciário,[302] quando identificados vícios insanáveis que maculem os elementos e/ou os pressupostos do ato administrativo.

A questão remanescente seria definir quais os fatores que atraem a nulidade e quais os que permitem identificar hipótese de anulabilidade. Foram diversas as teorias construídas ao longo do tempo e muitos os autores que cuidaram do tema. Para o presente trabalho, contudo, basta a compreensão do modelo atual, situado no seu tempo.

Nos primórdios do direito administrativo republicano, *Ruy Cirne Lima* apontava como causas de nulidade "(a) incompetência absoluta do agente ou capacidade absoluta do cocontratante; (b) objeto ilícito ou impossível; (c) forma não autorizada em lei; (d) preterição de solenidade reputada essencial à validade; (e) ineficácia textualmente declarada."[303] Sintetizando a teoria acolhida na atualidade, *Seabra Fagundes* aponta que os requisitos do ato administrativo "se podem apresentar defeituosos quanto à manifestação de vontade, ao motivo, ao objeto, à finalidade e à forma. Essas cinco categorias abrangem todos os aspectos que seus

---

[300] FAGUNDES, M. Seabra. *O controle dos atos administrativos pelo poder judiciário*. São Paulo: Saraiva, 1984. p. 184.

[301] Exceto quando o vício atinge a competência de ato discricionário, hipótese em que o agente competente poderá reavaliar os requisitos de incidência da norma para convalidar ou invalidar o ato.

[302] STJ. 5. Turma. REspe 65.039/DF. Rel. Min. Laurita Vaz. DJU 17.11.2003, p. 353: "A revisão de ato praticado fora dos ditames legais não constitui mera faculdade, é um poder-dever que pode ser exercitado de ofício pela própria Administração, conforme o estabelecido no enunciado da Súmula nº 473 da Suprema Corte."

[303] CIRNE LIMA, Ruy. *Princípios de direito administrativo*. 7. ed. São Paulo: Malheiros, 2007. p. 94.

vícios podem revestir".[304] De modo geral, afirma-se que os vícios que atingem o conteúdo,[305] o motivo[306] e a finalidade[307] do ato administrativo são insanáveis, ao passo que, nos vícios de forma[308] e de competência,[309] haveria espaço para a convalidação.[310]

De um lado, alguns afirmam que não haveria barreiras suficientes para impedir a anulação do vício originário, tendo em vista a grave afronta à ordem jurídica.[311] Partindo dessa premissa, a doutrina clássica atribuiu efeitos retroativos aos atos de anulação, de modo que

---

[304] FAGUNDES, M. Seabra. *O controle dos atos administrativos pelo poder judiciário*. São Paulo: Saraiva, 1984. p. 51.

[305] Ilicitude, indeterminação e impossibilidade.

[306] Ocorre quando o ato se fundamenta em fato inexistente, inverídico, insuficiente ou que não pode ser imputado a seu destinatário. A impossibilidade de alterar os fatos e o vício que afeta o nexo de causalidade tornam a invalidade obrigatória.

[307] Decorre do exercício de competência para atingir finalidade diversa da que é lícita, alcançando o desvio de poder ou de finalidade. Doutrina e jurisprudência majoritárias não admitem a convalidação do desvio de finalidade por entenderem ser inviável a correção de pretensão desviada que já se materializou.

[308] Carência da forma legal indispensável ou preterição de formalidades anteriores à prática do ato ou pertinentes à sua própria realização. Tratando-se de formalidade não essencial, "tais omissões ou irregularidades podem ser oportunamente supridas pela prática da formalidade omitida ou mediante a revogação do acto e a sua repetição, bem como pela ratificação, reforma ou conversão." (CAETANO, Marcello. *Manual de direito administrativo*. Coimbra: Almedina, 1997. v.1, p. 505).

[309] Nos casos em que a incompetência ou a incapacidade atinge um ato vinculado, sendo possível aferir a regularidade do motivo, finalidade, forma e conteúdo, a convalidação do vício pelo sujeito capaz e competente é obrigatória. Por outro lado, se o ato é discricionário, cabe ao agente público capaz e competente reavaliar o caso concreto para concluir pela invalidação ou pela convalidação. (FRANÇA, Vladimir Rocha. Classificação dos atos administrativos inválidos no direito administrativo brasileiro. *Revista de Direito Administrativo*, Rio de Janeiro, Renovar, nº 226, p. 77, out./dez. 2001).

[310] Embora a identificação dos efeitos da nulidade/anulabilidade sejam indispensáveis para testar as hipóteses do trabalho e para o desenvolvimento da tese, o aprofundamento do estudo dos fatores que podem causar nulidade ou anulabilidade foge ao escopo da pesquisa.

[311] "Um ato nulo não é apto a produzir direito adquirido nem não adquirido. O STF já se pronunciou a esse respeito em diversas ocasiões. [Cita AgReg 155772/SP e MS 21722/DF]. Destarte, tisnado que estava do vício da inconstitucionalidade, como amiúde explicitado, o ato concessório da aposentadoria especial é nulo, não sendo apto a gerar qualquer efeito jurídico que importe direito adquirido. O repúdio ao ato inconstitucional decorre, em essência, do princípio que, fundado na necessidade de preservar a unidade da ordem jurídica nacional, consagra a *supremacia da Constituição*. Atos inconstitucionais são, por isso mesmo, nulos e destituídos, em consequência, de qualquer carga de eficácia jurídica. O reconhecimento da validade de uma norma *inconstitucional* – ainda por tempo limitado – representaria uma ruptura com o princípio da *supremacia da Constituição*". "A norma inconstitucional não pode criar direitos, nem impor obrigações, de modo que, tanto os órgãos estatais, quanto o indivíduo estão legitimamente autorizados a *negar obediência* às prescrições incompatíveis com a Constituição". (FRANCA FILHO, Marcílio Toscano. As aposentadorias parlamentares e a Constituição: um exercício de hermenêutica constitucional. *Revista dos Tribunais*, São Paulo, v. 92, nº 807, p. 149-150, jan. 2003).

a invalidação por vício insanável fulminaria o ato e seus efeitos desde a sua origem, com efeitos *ex tunc*. Além disso, a pretensão de reestabelecer a situação original atrairia uma eficácia constitutiva, no sentido de que "acarreta não só a eliminação do ato defeituoso, mas também a edição de outros atos, a fim de colocar a situação no estado em que estaria no presente, se a ilegalidade não tivesse existido no passado."[312]

Durante longo tempo, a jurisprudência reconheceu os efeitos "construtivos" decorrentes da nulidade, seja em favor[313] ou em desfavor dos administrados.[314] Parte da doutrina ainda defende que os efeitos da invalidação são *ex tunc*, em qualquer caso, de modo que o ato viciado é invalidado retroativamente, seja restritivo ou ampliativo de direitos. Nesse sentido, os contornos do Direito Administrativo (titularidade social dos direitos subjetivos públicos à juridicidade, necessidade de estabilidade das relações jurídicas e interesse público) impediriam o uso de sistemática própria do Direito Civil.

Como se verá a seguir, mais recentemente, a convalidação, o tempo e a boa-fé objetiva vêm ganhando espaço como elementos que modificam os fundamentos e as conclusões que pautam a teoria das nulidades do ato administrativo. Além disso, tem-se afirmado que a manutenção ou a supressão do ato nulo devem se pautar pela preservação do bem comum e não apenas da legalidade.[315] De todo modo, ainda que se considere a perspectiva do caso concreto, as soluções prendem-se apenas à manutenção ou à extinção do ato em sistema ainda fechado, preso a soluções que se situam em extremos. Para compreender a

---

[312] MEDAUAR, Odete. *Direito administrativo moderno*. 6. ed. São Paulo: Revista dos Tribunais, 2002. p. 175.

[313] STJ. 5ª Turma. REsp 293.840/RS. Rel. Min. Felix Fischer. DJU 01.7.2002, p. 372: "O reconhecimento, em juízo, da nulidade do ato de exoneração opera efeitos *ex tunc*, razão pela qual o servidor tem direito ao tempo de serviço e aos vencimentos que lhe seriam pagos no período em que ficou afastado".

[314] STJ. 5ª Turma. REsp 361.024/RS. Rel. Min. Felix Fischer. DJ 22.9.2003: "*Em razão do poder-dever da administração pública de rever seus atos quando eivados de vícios que os tornem ilegais (Súmula 473/STF), porque deles não se originam direitos, é obrigatório ao INSS, ao realizar, por equívoco, pagamentos majorados de benefícios previdenciários, adequar o valor ao efetivo direito do beneficiário, bem como ser ressarcido da quantia paga a maior mediante descontos nos proventos mensais daquele, ao longo dos meses subsequentes à descoberta do erro*".

[315] BATISTA JÚNIOR, Onofre Alves. *O Princípio constitucional da eficiência administrativa*. Belo Horizonte: Fórum, 2012. p. 479. "nos domínios do Direito Público não se deve declarar qualquer nulidade pela nulidade mesma. Sem a existência de prejuízo econômico ou do interesse público, deve-se procurar a estabilidade do ato ou do contrato. A mera invalidação de um ato da AP por ilegalidade, sem quaisquer outras considerações, estaria pondo em curso uma sindicância "estéril" e "cega" do princípio da legalidade. Afinal, a lei existe para o bem comum e não o contrário; a lei não é um fim em si mesma, mas constitui um meio para que a AP cumpra a necessária consecução do bem comum".

extensão de todas as barreiras que atualmente se levantam em face das hipóteses de extinção dos atos administrativos, o tema será tratado separadamente.[316]

Já a *nulidade relativa ou anulabilidade* sempre foi vinculada, no Direito Civil, à violação de regras editadas para a proteção de interesses privados ou por originar-se de defeitos menos graves.[317] Não se desconsiderava que uma mesma regra pode proteger interesses gerais e particulares e que o próprio legislador pode instituir regimes mistos de nulidade.[318] Nessas hipóteses, diante da ausência de interesses públicos a serem protegidos, seria possível a confirmação do ato, com efeitos retroativos.

A possibilidade de convalidação dos atos administrativos surge como elemento para distinguir a hipótese de nulidade, trazendo para o direito administrativo parte da teoria civilista,[319] que também a acolhe em caso de vícios sanáveis. Isso faz com que os atos nulos e anuláveis tenham características comuns, como a eliminação retroativa de efeitos, ressalvados os terceiros de boa-fé, e a possibilidade de resistência atribuída aos particulares.[320]

De fato, o conceito de convalidação utilizado no direito administrativo em nada difere do constante dos arts. 148 e seguintes do Código Civil de 1916[321] e dos arts. 172 e seguintes do Código Civil de

---

[316] Capítulo 4.

[317] PEREIRA, Caio Mário da Silva. *Instituições de direito civil*. Rio de Janeiro: Forense, 1961. v. 1, p. 449-450. "O ato anulável, por não ser originário de tão grave defeito, produz as suas consequências, até que seja decretada a sua invalidade. Daí diz Ruggiero que o negócio jurídico anulável tem eficácia plena, e produz os resultados queridos, condicionados ao não exercício do direito à invocação de sua ineficácia. A razão está que, ao contrário da nulidade, que é de interesse público, e deve ser pronunciada mesmo *ex officio*, quando o juiz a encontrar provada, ao conhecer do ato ou de seus efeitos, a anulabilidade, por ser de interesse privado, não pode ser pronunciada senão a pedido da pessoa atingida, e a sentença produz efeitos *ex nunc*, respeitando as consequências geradas anteriormente."

[318] BEVILÁQUA. Clóvis. *Teoria geral do direito civil*. 3. ed. [S.l.]: Ministério da Justiça e Negócios Interiores, 1966. p. 274.

[319] Maria Sylvia Zanella Di Pietro sintetiza a questão afirmando que os atos nulos e anuláveis no direito civil são diferenciados por dois aspectos: i) a nulidade absoluta não admite que os atos sejam sanados enquanto na relativa, sim; ii) a nulidade absoluta pode ser conhecida de ofício, ao passo que a relativa somente por provocação do interessado. A autora esclarece que a primeira distinção também se encontra no direito administrativo, ao passo que a segunda não teria aplicação em razão da autotutela. (DI PIETRO, Maria Sylvia Zanella. *Direito administrativo*. 13. ed. São Paulo: Atlas, 2001. p. 226).

[320] BANDEIRA DE MELLO, Celso Antônio. *Curso de direito administrativo*. 11. ed. São Paulo: Malheiros, 1999. p. 345.

[321] Art. 148. O ato anulável pode ser ratificado pelas partes, salvo direito de terceiro. A ratificação retroage à data do ato.
Art. 149. O ato de ratificação deve conter a substância da obrigação retificada e a vontade expressa de ratificá-la.

2002.[322] No direito administrativo, aponta-se como convalidáveis os atos que apresentem vícios de competência, forma e procedimento, desde que não tenham sido impugnados pelo interessado.[323]

Com efeito, nos casos em que a extinção ou a modificação do ato administrativo decorrem de uma nulidade,[324] dois caminhos se abrem para a Administração: a invalidação ou a convalidação.[325] Na

---

Art. 150. É escusada a ratificação expressa, quando a obrigação já foi cumprida em parte pelo devedor, ciente do vício que a inquinava.

Art. 151. A ratificação expressa, ou a execução voluntária da obrigação anulável, nos termos dos arts. 148 a 150, importa renúncia a todas as ações, ou exceções, de que dispusesse contra o ato o devedor.

Art. 152. As nulidades do art. 147 não têm efeito antes de julgadas por sentença, nem se pronunciam de ofício. Só os interessados as podem alegar, e aproveitam exclusivamente aos que as alegarem, salvo o caso de solidariedade, ou indivisibilidade.

Parágrafo único. A nulidade do instrumento não induz a do ato, sempre que este puder provar-se por outro meio.

Art. 153. A nulidade parcial de um ato não o prejudicará na parte válida, se esta for separável. A nulidade da obrigação principal implica a das obrigações acessórias, mas a destas não induz a da obrigação principal.

Art. 154. As obrigações contraídas por menores, entre dezesseis e vinte e um anos, são anuláveis (arts. 6 e 84), quando resultem de atos por eles praticados:

I. Sem autorização de seus legítimos representantes (art. 84).

II. Sem assistência do curador, que neles houvesse de intervir.

[322] Art. 172. O negócio anulável pode ser confirmado pelas partes, salvo direito de terceiro.

Art. 173. O ato de confirmação deve conter a substância do negócio celebrado e a vontade expressa de mantê-lo.

Art. 174. É escusada a confirmação expressa, quando o negócio já foi cumprido em parte pelo devedor, ciente do vício que o inquinava.

Art. 175. A confirmação expressa, ou a execução voluntária de negócio anulável, nos termos dos arts. 172 a 174, importa a extinção de todas as ações, ou exceções, de que contra ele dispusesse o devedor.

Art. 176. Quando a anulabilidade do ato resultar da falta de autorização de terceiro, será validado se este a der posteriormente.

Art. 177. A anulabilidade não tem efeito antes de julgada por sentença, nem se pronuncia de ofício; só os interessados a podem alegar, e aproveita exclusivamente aos que a alegarem, salvo o caso de solidariedade ou indivisibilidade.

[323] BANDEIRA DE MELLO, Celso Antônio. *Curso de direito administrativo.* 11. ed. São Paulo: Malheiros, 1999. p. 338; ZANCANER, Weida. *Da convalidação e da invalidação dos atos administrativos.* 2. ed. São Paulo: Malheiros, 2001. p. 101-102.

[324] Situação que não inclui as hipóteses de irregularidade, em que a contrariedade ao Direito é de pouca ou nenhuma gravidade, de modo que se admite a sua permanência no sistema com o vício.

[325] Compreende-se que a convalidação pode se dar por meio da conversão ("transformação de um ato viciado em outro ato, de forma a que o ato viciado seja saneado"); redução ou reforma ("consiste na edição de um ato administrativo que tem por efeito a exclusão da parte inválida do ato viciado, mantendo a parte válida") ou a convalidação propriamente dita ("edição de um ato administrativo que retira, com efeitos retroativos, o vício do ato administrativo inválido"). MARTINS, Ricardo Marcondes. *Efeitos dos vícios do ato administrativo.* São Paulo: Malheiros, 2008. p. 275 a 278.

CAPÍTULO 3
O MODELO TRADICIONAL DE EXTINÇÃO E MODIFICAÇÃO DO ATO ADMINISTRATIVO DE EFEITOS CONCRETOS...

105

hipótese de convalidação, o ato administrativo será sanado, de modo que ficarão preservados os interesses e os efeitos favoráveis produzidos em favor daqueles que mantiveram relações com o Estado, bem como o de eventuais terceiros. Na hipótese de anulação, contudo, ocorre a "expedição de um ato administrativo cujo efeito é a retirada do ato inválido do mundo jurídico; pode ter efeitos ex tunc ou ex nunc."[326]

Esse tema, contudo, será tratado a seguir, em tópico específico, entre as barreiras que se opõem à invalidação dos atos administrativos.

No que se refere à *inexistência no direito administrativo*, cabe registrar que embora não seja o ponto de vista utilizado no presente trabalho, como anteriormente exposto,[327] parte da doutrina[328] defende a identificação de uma categoria extrema de invalidade, classificada como inexistência. Essa perspectiva foi desenvolvida, no Direito Civil, por Karl Salomo Zachariae,[329] a partir de uma demanda pragmática identificada em casos de casamento civil.[330] Não foi muito diferente no direito

---

[326] MARTINS, Ricardo Marcondes. *Efeitos dos vícios do ato administrativo*. São Paulo: Malheiros, 2008. p. 275.

[327] Capítulo 2, item 2.2

[328] AMARAL, Diogo de Freitas. *Curso de direito administrativo*. 5. reimp. ed. 2001. Coimbra: Almedina, 2006. v. 2, p. 415. "É um *quid* que se pretende fazer passar por acto administrativo, mas que faltam certos elementos estruturais constitutivos que permitam identificar um tipo legal de ato administrativo". (DEIAB, Felipe R. Algumas reflexões sobre a prescrição e a decadência no âmbito da atuação dos Tribunais de Contas. *Revista Brasileira de Direito Público*. Belo Horizonte, a. 2, nº 4, p. 138-139, jan.-mar. 2004). "Ato administrativo existente é aquele que contém todos os elementos necessários à sua configuração jurídica, o que não ocorre, *v.g.* com uma portaria, que não tenha sido assinada, e que, por isso, sequer adentrou o mundo jurídico, sequer nasceu".

[329] C. Aubry; C. Rau. *Curs de droit civil français d'après la méthode de Zachariae*. Paris: Techniques, 1936. t. I, p. 230.

[330] HORBACH, Carlos Bastide. *Teoria das nulidades do ato administrativo*. São Paulo: Revista dos Tribunais, 2007. p. 75. "A teoria da inexistência foi formulada ante uma necessidade concreta. Tendo em vista o princípio do *pas de nullité sans texte,* vigente no direito civil francês, alguns vícios evidentes de celebração do casamento, que não tinham sido expressamente classificados como nulidades pelo *Code*, precisavam de uma sanção. Dessa forma, foi desenvolvida a teoria segundo a qual os casamentos que padeciam desses vícios evidentes e gritantes, relativos à caracterização de seus elementos fundamentais, como a dualidade de sexo dos contraentes, não eram atos jurídicos passíveis de verificação de validade, mas seriam, sim, não atos, atos inexistentes. Nas *Leçons de droit civil, os Mazeaud* igualmente destacam que a teoria da inexistência nasceu no âmbito da regulação do casamento, em que as nulidades devem ser textuais, ou seja, previstas expressamente em lei. Assim, os casamentos que fossem contratados por um demente, que não observassem uma celebração civil e que envolvessem pessoas do mesmo sexo não estavam incluídos no rol das nulidades, o que fez com que alguns autores, para permitir a declaração da ineficácia de tais atos, criassem a ideia de inexistência, ou seja, esses atos seriam mais que nulos, seriam inexistentes."

administrativo, que construiu sua teoria casuisticamente, buscando encontrar fundamento para a solução que se pretendia alcançar. Nessa perspectiva, a inexistência foi pensada como uma forma particular de invalidade. Diferenciando os planos da existência, da validade e da eficácia, afirma-se que seriam inexistentes aqueles atos que não chegaram a encerrar as suas etapas de produção ou que possuem conteúdo criminoso (que se identificam com um tipo penal).[331] *Antônio Junqueira de Azevedo* entende que não seria lógico inserir os atos inexistentes no mesmo plano dos nulos e anuláveis, pois "não há graduação de invalidade entre o ato inexistente, nulo e anulável. Ao negócio inexistente opõe-se o negócio existente (este é que pode ser nulo, anulável ou válido)".[332]

Compreende-se que, como o ato ainda não se perfez, não haveria nulidade ou anulabilidade, pois essas noções pertenceriam ao espaço de validade que se encontra apenas em atos perfeitos. Esses atos não produziriam qualquer efeito e não estariam sujeitos a nenhuma forma de estabilização. Aqueles que reconhecem essa categoria de vício afirmam que, "uma vez proclamado o vício em que incorreram, em nenhuma hipótese são ressalvados os efeitos pretéritos que hajam produzido".[333] Argumentam que essa categoria não seria de ato administrativo, mas de fato jurídico em tese criminoso.[334] Nesses casos, a contrapartida pela atuação ilícita da Administração ficaria por conta da possibilidade de resistência, inclusive pela força, e pelo ressarcimento de danos que estes atos tenham causado.

---

[331] BANDEIRA DE MELLO, Celso Antônio. *Curso de direito administrativo.* 20. ed. São Paulo: Malheiros, 2006. p. 446 e 451: "dir-se-ão inexistentes os atos que assistem no campo do impossível jurídico, como tal entendida a esfera abrangente dos comportamentos que o Direito radicalmente inadmite, isto é, dos crimes."

[332] AZEVEDO, Antônio Junqueira de. *Negócio jurídico*: existência, validade e eficácia. 3. ed. São Paulo: Saraiva, 2000. p. 61.

[333] BANDEIRA DE MELLO, Celso Antônio. *Curso de direito administrativo.* 20. ed. São Paulo: Malheiros, 2006. p. 446 e 451.

[334] LEITE, Fábio Barbalho. Rediscutindo a estabilização, pelo decurso temporal, dos atos administrativos supostamente viciados. *Revista de Direito Administrativo.* Rio de Janeiro, Renovar, v. 231, p. 114 – 115, jan.-mar. 2003; AMARAL, Diogo de Freitas. *Curso de direito administrativo.* 5. reimp. ed. 2001. Coimbra: Almedina, 2006. v. 2, p. 415. Essa perspectiva é contestada por Marcelo Caetano: CAETANO, Marcello. *Manual de direito administrativo.* Coimbra: Almedina, 1997. v. 1, p. 513. Celso Antônio Bandeira de Mello também encampa a tese, mas equiparando o ato inexistente a uma gravíssima nulidade que abarca condutas criminosas ou radicalmente vedadas pelo direito. (BANDEIRA DE MELLO, Celso Antônio. *Curso de direito administrativo.* 11. ed. São Paulo: Malheiros, 1999. p. 334-335).

Essa, contudo, não é a posição dominante. Doutrina[335] e jurisprudência majoritárias[336] acabaram por submeter os chamados atos inexistentes ao regime jurídico dos atos nulos, posição já defendida por *Hely Lopes Meirelles* ao afirmar que

> tais atos equiparam-se aos atos nulos, sendo, assim, irrelevante e sem interesse prático a distinção entre nulidade e inexistência, porque ambas conduzem ao mesmo resultado – a invalidade – e se subordinam às mesmas regras de invalidação. Ato inexistente ou ato nulo é ato ilegal e imprestável, desde o seu nascedouro.[337]

Como anteriormente exposto,[338] segue-se, na presente obra, a linha doutrinária que não identifica distinção jurídica relevante entre nulidade e inexistência. Ao contrário, compreende-se que a diversidade de circunstâncias que podem decorrer da atuação administrativa não é compatível com qualquer tipo de pré-compreensão conceitual teoricamente fechada. Entende-se que, na verdade, a existência de um ato é determinada pela produção de efeitos. No momento em que estes são produzidos, e sentidos interna ou externamente, não se pode negar o fato de que sua existência é real. Reafirma-se a falha dessa teoria ao identificar o plano da existência, da validade e da eficácia no ato administrativo, em que se convive com sua presunção de legalidade.

---

[335] SILVA, Almiro do Couto e. O princípio da segurança jurídica (proteção da confiança) no direito público brasileiro e o direito da administração pública de anular seus próprios atos administrativos: o prazo decadencial do art. 54 da lei de processo administrativo da união (Lei nº 9.784/99). *Revista de Direito Administrativo*. Rio de Janeiro, Renovar, nº 237, jul./set. 2004. Almiro do Couto e Silva discorda da própria classificação de ato inexistente e afirma que "falar-se em atos jurídicos inexistentes parece ser, entretanto, uma contradição nos seus próprios termos. O que não é ou o que não existe no universo do Direito não pode ser qualificado de jurídico." (GARRIDO FALLA, Fernando. *Tratado de derecho administrativo*. 6. ed. Madrid: Instituto de Estudios Políticos, 1973. p. 480; GUALAZZI, Eduardo Lobo Botelho. *Ato administrativo inexistente*. São Paulo: RT, 1980. p. 155; CAVALCANTI, Themístocles Brandão. *Teoria dos atos administrativos*. São Paulo: RT, 1973. p. 188; OLIVEIRA, Regis Fernandes de. *Ato administrativo*. 4. ed. São Paulo: RT, 2001 p. 127-128. "Em suma, os denominados atos inexistentes realmente não existem [se confundem com os atos nulos]."

[336] STF. RE 99.936. Rel. Min. Moreira Alves. DJ 16.3.1983: "Conceitua, no parágrafo único do art. 2º [da Lei 4.717/65], como caso de nulidade, o vício de forma, ainda que consistente na omissão de formalidades indispensáveis à existência ou seriedade do ato administrativo lesivo. Ora, pela teoria da inexistência, o caso típico em que ela ocorre é justamente o da omissão de formalidade essencial à existência do ato [...]. Em consequência, não se distinguindo, em nosso direito administrativo, inexistência de nulidade, hipóteses como a presente – alegação de falsidade (material ideológica) dos atos de aposentadoria – são examinadas como de nulidade."

[337] MEIRELLES, Hely Lopes. *Direito administrativo brasileiro*. 30. ed. São Paulo: Malheiros, 2005. p. 174.

[338] Capítulo 3, item 3.2

Nesse ponto, esta obra alinha-se à posição de *Renato Alessi* no sentido de que, pela extinção dos atos administrativos, a Administração não tem o poder de eliminar fatos jurídicos (do campo do ser) e, a partir do momento em que um ato jurídico produz efeitos normativos, ele se torna um fato jurídico. Significa dizer que o Direito, embora seja capaz de desfazer um ato, não o é em relação ao fato. O impacto produzido por um ato administrativo na esfera jurídica de terceiros – por maior que seja sua invalidade – não pode desaparecer. Buscando contornar essa realidade, o Direito, por vezes, limita os efeitos desse ato.[339]

Nota-se, também, para aqueles que admitem essa espécie de ato administrativo, que as soluções sistêmicas, vinculadas a essa espécie de invalidade impedem que sejam construídas alternativas que considerem especificidades de cada ato. Equiparados aos atos nulos ou tratados de forma autônoma, propõe-se avaliar se o paradigma do Estado democrático de Direito é compatível com esse modelo de solução automática também para quem admite a categoria de atos inexistentes e, por outro lado, se opõe óbice à avaliação obrigatória de um regime de transição, como proposto.

Delimitadas as definições e seu contexto, cabe, finalmente, avaliar como a *invalidação é tratada nos tribunais*. As hipóteses de extinção e de modificação dos atos administrativos nunca foram sistematizadas por disposições legislativas que pudessem fundamentar uma construção normativa geral. Por essa razão, os tribunais acabaram protagonizando a criação de uma teoria geral, especialmente no que se refere à revogação e à invalidação dos atos administrativos. As demais hipóteses (cumprimento dos seus efeitos, desaparecimento do elemento infungível, renúncia, cassação, caducidade e contraposição ou derrubada) acabaram recebendo tratamento pontual e, muitas vezes, foram inseridas ou mesmo confundidas com a teoria das nulidades.

Importante, pois, compreender a evolução da teoria das nulidades na jurisprudência, o que se faz a partir de julgados do STF e do STJ.

Ainda sem rigor técnico que diferenciasse os conceitos de invalidade e de revogação, em 1943, chegou ao STF a discussão sobre a possibilidade de a própria Administração Pública, no exercício do que

---

[339] ALESSI, Renato. *Sistema Istituzionale del Diritto Amministrativo Italiano*. 3. ed., Milão, Giuffrè, 1960. p. 281. Posição também referida por ZOCKUN, Maurício. *Dos atributos e da extinção dos atos administrativos*. Disponível em: <http://www.zockun.com.br/downloads/Dos%20 atributos%20e%20da%20extin%C3%A7%C3%A3o%20dos%20atos%20administrativos. pdf>. Acesso em: 7 set. 2013.

foi posteriormente chamado de autotutela, rever seus próprios atos, quando identificada irregularidade. Diversos casos levaram à edição das Sumulas 346 e 473,[340] mas, no *leading case*, discutia-se a licitude do cancelamento dos diplomas de dois médicos obtidos sem os requisitos legais da época – falha curricular em seus históricos.

Na oportunidade, o tribunal decidiu que "a autoridade que tem competência expressa para a prática de um ato, tem-na, extensivamente, para a anulação desse ato".[341] E o fez fundamentando-se expressamente nos arts. 82 e 130 do Código Civil de 1916, segundo a teoria das nulidades construída pelo direito privado.

Esse julgamento foi sucedido por outros importantes precedentes,[342] embora esparsos, como o RE 9.830 e o RMS 1.135, Rel. Min. Annibal Freire,[343] o RE 26.565, o MS 4.609, o RMS 7.983, o RMS 8.731 e o RMS 9.460. No MS 15.512, Rel. Min. Lafayette de Andrada, j. 30.9.1964, nos quais se afirmou que "os atos administrativos de que resultam direitos, a não ser quando expedidos contra disposição expressa de lei, são irrevogáveis".

Com a edição das Súmulas 346 e 473 do STF, que autorizavam a anulação dos atos administrativos eivados de nulidade, a qualquer tempo e independentemente de processo administrativo,[344] ficou claro

---

[340] STF. Súmula 346: *"A administração pode declarar a nulidade de seus próprios atos"*. STF. Súmula 473: *"A administração pode anular seus próprios atos, quando eivados de vícios que os tornam ilegais, porque deles não se originam direitos; ou revogá-los, por motivo de conveniência ou oportunidade, respeitados os direitos adquiridos, e ressalvada, em todos os casos, a apreciação judicial."*

[341] STF. Apelação Cível nº 7.704/DF, Rel. Min. José Linhares. Publicado em 19.01.1943: "Já aqui a questão não é de invasão eventual da órbita judiciária, o que já foi examinado, mas da extensão dos poderes administrativos, questões diferentes e que se acham emburilhadas em diversos lances dos autos. Assentando que pode a Administração anular seu ato contrário à lei, salvo à parte recurso à justiça, esta é a questão fundamental dos autos – é certo que, na órbita administrativa, não oferece dúvidas a proposição de que a autoridade, a que compete a prática de um ato, compete a de sua anulação, se cabível e quando cabível."

[342] SANTOS NETO, João Antunes dos. *Da anulação ex officio do ato administrativo*. Belo Horizonte: Fórum, 2006. p. 141-151.

[343] Subtenentes que foram colocados em disponibilidade remunerada e depois reformados no posto de Segundo Tenente, com o que tornado sem efeito o ato anterior que lhes atribuía remuneração do posto superior.

[344] STF. 1ª Turma. RE 247.399/SC, rel. Min. Ellen Gracie. DJU 24.5.2002, p. 66: "Pode a Administração Pública, segundo o poder de autotutela a ela conferido, retificar ato eivado de vício que o torne ilegal, prescindindo, portanto, de instauração de processo administrativo". STF, 5. Turma. ROMS 12.297/SC, rel. Min. José Arnaldo da Fonseca. DJU 03.06.2002, p. 217: "O ato de transposição de cargo fora totalmente ilegal, uma vez efetuado ao arrepio da nova ordem constitucional, ferindo o princípio da moralidade, podendo, assim, ser invalidado pela própria Administração, não sendo necessária a instauração de procedimento administrativo".

que o Tribunal havia optado pela Teoria Monista, segundo a qual se admitia apenas a hipótese de nulidade e a dispensabilidade de qualquer motivação, bem como de procedimento administrativo. Do precedente formado no RE 27.031, Rel. Min. Luiz Gallotti, DJ 03.8.1955, pode-se extrair uma síntese da posição adotada pela Corte:

> A revogação se dá por motivos de conveniência e oportunidade, e não será possível quando do ato revogado já houver nascido um direito subjetivo [...]. A anulação caberá quando o ato contenha vício que o torne ilegal (não será possível falar então de direito subjetivo que haja nascido, pois do ato ilegal não nasce direito).

Contudo, em algumas oportunidades, após a edição da Súmula 473, o Supremo admitiu a existência de atos administrativos anuláveis (RE 79.432, Rel Min. Djaci Falcão e RE 116.693, Rel. Min. Carlos Madeira, j. 27.09.1988). Além disso, a partir do julgamento do MS 13.942, Rel. Min. Vilas Boas, j. 23.9.1964, no qual se debatia a regularidade de ato que tornou sem efeito o enquadramento definitivo do pessoal da Comissão do Vale do São Francisco, o Tribunal posicionou-se pela necessidade de fundamentação dos atos anulatórios, pois "praticará abuso de poder, sempre que o fizer quanto a uma resolução que haja produzido efeitos, sem indicar os vícios que a poluem".

A partir dessa construção, os tribunais têm reiterado, como regra, o posicionamento no sentido de que o ato administrativo nulo deve ser suprimido da ordem jurídica e de que, além disso, não pode gerar ou ter mantidos os seus efeitos. Essa é a posição do STJ, que vem reafirmando que a nulidade opera com efeitos *ex nunc*, restabelecendo o *status quo ante* (STJ, REsp 161.005, rel. Min. Jorge Scartezzini, DJ 16.06.2003). Como fundamento de suas decisões, além das súmulas do STF, o Tribunal utiliza as normas da Lei nº 4.717/65 (STJ, REsp 450.700, Rel. Min. Luiz Fux, DJ 07.4.2003).[345]

Não se pode negar, contudo, que, em alguns precedentes, o STF tem flexibilizado o próprio entendimento de que os atos nulos não produzem efeitos e, mais recentemente, mitigou o próprio postulado de que este deve ser suprimido da ordem jurídica.

---

[345] "10. Deveras, o art. 2º, da Lei nº 4.717 considera nulo o ato derivado de autoridade incompetente, porquanto a competência é a condição primeira de validade do ato administrativo quer seja vinculado ou discricionário. 11. Consectariamente, toda invalidação, diferentemente da revogação, tece efeitos *ex nunc*, por força mesma da norma constitucional inserta no art. 37, da CF, que responsabiliza a Fazenda Pública pelos atos ilícitos e pelos atos lícitos inválidos."

Ao julgar o RE 330.834, Rel. Min. Ilmar Galvão, DJ 22.11.2002, concedeu indenização a Oficial do Corpo de Bombeiros que pediu exoneração de seu cargo no Rio de Janeiro, para ocupar cargo na corporação do Maranhão, que estava sendo criada. Contudo, sua nomeação no novo quadro se deu sem concurso público, razão pela qual foi anulada, dois anos depois, por ato da Governadora. O julgado aponta o dever do Estado de cuidar da legalidade dos seus atos e, embora não expressamente, tem como pano de fundo a presunção de legalidade dos atos administrativos e a proteção da confiança.

Já no julgamento do MS 22357/DF, Rel. Min. Gilmar Mendes, DJ 5.11.2004,[346] manteve-se a nomeação de agentes públicos sem concurso, mas submetidos a processo seletivo validado por decisão administrativa e por acórdão anterior do TCU. O Tribunal salientou, como pontos relevantes, o transcurso de mais de dez anos desde a concessão da liminar no mandado de segurança e a observância do regulamento da Infraero, vigente à época, diante da existência de controvérsia quanto à exigência de concurso público no âmbito das empresas públicas e das sociedades de economia mista. A decisão fundamentou-se no princípio da segurança jurídica enquanto sub-princípio do Estado de Direito, que exige a estabilidade das situações criadas administrativamente.

Quanto ao procedimento administrativo, atualmente, é inquestionável a necessidade de sua instauração prévia, com a garantia do contraditório e da ampla defesa, antes que seja extinto ou modificado qualquer ato administrativo que prejudique direito de terceiros.[347]

---

[346] "EMENTA: Mandado de Segurança. 2. Acórdão do Tribunal de Contas da União. Prestação de Contas da Empresa Brasileira de Infraestrutura Aeroportuária - INFRAERO. Emprego Público. Regularização de admissões. 3. Contratações realizadas em conformidade com a legislação vigente à época. Admissões realizadas por processo seletivo sem concurso público, validadas por decisão administrativa e acórdão anterior do TCU. 4. Transcurso de mais de dez anos desde a concessão da liminar no mandado de segurança. 5. Obrigatoriedade da observância do princípio da segurança jurídica enquanto subprincípio do Estado de Direito. Necessidade de estabilidade das situações criadas administrativamente. 6. Princípio da confiança como elemento do princípio da segurança jurídica. Presença de um componente de ética jurídica e sua aplicação nas relações jurídicas de direito público. 7. Concurso de circunstâncias específicas e excepcionais que revelam: a boa fé dos impetrantes; a realização de processo seletivo rigoroso; a observância do regulamento da Infraero, vigente à época da realização do processo seletivo; a existência de controvérsia, à época das contratações, quanto à exigência, nos termos do art. 37 da Constituição, de concurso público no âmbito das empresas públicas e sociedades de economia mista. 8. Circunstâncias que, aliadas ao longo período de tempo transcorrido, afastam a alegada nulidade das contratações dos impetrantes. 9. Mandado de Segurança deferido."

[347] STF. 1ª Turma. RE 435196 AgR/CE, Min. Dias Toffoli. DJe 29.10.2012: EMENTA Agravo regimental no recurso extraordinário. Servidor público. Nulidade da nomeação. Demissão.

Não obstante, a doutrina tradicional e a jurisprudência consideram que o papel do procedimento administrativo seria não apenas o de garantir que fossem ouvidos e considerados os argumentos de todos os interessados, mas também o de assegurar que eventuais afetados não sejam surpreendidos com uma decisão unilateral e abrupta do Poder Público. Nesse sentido, alguns autores[348] sustentam que o procedimento administrativo de apuração seria suficiente para garantir a boa-fé objetiva, pois impediria "que aqueles que podem ser surpreendidos com o controle de juridicidade da Administração se surpreendam com um inesperado, unilateral e coercitivo pronunciamento extintivo de ato anterior".[349]

Esse, contudo, não será o pressuposto adotado na presente obra. Essa posição não se coaduna com o princípio da segurança jurídica e com os fundamentos que compõem a juridicidade do Estado democrático de Direito. Inicialmente, é preciso considerar que os atos administrativos trazem consigo a presunção de legalidade, que afeta a esfera jurídica de terceiros, especialmente porque, de modo geral, estes não detêm conhecimentos técnicos e nem mesmo acesso facilitado às informações que poderiam auxiliá-los na compreensão do problema. Além disso, os procedimentos administrativos, em geral, não possuem delimitação temporal precisa: podem durar alguns dias ou muitos anos.

Não há, no procedimento administrativo, elemento algum que possa fundamentar a pretensão de que o terceiro se prepare para o pior.

Princípios do contraditório e da ampla defesa. Observância. Necessidade. Reexame da legislação local e dos fatos e das provas dos autos. Impossibilidade. Precedentes. 1. O entendimento desta Corte está consolidado no sentido de que qualquer ato da Administração Pública que repercuta no campo dos interesses individuais do cidadão deverá ser precedido de prévio procedimento administrativo, no qual se assegure ao interessado o efetivo exercício do direito ao contraditório e à ampla defesa. 2. Inadmissível, em recurso extraordinário, o reexame da legislação infraconstitucional local e das provas dos autos. Incidência das Súmulas 280 e 279/STF. 3. Agravo regimental não provido.

[348] CARVALHO, Raquel Melo Urbano de. *Curso de direito administrativo*. Salvador: Jus Podium, 2008. p. 452. "Cumprida a exigência de processo administrativo anterior à invalidação, não se pode afirmar que o terceiro viu-se surpreendido com frustração abrupta da expectativa legítima na presunção de legitimidade do ato viciado, o que preserva a segurança jurídica. Ademais, tem-se a transferência da decisão administrativa, em um processo dialético que deixa clara a boa-fé pública. Por fim, é fundamental assegurar a efetiva supremacia do interesse público primário, ou seja, o interesse de toda a sociedade, que não admite sacrifício para o benefício isolado de um de seus membros, contrariamente àquilo que o sistema lhe outorgou."

[349] CARVALHO, Raquel Melo Urbano de. *Curso de direito administrativo*. Salvador: Jus Podium, 2008. p. 447; FRANÇA, Vladimir da Rocha. Contraditório e invalidação administrativa no âmbito da Administração Pública Federal. *Revista de Direito Administrativo*. Rio de Janeiro, Renovar, v. 223, p. 282-283, jul.-set. 2003.

Na verdade, o procedimento administrativo tem como pressuposto jurídico a impessoalidade e a transparência, que obstam qualquer préjulgamento. Sobretudo nos casos em que o administrado atua de boa-fé e que não possua conhecimentos técnicos a respeito do fato, é natural que mantenha sua crença na legalidade do ato. Essa posição é reforçada pela orientação jurisprudencial firmada no sentido de que não se exige a constituição de advogado para o procedimento administrativo, que não pode ser considerado nulo pela ausência de defesa técnica.[350]

É inegável que qualquer terceiro chamado a um procedimento administrativo que prenuncie a possibilidade de extinção ou de modificação de um ato administrativo que lhe beneficie, alterará a condição de sua expectativa. Contudo, exigir que ele se prepare para a modificação ou a extinção do ato, exclusivamente pela abertura do procedimento, especialmente quando não é responsável pelo vício, não condiz com os fundamentos da segurança e subverte a lógica do interesse público, que sustenta a presunção de legalidade dos atos.

---

[350] Súmula vinculante nº 5/STF: A falta de defesa técnica por advogado no processo administrativo disciplinar não ofende a Constituição.

CAPÍTULO 4

AS BARREIRAS TRADICIONAIS QUE SE OPÕEM À MODIFICAÇÃO E À EXTINÇÃO DOS ATOS ADMINISTRATIVOS EM GERAL: SOLUÇÕES BINÁRIAS E OBJETIVAÇÃO DOS EFEITOS

Ao longo do tempo, a doutrina, a jurisprudência e o regime jurídico administrativo cuidaram de desenvolver um sistema de barreiras que se propõem a limitar a pretensão estatal de modificar ou de extinguir os atos administrativos. Algumas delas dirigem-se apenas aos atos administrativos de efeitos concretos, outras também alcançam os atos administrativos normativos. Todos esses instrumentos, portadores de diferentes requisitos de incidência e efeitos, têm como objetivo central estabilizar as relações administrativas no âmbito desta função.

Embora variadas as barreiras que se opõem à modificação e à extinção dos atos administrativos, interessa ao presente estudo avaliar em que medida esses instrumentos garantem à Administração Pública e aos órgãos de controle, a possibilidade de diferenciar soluções que considerem as circunstâncias presentes em cada hipótese. Essa perspectiva leva em conta que a modificação ou a extinção de um ato administrativo, seja ele concreto ou normativo, interfere na condição dos cidadãos que são os verdadeiros vetores da legitimidade das ações do Poder Público.

Ao desdobrar a análise desses institutos separadamente, o objetivo não é aprofundar o estudo a respeito da extensão de cada instrumento de proteção em si. Busca-se, na verdade, avaliar os efeitos de cada um desses mecanismos para que se possa traçar um quadro geral das possibilidades que o modelo atualmente acolhido e regulado oferta

4.1 Os efeitos da convalidação dos atos administrativos

Ultrapassada a *era* em que se adotava a teoria monista,[351] segundo a qual a presença de vícios no ato administrativo leva apenas ao caminho de sua invalidação, predomina a teoria dualista, "segundo a qual a resposta da ordem jurídica pode ser de maior ou menor repulsa, conforme maior ou menor a gravidade do vício apresentado pelo ato administrativo".[352] Embora seja comum a referência à gravidade do vício para diferenciar a nulidade da anulabilidade, na verdade, o fator relevante está no elemento viciado. De todo modo, como o nome sinaliza, essa teoria aponta apenas dois caminhos: para vícios que apresentem maior desconformidade, cabe a exclusão do ordenamento jurídico pela invalidação, já para vícios de menor gravidade, abre-se a possibilidade de convalidação.[353] A convalidação alcançaria os atos anuláveis, definidos como aqueles que a lei assim declara e os que apresentam vícios sanáveis.

Essa construção encontra fundamento no próprio interesse público, o qual ampara a noção de que não se justifica a anulação de ato carregado de efeitos, prejudicando-se indivíduos juridicamente afetados, se eventual vício pode ser sanado. A premissa foi reforçada, mais recentemente, pelo princípio da proteção da confiança e pelo resguardo da boa-fé de terceiros que se amparam na presunção de legalidade dos atos administrativos. Pode-se dizer, portanto, que a convalidação é a primeira barreira que se opõe à extinção do ato viciado.

Largamente estudada e regulada na esfera civilista, a convalidação foi acolhida no regime jurídico administrativo como instituto que alcança atos em que o vício seja considerado sanável. Nesses casos, seria

---

[351] MEIRELLES, Hely Lopes. *Direito administrativo brasileiro*. 20. ed. São Paulo: Malheiros, 2006. p. 429: "O ato administrativo é legal ou ilegal; é válido ou inválido. Jamais poderá ser legal ou meio-legal; válido ou meio-válido, como ocorreria se se admitisse a nulidade relativa ou anulabilidade, como pretendem alguns autores que transplantam teorias do Direito Privado para o Direito Público, sem meditar na sua inadequação aos princípios específicos da atividade estatal."

[352] CARVALHO, Raquel Melo Urbano de. *Curso de direito administrativo*. Salvador: Jus Podium, 2008. p. 433.

[353] A Lei nº 9.784/99 prevê expressamente, no art. 55, que, "em decisão na qual se evidencie não acarretarem lesão ao interesse público sem prejuízo a terceiros, os atos que apresentarem defeitos sanáveis poderão ser convalidados pela própria Administração".

CAPÍTULO 4

AS BARREIRAS TRADICIONAIS QUE SE OPÕEM À MODIFICAÇÃO E À EXTINÇÃO DOS ATOS ADMINISTRATIVOS EM GERAL ...

117

possível recompor a juridicidade do sistema com efeitos retroativos,[354] pois as falhas identificadas são de menor potencial gravoso. Embora trate-se de hipótese há muito consagrada na doutrina,[355] somente com o advento da Lei nº 9.784/99 recebeu tratamento legal específico.

Expressão quase unânime da doutrina[356] e da jurisprudência[357] define que os atos com vício de *motivo, conteúdo e finalidade* comprometeriam aspectos essenciais que não seriam passíveis de convalidação. Esta, portanto, somente encontraria viabilidade quando identificados vícios de *forma ou formalidades e de competência.*[358]

De todo modo, a convalidação somente seria admitida nos vícios de forma, quando esta não fosse exigida por lei ou essencial à formação do ato, e, obrigatória nos vícios de competência, quando o ato praticado for vinculado. Além disso, deve ser considerada a regra geral que admite a convalidação apenas quando "não acarretar lesão ao interesse público nem prejuízo a terceiros."[359]

---

[354] FRANÇA, Vladimir da Rocha. Contraditório e invalidação administrativa no âmbito da Administração Pública Federal. *Revista de Direito Administrativo*. Rio de Janeiro, Renovar, v. 233, p. 277, jul./set. 2003.

[355] ZANCANER, Weida. *Da convalidação e da invalidação dos atos administrativos*. 2. ed. São Paulo: Malheiros, 2001. p. 101-102.

[356] ZANCANER, Weida. *Da convalidação e da invalidação dos atos administrativos*. 2. ed. São Paulo: Malheiros, 2001. p. 101-102; FRANÇA, Vladimir da Rocha. Contraditório e invalidação administrativa no âmbito da Administração Pública Federal. *Revista de Direito Administrativo*. Rio de Janeiro, Renovar, v. 233, p. 277, jul./set. 2003; DI PIETRO, Maria Sylvia Zanella. *Direito administrativo*. 13. ed. São Paulo: Atlas, 2001. p. 229.

[357] *Vício de competência:* STJ. 2ª Turma. REsp 1348472/RS. Rel. Min. Humberto Martins. DJe 28.5.2013: 4. Constatada a existência de vício em algum dos atos praticados no procedimento licitatório, cabe à autoridade superior, no momento da homologação, a sua convalidação ou anulação. Tratando-se de vício sanável é perfeitamente cabível a sua convalidação. 5. O vício na competência poderá ser convalidado desde que não se trate de competência exclusiva, o que não é o caso dos autos. Logo, não há de se falar em nulidade do procedimento licitatório ante o saneamento do vício com a homologação. *Vícios de forma, ilegalidade, motivação, competência e finalidade:* STJ. 6ª Turma. RMS 27672/RN. Rel. Min. Sebastião Reis Júnior. DJe 20.9.2012. "1. Constatada a ilegalidade do ato impugnado, impõe-se, salvo situações excepcionais que autorizam a sua convalidação, o decreto de nulidade por vício de forma, incompetência do agente, ilegalidade do objeto, inexistência dos motivos ou desvio de finalidade (REsp nº 663.889/ DF, Ministro Castro Meira, DJ 1º/2/2006). 2. Recurso ordinário em mandado de segurança provido para declarar a nulidade do ato de exclusão do recorrente, das fileiras militares."

[358] Para Maria Sylvia Zanella Di Pietro, desde que não se trate de competência exclusiva. (DI PIETRO, Maria Sylvia Zanella. *Direito administrativo*. 13. ed. São Paulo: Atlas, 2001. p. 229). FREITAS, Juarez. Deveres de motivação, de convalidação e anulação correlacionados e proposta harmonizadora. *Interesse público*. São Paulo, Notadez, v. 16, p. 46, out./dez. 2002.

[359] Art. 55 da Lei nº 9.784/99. FREITAS, Juarez. Deveres de motivação, de convalidação e de anulação correlacionados e proposta harmonizadora. *Interesse público*. São Paulo, Notadez, v. 16, p. 46, out./dez. 2002.

Celso Antônio Bandeira de Mello também exclui a possibilidade de convalidação das hipóteses em que o ato viciado já sofreu impugnação judicial ou administrativa. Para o autor, "se pudesse fazê-lo, seria inútil a arguição do vício, pois a extinção dos efeitos ilegítimos dependeria da vontade da Administração e não do dever de obediência à ordem jurídica". Esse posicionamento encontra amparo em precedentes,[360] mas não é acolhido pela maioria que, independentemente da impugnação, vê utilidade na convalidação. Seja porque acaba por "impelir a Administração a corrigir o vício, restaurando o primado do Direito,"[361] seja porque garante "a preservação das consequências do ato e, em última instância, a própria segurança jurídica".[362] Além disso, a impugnação tem a utilidade de despertar eventual falta administrativa do agente público responsável, que – independentemente das consequências afetas ao ato administrativo – poderá ser penalizado pela falha que houver cometido.

Existe certa divergência a respeito da obrigatoriedade da convalidação. Embora o art. 55 da Lei nº 9.784/99 disponha que "os atos que apresentarem defeitos sanáveis *poderão* ser convalidados pela própria Administração", a maior parte da doutrina[363] e da jurisprudência[364] não

---

[360] STJ. 1ª Turma. AgRg no Ag 1320981/RS. Rel. Min. Napoleão Maia Nunes Filho. DJe 7.8.2013. 1. A Corte Estadual dirimiu a controvérsia a respeito da competência para lavratura de termo de infração no trânsito de mercadorias, com base na Lei Estadual Gaúcha nº 8.118/85. Assim, é inviável a análise desse fundamento em Recurso Especial, nos termos da Súmula 280/STF. 2. A questão referente à possibilidade de posterior convalidação do ato administrativo não deve ser admitida, visto que somente são passíveis de convalidação os atos da Administração que não foram impugnados administrativa ou judicialmente. (REsp. 719.548/PR, Rel. Min. ELIANA CALMON, DJe 21.11.08). 3. Agravo Regimental do ESTADO DO RIO GRANDE DO SUL desprovido.

[361] FERRAZ, Sérgio. Extinção dos atos administrativos: algumas reflexões. *Revista de Direito Administrativo*. Rio de Janeiro, Renovar, nº 231, p. 63, jan./mar. 2003.

[362] CARVALHO, Raquel Melo Urbano de. *Curso de direito administrativo*. Salvador: Jus Podium, 2008. p. 438.

[363] Essa tese foi defendida, inicialmente, por ZANCANER, Weida. *Da convalidação e da invalidação dos atos administrativos*. 2. ed. São Paulo: Malheiros, 2001. p. 101-102. No mesmo sentido, CARVALHO, Raquel Melo Urbano de. *Curso de direito administrativo*. Salvador: Jus Podium, 2008. p. 435. "Certo é, entretanto, que toda competência outorgada a um servidor é mero instrumento de execução do dever que lhe é imposto. Sob esse prisma, é necessário compreender o 'poder' do citado art. 55 como dever-poder de agir. Destarte, se é possível retificar o vício que atinge um ato administrativo, não há que se falar em invalidação, devendo-se, em regra, saná-lo."

[364] STJ. RMS 24.339-TO, Rel. Min. Napoleão Nunes Maia Filho, DJe 17.11.2008: "Em 1993, portanto, após a entrada em vigor do art. 37, II, da CF/1988, a recorrente, professora nível I, mediante ascensão funcional prevista pela lei estadual, galgou o cargo de professora nível IV, sem que se submetesse ao necessário concurso público. Requereu aposentadoria naquele cargo em março de 1998, pedido deferido e aprovado pelo Tribunal de Contas estadual. Porém, alega que, em novembro daquele mesmo ano, viu seus proventos serem

entende essa competência como uma faculdade. Dessa forma, sanar os vícios dos atos administrativos por meio da convalidação seria atuação vinculada da Administração Pública. Esta regra encontraria exceção apenas nos atos discricionários que apresentassem vício sanável de competência. Nesse caso, caberia ao agente competente reavaliar os elementos do caso concreto para definir a conveniência de expedição do ato.

De todo modo, a análise da convalidação enquanto barreira à extinção ou à modificação dos atos administrativos não se afasta do perfil tradicional dos instrumentos de controle: ou leva à manutenção integral do ato ou à sua extinção com efeitos *ex tunc* ou *ex nunc*. Esse o cenário que deve pautar o estudo da proposta veiculada nesta tese.

4.2 As cláusulas pétreas: os efeitos do reconhecimento do direito adquirido, do ato jurídico perfeito e da coisa julgada

O desafio de conciliar a possibilidade de mudança e a segurança jurídica foi enfrentado pela Constituição de 1988, em seu art. 5º, XXXVI. O dispositivo reproduz cláusula semelhante à que vem sendo trazida nas Cartas Constitucionais desde 1934, com exceção de 1937. Suas balizas buscam definir parâmetros para a aplicação da lei no tempo, as quais acabam por definir critérios de retroatividade.[365]

---

reduzidos, porque a lei que lhe permitiu o acesso àquele cargo foi revogada. Daí o *mandamus*, que foi denegado pelo TJ ao fundamento de que a referida ascensão substituíra, de forma inconstitucional, o meio legal para a investidura no cargo público e, porque nula, não gerava qualquer direito. Nesse panorama, tem-se por correta a assertiva de que a Administração atua conforme o princípio da legalidade (art. 37 da CF/1988), que impõe a anulação de ato que, embora fruto da manifestação da vontade do agente público, é maculado por vício insuperável. Também é certo o entendimento de que, após a CF/1988, é vedada a simples ascensão funcional a cargo para qual o servidor não foi aprovado em concurso público, bem como o de que o ato nulo não é passível de convalidação, não gerando direitos. No entanto, o poder-dever de a Administração invalidar seus próprios atos é sujeito ao limite temporal delimitado pelo princípio da segurança jurídica. Os administrados não podem sujeitar-se indefinidamente à instabilidade da autotutela do Estado e de uma convalidação dos efeitos produzidos, quando, em razão de suas consequências jurídicas, a manutenção do ato servirá mais ao interesse público de que a sua invalidação. Nem sempre a anulação é a solução, pois o interesse da coletividade pode ser melhor atendido pela subsistência do ato tido por irregular. Então, a recomposição da ordem jurídica violada condiciona-se primordialmente ao interesse público [...]. Assim, assegura-se o direito de a recorrente preservar sua aposentadoria no cargo de professora nível IV.". Precedentes citados do STF: MS 26.560-DF, DJ 22.2.2008; do STJ: RMS 18.123-TO, DJ 30.5.2005; RMS 14.316-TO, DJ 2.8.2004, e RMS 13.952-TO, DJ 9.12.2003.

365 Duas doutrinas pautaram o debate da retroatividade: direito adquirido (teoria subjetiva) ou fato passado/realizado (teoria objetiva). Segundo a doutrina do direito adquirido "seria

Parte da doutrina entende que o ato jurídico perfeito e a coisa julgada são espécies do gênero direito adquirido, de modo que a única diferença entre eles estaria na fonte de que se originam.[366] Enquanto o direito adquirido teria origem na lei, o ato jurídico perfeito se originaria de um negócio jurídico e a coisa julgada de uma decisão judicial definitiva.[367] Essa tripartição acaba por gerar certas perplexidades, que levam alguns a afirmar que seria suficiente apenas a referência ao direito adquirido.[368]

Não obstante, passou-se a reconhecer que a tripartição trouxe consigo a vantagem de permitir a diferenciação dos pormenores de cada caso, sem perder de vista que o direito adquirido envolve conceito central que contempla, de alguma forma, o ato jurídico perfeito e a coisa julgada. Esses conceitos vieram expressos no art. 6º da Lei de Introdução ao Código Civil, sem perder, contudo, seu perfil de garantia constitucional.[369]

Nos termos do art. 6º, §2º, da Lei de Introdução às Normas do Direito Brasileiro, "consideram-se adquiridos assim os direitos que o seu titular, ou alguém por ele, possa exercer, com aqueles cujo começo de

---

retroativa toda lei que violasse direitos já constituídos (adquiridos)", enquanto para a do fato passado "a lei nova não se aplicaria (sob pena de retroatividade) a fatos passados e aos seus efeitos (só se aplicaria a factos futuros)." (MACHADO, João Baptista. *Introdução ao direito e ao discurso legitimador*. 12. reimpr. Coimbra: [s.n.], 2000. p. 223).

[366] BARROSO, Luís Roberto. Em algum lugar do passado: segurança jurídica, Direito Intertemporal e o novo Código Civil, In: ANTUNES ROCHA, Cármen Lúcia (Org.). *Constituição e segurança jurídica – direito adquirido, ato jurídico perfeito e coisa julgada:* estudos em homenagem a José Paulo Sepúlveda Pertence. Belo Horizonte: Fórum, 2004. p. 155.

[367] SILVA, José Afonso da. Constituição e Segurança jurídica. In: ANTUNES ROCHA, Cármen Lúcia (Org.). *Constituição e segurança jurídica – direito adquirido, ato jurídico perfeito e coisa julgada:* estudos em homenagem a José Paulo Sepúlveda Pertence. Belo Horizonte: Fórum, 2004. p. 21.

[368] LIMONGI FRANÇA, Rubens. *A irretroatividade e o direito adquirido*. 6. ed. São Paulo: Saraiva, 2000. p. 249-259.

[369] STF. RE 226.855. Rel. Min. Moreira Alves, DJ . *RTJ* 174, p. 932-933, p. 916: "quando há alegação de direito adquirido, a questão é puramente constitucional, pois não se pode interpretar a Constituição com base na lei, sendo certo que o art. 6º da Lei de Introdução ao Código Civil nada mais fez do que explicitar conceito que são os da Constituição, dado que o nosso sistema de vedação da retroatividade é de cunho constitucional. E para se aferir se há ou não direito adquirido violado pela lei nova é preciso verificar se a aquisição dele se deu sob a vigência da lei antiga, não podendo, pois, ser ele prejudicado por aquela". No mesmo julgado, o Min. Sepúlveda Pertence, ao comentar o voto do Min. Celso de Mello, que acabou vencido, salientou que "a nossa garantia do direito adquirido [...] não é uma construção teórica de direito intertemporal, a aplicar na sucessão de leis silentes a respeito: é uma garantia constitucional, irremovível, pois, pelo legislador ordinário. [...] ao contrário do que sucedia na França, onde escreveu Roubier, ou, na Itália, onde escreveu Gabba –, entre nós, se trata de garantia constitucional e não de uma regra doutrinária de solução de questões intertemporais".

exercício tenha termo prefixo, ou condição preestabelecida inalterável a arbítrio de outrem". O ato jurídico perfeito, por sua vez, seria o "consumado segundo a lei vigente ao tempo em que se efetuou" (art. 6º, §1º), enquanto a coisa julgada seria "a decisão judicial de que já não caiba mais recurso" (art. 6º, §3º).

Cada uma das hipóteses, seus efeitos e a forma como atuam enquanto barreiras à extinção do ato merecem análise apartada. O estudo não tem o objetivo de se aprofundar em cada espécie – o que seria trabalho suficiente para diversas teses –, mas apenas de revelar como seus efeitos atuam sobre a pretensão de modificar ou de extinguir o ato administrativo.

Quanto ao *direito adquirido e seus efeitos (direitos expectados e proporcionalidade)* em oposição à teoria objetiva, defendida por Paul Roubier,[370] a tradição brasileira adotou a teoria subjetiva do direito adquirido[371] aplicada amplamente, inclusive às chamadas regras de ordem pública,[372] tese que não era bem recebida por alguns autores.[373] Ambas, contudo, afastam a manutenção de direito individual subjetivo em face de "alteração substancial do regime ou de um estatuto jurídico."[374]

Essa construção parte do pressuposto de que a modificação de *institutos jurídicos* afeta apenas expectativas de direitos, diferentemente

---

[370] ROUBIER, Paul. *Le droit transitoire*. 2. ed. Paris: Dalloz et Sirey, 1960. p. 210-215.

[371] ADI 493. Rel. Ministro Moreira Alves. DJ 4.9.1992: "há de salientar que as nossas Constituições, a partir de 1934, e com exceção de 1937, adotaram, desenganadamente, em matéria de direito intertemporal, a teoria subjetiva dos direitos adquiridos e não a teoria objetiva da situação jurídica, que é a teoria de Roubier".

[372] PORCHAT, Reynaldo. *Curso elementar de direito romano*. 2. ed. São Paulo: Melhoramentos, 1937. v. 1, nº 528, p. 338-339: "Uma das doutrinas generalizadas e que de longo tempo vem conquistando foros de verdade, é a que sustenta que são retroativas as "leis de ordem pública" ou as "leis de direito público". Esse critério é, porém, inteiramente falso, tendo sido causa das maiores confusões na solução de questões de retroatividade [...]. O que convém ao aplicador de uma nova lei de ordem pública ou de direito público é verificar se, nas relações jurídicas já existentes, há ou não direitos adquiridos. Em caso afirmativo, a lei não deve retroagir, porque a simples invocação de um motivo de ordem pública não basta para justificar a ofensa ao direito adquirido, cuja inviolabilidade, no dizer de Gabba, é também um forte motivo de interesse público." No mesmo sentido: PONTES DE MIRANDA. *Comentários a Constituição de 1967, com a Emenda nº 1 de 1969*. 2. ed. 2. tir. São Paulo: Revista dos Tribunais, 1974. t. 5, p. 99; BANDEIRA DE MELLO, Oswaldo Aranha. *Princípios gerais de direito administrativo*. 2. ed. Rio de Janeiro: Forense, 1979. v. 1, p. 333 e s. STF.

[373] LIMONGI FRANÇA, Rubens. *A irretroatividade e o direito adquirido*. 6. ed. São Paulo: Saraiva, 2000. p. 249-259.

[374] MAXIMILIANO, Carlos. *Direito intertemporal ou teoria da retroatividade das leis*. 2. ed. Rio de Janeiro: Freitas Bastos, 1955. p. 9-13; BANDEIRA DE MELLO, Oswaldo Aranha. *Princípios gerais de direito administrativo*. 2. ed. Rio de Janeiro: Forense, 1979. v. 1, p. 270 e ss.

do que ocorre com as *relações jurídicas deles decorrentes,* das quais podem resultar direitos adquiridos. Assim, não há direito adquirido quanto aos próprios institutos jurídicos, mas poderá existir quanto às relações jurídicas dele decorrentes. Busca-se, com essa diferenciação, permitir a imediata aplicação de leis, como ocorreu com a abolição da escravidão.[375] Acolhido nesse ponto, Roubier sistematiza a tese, ao afirmar que "as leis que suprimem uma situação jurídica podem visar ou o meio de alcançar essa situação [...] ou, ao contrário, podem visar os efeitos e o conteúdo dessa situação". Segundo o autor, "no primeiro caso, as leis não poderiam atingir sem retroatividade situações já constituídas; no segundo, elas se aplicam, de imediato, às situações existentes para lhes pôr fim".[376] Nessa linha, seria o perfil institucional que determinaria a incidência das regras de retroatividade.

É verdade que alguns precedentes do STF corroboram a ideia de que o *caráter institucional* da alteração legislativa é que afasta a invocação do direito adquirido. É o que se extrai de mudanças atinentes ao regime de propriedade.[377] Embora inicialmente direcionada no sentido de que o direito adquirido não obsta a modificação de determinado instituto jurídico,[378] a jurisprudência acabou consolidando postulado bem mais

---

[375] SAVIGNY, M.F.C. *Traité de droit romain.* v. 8, Paris: [s.n.], 1860. p. 375 e ss e 503-504. "A primeira [classe de leis] concernente à aquisição de direitos, estava submetida ao princípio da irretroatividade, ou seja, à manutenção dos direitos adquiridos. A segunda classe de normas, eu agora serão tratadas, relacionam-se à existência de direitos, onde o principio da irretroatividade não se aplica. As normas sobre a existência de direitos são, primeiramente, aquelas relativas ao contraste entre a existência ou não existência de um instituto de direito: assim, as leis que extinguem completamente uma instituição e, ainda, aquelas que, sem suprimir completamente um instituto modificam essencialmente sua natureza, levam, desde então, no contraste, dois modos de existência diferentes. Dizemos que todas essas leis não poderiam estar submetidas ao princípio da manutenção dos direitos adquiridos (a irretroatividade); pois, se assim fosse, as leis mais importantes dessa espécie perderiam todo o sentido".

[376] ROUBIER, Paul. *Le droit transitoire.* 2. ed. Paris: Dalloz et Sirey, 1960. p. 215.

[377] STF. Súmula nº 10: reconhecimento da legitimidade do resgate das enfiteuses instituídas antes do advento do Código Civil e gravadas com cláusula de perpetuidade; RE 94.020, Rel. Min. Moreira Alves, DJ 4.11.1981: modificação do regime da propriedade intelectual que exigia "procurador domiciliado no Brasil, sob pena de caducidade" (art. 116 do Código de Propriedade Intelectual).

[378] STF. RE 94.020. Rel. Ministro Moreira Alves, DJ *RTJ* 104 (1)/269 (272): "[...] em matéria de direito adquirido vigora o princípio – que este Tribunal tem assentado inúmeras vezes – de que *não há direito adquirido a regime jurídico de um instituto de direito.* Quer isso dizer que, se a lei nova modificar o regime jurídico de determinado instituto de direito (como é o direito de propriedade, seja ela de coisa móvel ou imóvel, ou de marca), essa modificação se aplica de imediato."

CAPÍTULO 4
AS BARREIRAS TRADICIONAIS QUE SE OPÕEM À MODIFICAÇÃO E À EXTINÇÃO DOS ATOS ADMINISTRATIVOS EM GERAL ... | 123

amplo de que "não há direito adquirido a regime jurídico."[379] Esta é a orientação que vem encontrando acolhida na Suprema Corte.[380] Essa regra geral encontraria modulação diversa nos graus de retroatividade que repercutiriam sobre o estatuto contratual. Doutrina e jurisprudência tendem a diferenciar o que chamam de situações estatutárias das contratuais. Enquanto nas estatutárias não haveria direito adquirido em razão da possibilidade de se alterar o panorama pelo arbítrio de outrem, os contratos, em razão da vontade das partes,[381] estariam submetidos à lei vigente no momento de sua conclusão até a sua extinção. Com efeito, a regra seria não se admitir a modificação de efeitos futuros de contratos já firmados, por entender que esse ato configura retroatividade mínima,[382] violadora de direito adquirido.[383]

---

[379] STF. RE-AgR 295.750/PB. 2ª Turma. Rel. Ministro Eros Grau. DJ 31.7.2008: "[...] *O Supremo Tribunal Federal fixou jurisprudência no sentido de que não há direito adquirido a regime jurídico-funcional pertinente à composição dos vencimentos ou à permanência do regime legal de reajuste de vantagem, desde que a eventual modificação introduzida por ato legislativo superveniente preserve o montante global da remuneração, não acarretando decesso de caráter pecuniário* [...]". STF. ADI 3.105/DF. Rel. para acórdão Ministro Cezar Peluso. *RTJ* 193 (1)/137: *"1. Inconstitucionalidade. Seguridade social. Servidor público. Vencimentos. Proventos de aposentadoria e pensões. Sujeição à incidência de contribuição previdenciária. Ofensa a direito adquirido no ato de aposentadoria. Não ocorrência. Contribuição social. Exigência patrimonial de natureza tributária. Inexistência de norma de imunidade tributária absoluta. Emenda Constitucional nº 41/2003 (art. 4º, caput). Regra não retroativa. Incidência sobre fatos geradores ocorridos depois do início de sua vigência. Precedentes da Corte. Inteligência dos arts. 5º, XXXVI, 146, III, 149, 150, I e III, 194, 195, caput, II e §6º, da CF, e art. 4º, caput, da EC nº 41/2003. No ordenamento jurídico vigente, não há norma, expressa nem sistemática, que atribua à condição jurídico-subjetiva da aposentadoria de servidor público o efeito de lhe gerar direito subjetivo como poder de subtrair ad aeternum a percepção dos respectivos proventos e pensões à incidência de lei tributária que, anterior ou ulterior, os submeta à incidência de contribuição previdencial. Noutras palavras, não há, em nosso ordenamento, nenhuma norma jurídica válida que, como efeito específico do fato jurídico da aposentadoria, lhe imunize os proventos e as pensões, de modo absoluto, à tributação de ordem constitucional, qualquer que seja a modalidade do tributo eleito, donde não haver, a respeito, direito adquirido com o aposentamento."*

[380] STF. MS 24.875. Rel. Ministro Sepúlveda Pertence. DJ : *"É da jurisprudência do Supremo Tribunal Federal que não pode o agente público opor, à guisa de direito adquirido, a pretensão de manter determinada fórmula de composição de sua remuneração total, se da alteração não decorre a redução dela"*. STF. RE 212.278. Rel. Ministro Ilmar Galvão, DJ 25.6.1999: *"Não fere direito adquirido decisão que, no curso de processamento de pedido de licença de construção em projeto de loteamento, estabelece novas regras de ocupação do solo".*

[381] MACHADO, João Baptista. *Introdução ao direito e ao discurso legitimador*. 12. reimpr. Coimbra: [s.n.], 2000. p. 238: "O fundamento deste regime específico de sucessão de leis no tempo em matéria de contratos estaria no respeito das vontades individuais expressas nas suas convenções pelos particulares – no respeito pelo princípio da autonomia da vontade, portanto."

[382] STF. ADI 493, Pleno. Rel. Min. Moreira Alves, DJ.: A *"retroatividade máxima"* ocorre quando *"a lei nova ataca a coisa julgada e os fatos consumados (transação, pagamento, prescrição)"*; já a *"retroatividade média quando a lei nova atinge os efeitos pendentes de ato jurídico verificados antes dela, exemplo: uma lei que limitasse a taxa de juros e fosse aplicada aos vencidos e não pagos. Enfim, a retroatividade mínima é (também chamada temperada ou mitigada), quando a lei nova atinge apenas os efeitos dos atos anteriores produzidos após a data em que ela entra em vigor".* (MATOS PEIXOTO, José Carlos. Limite temporal da lei. *Revista Jurídica da antiga Faculdade*

Contudo, não são poucas as hipóteses definidas como exceções. Podem-se citar os casos dos contratos de trabalho e dos efeitos de legislação monetária sobre contratos em curso. Alterada a legislação trabalhista sobre a contratação de empregadas domésticas, por exemplo, não houve limitação de incidência nos contratos em curso. O mesmo se verifica na alteração da política monetária. Nestes casos, desde a Constituição de 1969, encontra-se jurisprudência fragmentada admitindo a retroatividade mínima ao argumento de que se "trata do regime legal de moeda, não se lhes aplicando, por incabíveis, as limitações do direito adquirido e do ato jurídico perfeito."[384] Rigorosamente, todas essas soluções que decorrem da aplicação das novas normas, acabam por causar prejuízos diretos a titulares de direitos, que podem ou não ser específicos e limitados.

Alguns autores, como Savigny, sustentam que, definida a aplicação do direito intertemporal, a questão dos prejuízos ficaria a cargo da "política legislativa". Significa dizer que incumbiria ao legislador, por razões de equidade, definir uma forma de compensação. Nesse sentido, afirma que "la politique et l'economie politique auront pleine satisfaction, si la liquidation de ces droits s'opère par voie d'indemnité sans enrichir une des parties aux dépends de l'autre."[385]

Nacional de Direito da Universidade do Brasil, v. 9, p. 9-47). No mesmo sentido: (MACHADO, João Baptista. *Introdução ao direito e ao discurso legitimador*. 12. reimpr. Coimbra: [s.n.], 2000. p. 226).

[383] STF. Pleno. ADI 1931/DF. Rel. Ministro Maurício Corrêa. DJ 28.5.2004: analisou a constitucionalidade das alterações da Lei nº 9.656/98, que modificou os planos e seguros privados de saúde. O Tribunal concluiu que *"os dispositivos* [combatidos] *interferem na órbita do direito adquirido e do ato jurídico perfeito, visto que criam regras completamente distintas daquelas que foram objeto da contratação"*. No mesmo sentido: STF. RE 188.366. Rel. Min. Moreira Alves, DJ 19.11.1999: *"E a retroação ocorre ainda quando se pretende aplicar de imediato a lei nova para alcançar os efeitos futuros de fatos passados que se consubstanciem em qualquer das referidas limitações, pois ainda nesse caso há retroatividade – a retroatividade mínima – uma vez que se a causa do efeito é o direito adquirido, a coisa julgada, ou o ato jurídico perfeito, modificando-se seus efeitos por força da lei nova, altera-se essa causa que constitucionalmente é infensa a tal alteração."*

[384] STF. RE 114.982. Rel. Min. Moreira Alves. DJ 1.3.1991. No mesmo sentido: STF. RE141.190. Rel. Ministro Nelson Jobim. DJ 14.9.2005.

[385] SAVIGNY, M.F.C. *Traité de droit romain*. v. 8, Paris: [s.n.], 1860. p. 375 e ss e 526: "[...] a Inglaterra nos deu um grande exemplo de equidade, quando emancipou os escravos e indenizou, às custas do Estado, o prejuízo que seus proprietários tiveram. Esse objetivo é muito difícil de se alcançar, quando se trata de abolir os feudos e os fideicomissos; pois as pretensões e as expectativas, daqueles chamados à sucessão, são extremamente incertas. Pode-se tentar diminuir o prejuízo suspendendo por algum tempo a execução da lei (§399). Em diversos casos, uma indenização não é necessária; basta, no entanto, disciplinar a transição de forma a afastar ao máximo todo prejuízo possível. É o que foi feito em muitos casos onde o regime hipotecário prussiano substituiu o direito de garantia estabelecido pelo direito comum. Tratava-se unicamente de conservar para os antigos

Luiz Roberto Barroso afirma que "a teoria que prevalece no Brasil [...] é a que outorga maior proteção. Por essas razões, não deve o intérprete levá-la ainda mais longe, sob pena de, em nome da segurança jurídica, criar instabilidade". A lei não poderia "modificar eventos que já ocorreram e se consumaram ou desfazer os efeitos já produzidos de atos praticados no passado".[386] Haveria controvérsia na matéria quanto "aos efeitos de um ato praticado sob a vigência da lei anterior, que só venha a se produzir após a edição da lei nova". O italiano Gabba[387] se posiciona no sentido de que os efeitos da lei regulam-se pela lei do tempo de sua causa, já o francês Paul Roubier[388] entende que a lei tem "eficácia imediata", ou seja, aplica-se desde logo aos efeitos.

Segundo afirma Barroso, o STF teria acolhido a tese de Gabba, que não admitiria nem mesmo a retroatividade mínima (ADI 493/DF), e essa posição não diferencia matérias de ordem pública (RE 209.519-SC e ADI 493). A Constituição não albergaria apenas a expectativa de direito, caso em que os requisitos para aquisição do direito ainda não se completaram quando a norma é alterada. Teorias mais recentes, como a de proteção da confiança ou da boa-fé, têm sustentado o direito a uma transição razoável, com fundamento no pressuposto defendido por Pontes de Miranda de que a intensidade da expectação [ou expectativa de direitos] é graduada consoante o grau de incorporação do bem ao patrimônio jurídico do sujeito. Nesse sentido, *Paulo Emílio Ribeiro de Vilhena* afirmava que "o grave erro da doutrina tem consistido em encarar o direito adquirido como um conceito estático, rígido, e não como uma posição jurídica dinâmica, cambiante na intensidade de asseguramento e consecução de um bem".[389] Assim, o que chama de *direito expectado* deveria ser analisado no contexto das relações jurídicas em que estivesse inserido, especialmente nos casos de caráter continuado.

---

credores munidos de uma garantia seus direitos de preferência. Dessa forma, foram eles convocados publicamente a se apresentar dentro de um determinado prazo para inscrever seus créditos nos novos registros hipotecários, na ordem estabelecida pela antiga lei."

[386] BARROSO, Luís Roberto. *Direito público:* estudos em homenagem ao professor Adilson Abreu Dallari - Constitucionalidade e legitimidade da reforma da previdência (ascensão e queda de um regime de erros e privilégios). Belo Horizonte : Del Rey, 2004. p. 467.

[387] GABBA, Carlo Francesco. *Teoria della retroattività delle leggi*. 3ª ed. rived. ed accresc. Torino, 1891-99.

[388] ROUBIER, Paul. *Le droit transitoire (conflits des lois dans le temps)*, 2. ed. Paris: Dalloz et Sirey, 1960.

[389] VILHENA, Paulo Emílio Ribeiro. As expectativas de Direito, a Tutela Jurídica e o Regime Estatutário. *Revista de Informação Legislativa*, nº 29. v. 8. Brasília. 1971. p. 17.

Unindo-se à perspectiva de uma solução intermediária, *Celso Antônio Bandeira de Mello* defende a tese do direito adquirido proporcional, em que "fatos pretéritos, mas que se encartam em situações ainda em curso, podem e devem ser tratados de maneira a lhes reconhecer a significação jurídica que tiveram em face da regra precedente, sem com isso afrontar a regra nova ou negar-lhe imediata vigência".[390] Um bom exemplo seria o caso de modificação do prazo de aposentadoria: o período transcorrido até a alteração da norma deveria guardar relação proporcional ao que mantinha com o prazo anterior.[391]

Para além do próprio conceito do *direito adquirido*, ainda se mantém aceso o debate a respeito da própria extensão da proteção constitucional. Enquanto alguns autores defendem que o destinatário da vedação é apenas o legislador em geral,[392] outros entendem que a

---

[390] MELLO, Celso Antônio Bandeira de. Direito adquirido proporcional. *Revista Trimestral de Direito Público*, São Paulo. nº 36, p. 18. 2001. No mesmo sentido, FRANÇA, Rubens Limongi. *Direito intertemporal brasileiro:* doutrina da irretroatividade das leis e do direito adquirido. 2. ed. São Paulo: Revista dos Tribunais, 1968. p. 468.

[391] MELLO, Celso Antônio Bandeira de. Direito adquirido proporcional. *Revista Trimestral de Direito Público*, São Paulo. nº 36, p. 18. 2001. "É dizer: consideram-se os fatos atuais, consoantes à significação que lhes atribui o dispositivo atual, e absorvem-se os fatos vencidos, segundo o significado que lhes outorgava a lei do tempo. Em uma palavra: faz-se reconhecimento não apenas nominal, mas real, de que uma situação foi apanhada por duas normas, de que esteve sob regência de dois preceitos, pois seu caráter continuado – e não instantâneo – levou-a a transitar pelo tempo e a ser interceptada por diplomas diferentes, ambos atuantes, cada qual à época de seu respectivo período de vigência, como é natural. Afinal: aplica-se sempre a lei do tempo. Aos fatos transcorridos, deferem-se a significação e a expressão que possuíam ao lume da regra sob cujo império se efetivaram. Por não se terem exaurido, entende-se que os eventos remanescentes, em continuação, há de se consumar e de se definir segundo critérios do novo diploma. A dizer: fica a globalidade a situação disciplinada pelos paradigmas decorrentes da norma atual, que, entretanto, recebe os fatos pretéritos segundo a qualificação, o valor relativo, que lhes emprestava a norma antiga."

[392] "Se assim não fosse [que o dispositivo se refere à lei em sentido amplo], estaríamos admitindo que só a lei (tomada apenas no sentido formal, restrito) não poderia prejudicar direito adquirido [...]. Em consequência, os decretos legislativos e as resoluções, por serem destituídos daquele sentido, não estariam incluídos na limitação prevista e determinada pelo inciso XXXVI." (DANTAS, Ivo. *Direito adquirido, emendas constitucional e controle de constitucionalidade*. Rio de Janeiro: Lumen Juris, 1997. p. 61). "Quer se trate de direito que se adquire em sede legal, quer se trate daquele que se obtém por virtude de norma constitucional, tudo é matéria tabu para as leis e as emendas à Constituição, indistintamente. Um e outro direito subjetivo são alcançados pelo princípio constitucional da segurança jurídica e, nessa medida, garantidos pela petrealidade de que trata o inciso IV do §4º do art. 60 da Carta de Outubro." (BRITTO, Carlos Ayres; PONTES FILHO, Valmir. Direito adquirido contra as emendas constitucionais. In: *Estudos em homenagem a Geraldo Ataliba 2*. São Paulo: Malheiros, 1997. p. 156-157). No mesmo sentido: VELLOSO, Carlos. *Temas de direito público*. Belo Horizonte, Del Rey, 1994. p. 446.

norma não alcançaria o legislador constitucional, que poderia atuar por emendas.[393]

A partir da delimitação do objeto do trabalho, é inquestionável que as alterações legislativas afetam diretamente os atos administrativos (sejam eles concretos ou normativos) e podem levar à sua modificação ou extinção. Consequentemente, atraem a questão que se investiga: em que medida os limites tradicionalmente opostos à extinção dos atos administrativos implementam o ideal de segurança, e em que parâmetros se pode cogitar da modulação de efeitos nesses casos concretos?

Muito embora alguns autores tenham defendido a tese dos direitos expectados e do direito adquirido proporcional, a doutrina majoritária e a jurisprudência têm sido rigorosas quanto aos efeitos do direito adquirido, enquanto barreira às alterações normativas. Com efeito, nos casos em que a extinção ou a modificação do ato decorre de uma alteração legislativa, o amparo do direito adquirido fornece apenas uma solução de extremo: a manutenção do direito, desde que atendidos os seus pressupostos. Não há, portanto, alternativa para que se ponderem os elementos envolvidos em cada caso concreto.

De outro lado, alinhado ao direito adquirido e à coisa julgada, considera-se *ato jurídico perfeito* aquele que reuniu todos os elementos necessários à sua formação durante a vigência de determinado regime jurídico. O instituto encontra definição no art. 6º, §1º, da Lei de Introdução às Normas do Direito Brasileiro, reputando-se "ato jurídico perfeito o já consumado segundo a lei vigente ao tempo em que se efetuou".

Embora sejam inúmeros os julgados que façam menção ao ato jurídico perfeito, seu conceito é sempre relacionado ao direito adquirido, de modo que sua aplicação individual não foi bem delimitada pela jurisprudência. Algumas questões se pacificaram, como a tese de que sua proteção alcança normas de direito privado e de ordem pública.[394] Por outro lado, considera-se que, embora o contrato seja considerado o ato jurídico perfeito por excelência e afaste a incidência retroativa das

---

[393] O STF decidiu que Ministros aposentados deveriam manter seus proventos acima do teto, até que a quantia excedente seja absorvida por aumentos/correções posteriores, de modo que a EC 41/2003 não poderia atingir o direito que já haviam adquirido. STF. MS 24.874/DF, Rel. Min. Sepúlveda Pertence. DJ 11.5.2006.

[394] STF. RE 202.584, Rel. Min. Moreira Alves, DJ 14.11.1996. STF. RE 209.519/SC. Rel. Ministro Celso de Mello. DJ 28.9.1997.

normas, essa garantia "não afasta a possibilidade de revisão do contato para coibir o enriquecimento sem causa".[395]

Para os atos administrativos complexos, entre os quais o STF incluiu o ato de aposentadoria, como visto, entendeu-se que estes apenas "se tornam perfeitos e acabados" após a conclusão de sua última etapa; no caso da aposentadoria "após o seu exame e registro pelo Tribunal de Contas da União".[396] Verifica-se, ainda, que duas questões fundamentadas no ato jurídico perfeito e no direito adquirido tiveram sua repercussão geral reconhecida pela Corte e aguardam julgamento: i) expurgos inflacionários da poupança no Plano Econômico Collor I;[397] ii) revisão de pensão por morte de militar aposentado, sem contraditório prévio.[398]

Para além da extensão que se atribui ao ato jurídico perfeito, contudo, é certo que os efeitos atribuídos a essa proteção também estão relacionados à definitividade de um extremo. Também essa barreira soma-se ao contexto de soluções binárias que cercam a extinção e a modificação dos atos administrativos, sejam eles de efeitos concretos ou normativos.

Finalmente, deve-se avaliar o contexto e os efeitos da *coisa julgada*. O conflito jurídico é condição de possibilidade de uma decisão que não o elimina, mas o soluciona, o finaliza e impede que seja novamente rediscutido,[399] de modo que "a função da jurisdição implica, em última análise, buscar uma solução definitiva e indiscutível para o litígio que provocou o exercício do direito de ação e a instauração do processo".[400] Essa estabilização tem ressalva nos casos em que os pedidos da demanda

---

[395] STF. 1ª Turma. AI-AgR 580.966/SP, Rel. Ministro Menezes Direito. DJ 13.5.2008.

[396] STF. MS 26.085/DF. Pleno. Rel. Ministra Cármen Lúcia. DJ 12.6.2008.

[397] STF. RE 591797 RG/SP. Rel. Min. Dias Toffoli. DJe 24.9.2010: EMENTA DIREITO CONSTITUCIONAL. PRINCÍPIOS DO DIREITO ADQUIRIDO E ATO JURÍDICO PERFEITO. POUPANÇA. EXPURGOS INFLACIONÁRIOS. PLANO ECONÔMICO COLLOR I. VALORES NÃO BLOQUEADOS. EXISTÊNCIA DE REPERCUSSÃO GERAL.

[398] STF. RE 699535 RG/RS. Rel. Min. Luiz Fux. DJe 18.3.2013. RECURSO EXTRAORDINÁRIO. PREVIDENCIÁRIO. MILITAR APOSENTADO. EX-COMBATENTE. PENSÃO POR MORTE. REVISÃO DE OFÍCIO. REDUÇÃO DA REMUNERAÇÃO MENSAL. AUSÊNCIA DE CONTRADITÓRIO PRÉVIO. DECADÊNCIA. ARTIGO 54, LEI Nº 9.784/99. ARTIGO 103-A LEI Nº 8.213/91. ALEGADA OFENSA AO ATO JURÍDICO PERFEITO. REPERCUSSÃO GERAL RECONHECIDA.

[399] DINIZ, Maria Helena. *Lei de introdução ao código civil brasileiro interpretada*. 9. ed. São Paulo: Ed. Saraiva, 2002. p. 163.

[400] THEODORO JÚNIOR, Humberto; FARIA, Juliana Cordeiro de. A coisa julgada inconstitucional e os instrumentos processuais para seu controle. In: NASCIMENTO, Carlos Valder do (Coord.). *Coisa julgada inconstitucional*. 3. ed. Rio de Janeiro: América Jurídica, 2003. p. 88.

rescisória são julgados procedentes. Mais recentemente, ampliou-se a doutrina que defende a possibilidade de relativização da coisa julgada inconstitucional,[401] tese acolhida em hipóteses excepcionais pelo STF.[402]

Nos termos da legislação processual em vigor, a força da sentença transitada em julgado irradia-se em uma eficácia que atinge apenas as pessoas que foram partes no processo (art. 472 do CPC),[403]

---

[401] WAMBIER, Teresa Arruda Alvim; MEDINA, José Miguel Garcia. *O dogma da coisa julgada:* hipóteses de relativização. São Paulo: Editora Revista dos Tribunais, 2003. p. 39. "Trata-se, isto sim, de uma certa desmistificação da coisa julgada. Ao que parece o instituto da coisa julgada, tal qual vinha sendo concebido pela doutrina tradicional, já não corresponde mais às expectativas da sociedade, pois a segurança que, indubitavelmente, é o valor que está por detrás da construção do conceito da coisa julgada, já não mais se consubstancia em valor que deva ser preservado a todo custo, à luz da mentalidade que vem prevalecendo." DINAMARCO, Candido Rangel. *Relativizar a coisa julgada material.* Disponível em: <http://www.processocivil.net/novastendencias/relativizacao.pdf>. Acesso em: 10 set. 2013: "[...] é inconstitucional a leitura clássica da garantia da coisa julgada, ou seja, sua leitura com a crença de que se ela fosse algo absoluto e, como era hábito dizer, capaz de fazer do preto, branco e do quadrado, redondo. A irrecorribilidade de uma sentença não apaga a inconstitucionalidade daqueles resultados substanciais da política ou socialmente ilegítimos, que a Constituição repudia. Daí a propriedade e a legitimidade sistemática da locução, aparentemente paradoxal, coisa julgada inconstitucional." [...] "Para ilustrar a assertiva de que se levou longe demais a noção de coisa julgada, Pontes de Miranda discorre sobre as hipóteses em que a sentença é nula de pleno direito, arrolando três impossibilidades que conduzem a isso: impossibilidade cognoscitiva, lógica ou jurídica. Fala, a propósito, da sentença ininteligível, da que pusesse alguém, sob regime de escravidão, da que instituísse concretamente um direito real incompatível com a ordem jurídica nacional, etc. Para esses casos, alvitra uma variedade de remédios processuais diferentes entre si e concorrentes, à escolha do interessado e segundo as conveniências de cada caso, como: (a) nova demanda em juízo sobre o mesmo objeto, com pedido de solução conforme com a ordem jurídica, sem os óbices da coisa julgada; (b) resistência à execução, inclusive, mas não exclusivamente por meio de embargos a ela; e (c) alegação *incidenter tantum* em algum outro processo. Nessa mesma linha, Humberto Theodoro Júnior, invocando o moderno ideário do processo justo, os fundamentos morais da ordem jurídica e sobremaneira o princípio da moralidade que a Constituição Federal consagra de modo expresso, postula uma visão larga das hipóteses de discussão do mérito, mediante os embargos do executado. O caso que examinava em parecer era de uma dupla condenação da Fazenda a pagar indenizações pelo mesmo imóvel. Segundo se alegava, ela já havia satisfeito a uma das condenações e com esse fundamento opunha-se à execução que se fazia com base na outra condenação, mas pelo mesmo débito. Em suas conclusões, o conhecido Mestre mineiro propôs o enquadramento do caso na categoria do erro material, para sustentar, afinal, que, consequentemente, "não haverá a *res iudicata* a seu respeito."

[402] STF. AI 665003 AgR/RJ. Rel. Min. Dias Toffoli. DJe 23.8.2012. "Agravo regimental no agravo de instrumento. Processual Civil. Ação civil pública. Coisa julgada. Limites objetivos. Ofensa reflexa. Relativização da coisa julgada. Possibilidade. Precedentes. 1. É pacífica a orientação desta Corte no sentido de que não se presta o recurso extraordinário à verificação dos limites objetivos da coisa julgada, haja vista tratar-se de discussão de índole infraconstitucional. 2. Este Supremo Tribunal Federal fixou entendimento no sentido de admitir, em determinadas hipóteses excepcionais, a relativização da coisa julgada. 3. Agravo regimental não provido."

[403] Art. 472. A sentença faz coisa julgada às partes entre as quais é dada, não beneficiando, nem prejudicando terceiros. Nas causas relativas ao estado de pessoa, se houverem sido citados no processo, em litisconsórcio necessário, todos os interessados, a sentença produz coisa julgada em relação a terceiros.

não podendo os seus efeitos beneficiar ou prejudicar terceiros que não tenham de qualquer forma tomado assento na ação judicial.[404] Complementa a noção de coisa julgada o comando de que "a sentença que julgar total ou parcialmente a lide, tem força de lei nos limites da lide e das questões decididas". Esta força de lei é que define o que seja a coisa julgada material. Com efeito, embora as decisões proferidas não vinculem hipóteses semelhantes que envolvam outras partes, o sistema de uniformização de precedentes e os novos modelos de *repercussão geral* e *processos repetitivos* garantem maior confiabilidade ao ordenamento jurídico.

A coisa julgada permite que o intérprete tenha o problema como ponto de partida e sua solução como etapa posterior que passará pela fundamentação judicativa. Esse modelo estabiliza a decisão jurídica proferida e impede que novas decisões administrativas, legais ou judiciais a desconstruam. Com efeito, além de impedir a rediscussão da causa, também impõe barreira à modificação ou à extinção de atos administrativos que estejam albergados em sua proteção. As partes que tiveram pronunciamento definitivo do Poder Judiciário podem confiar, salvo referidas exceções, que essa decisão será mantida no curso do tempo.

Porém, assim como nas demais barreiras que se opõem à extinção ou à modificação do ato administrativo, os efeitos das soluções que se apresentam são estritamente fechados e binários (permanece ou extingue; *ex tunc* ou *ex nunc*).

4.3 Alterações da lei no tempo: a irretroatividade e seus efeitos

A vedação de irretroatividade das normas em prejuízo dos interessados é princípio basilar da segurança jurídica, mesmo nas Constituições que não o contemplam expressamente.[405] Na história

---

[404] Art. 468. A sentença, que julgar total ou parcialmente a lide, tem força de lei nos limites da lide e das questões decididas.
Art. 469. Não fazem coisa julgada:
I - os motivos, ainda que importantes para determinar o alcance da parte dispositiva da sentença;
II - a verdade dos fatos, estabelecida como fundamento da sentença;
III - a apreciação da questão prejudicial, decidida incidentemente no processo.

[405] TORRES, Heleno Tavares. *Direito constitucional tributário e segurança jurídica*. 2. ed. rev., atual. e ampl. São Paulo: Editora Revista dos Tribunais, 2012. p. 309.

constitucional brasileira, a garantia da *irretroatividade das leis*, em sentido amplo, veio expressa nas Constituições de 1824 e de 1891, mantendo-se nas posteriores apenas para a lei penal.[406] Não se trata, contudo, de regra fechada e absoluta, pois encontra exceção na retroatividade de leis penais mais benéficas e na aplicação retroativa de leis tributárias[407] interpretativas e mais benignas,[408] por exemplo.

---

[406] *Constituição de 1824:* "Art. 171. Todas as contribuições diretas, à exceção daquelas, que estiverem aplicadas aos juros, e amortização da Dívida Publica, serão anualmente estabelecidas pela Assembleia Geral, mas continuarão, até que se publique a sua derrogação, ou sejam substituídas por outras. Art. 179. A inviolabilidade dos Direitos Civis, e Políticos dos Cidadãos Brasileiros, que tem por base a liberdade, a segurança individual, e a propriedade, é garantida pela Constituição do Império, pela maneira seguinte. [...] III. A sua disposição não terá efeito retroativo." *Constituição de 1891:* Art. 11 - É vedado aos Estados, como à União: [...] 3º) prescrever leis retroativas. *Constituição de 1934:* Art. 17 - É vedado à União, aos Estados, ao Distrito Federal e aos Municípios: VII - cobrar quaisquer tributos sem lei especial que os autorize, ou fazê-lo incidir sobre efeitos já produzidos por atos jurídicos perfeitos; *Constituição de 1937:* Art. 68 - O orçamento será uno, incorporando-se obrigatoriamente à receita todos os tributos, rendas e suprimentos de fundos, incluídas na despesa todas as dotações necessárias ao custeio dos serviços públicos. Art. 141 - A Constituição assegura aos brasileiros e aos estrangeiros residentes no País a inviolabilidade dos direitos concernentes à vida, à liberdade, à segurança individual e à propriedade, nos termos seguintes: §34 - Nenhum tributo será exigido ou aumentado sem que a lei o estabeleça; nenhum será cobrado em cada exercício sem prévia autorização orçamentária, ressalvada, porém, a tarifa aduaneira e o imposto lançado por motivo de guerra. *Constituição de 1967:* Art. 150 - A Constituição assegura aos brasileiros e aos estrangeiros residentes no País, a inviolabilidade dos direitos concernentes à vida, à liberdade, à segurança e à propriedade, nos termos seguintes: §29 - Nenhum tributo será exigido ou aumentado sem que a lei o estabeleça; nenhum será cobrado em cada exercício sem prévia autorização orçamentária, ressalvados a tarifa aduaneira e o imposto lançado por motivo de guerra. *Constituição de 1969:* Art. 153. A Constituição assegura aos brasileiros e aos estrangeiros residentes no País, a inviolabilidade dos direitos concernentes à vida, à liberdade, à segurança e à propriedade, nos termos seguintes: §29. Nenhum tributo será exigido ou aumentado sem que a lei o estabeleça, nem cobrado, em cada exercício, sem que a lei o houver instituído ou aumentado esteja em vigor antes do início do exercício financeiro, ressalvados a tarifa alfandegária e a de transporte, o imposto sobre produtos industrializados e o imposto lançado por motivo de guerra e demais casos previstos nesta Constituição.

[407] Essa regra não se aplica a infrações administrativas: STJ. REsp º 1.176.900/SP, Rel. Min. Eliana Calmon. 2. Turma. DJe 02.05.2010. 1. Inaplicável a disciplina jurídica do Código Tributário Nacional, referente à retroatividade de lei mais benéfica (art. 106 do CTN), às multas de natureza administrativa. Precedentes do STJ. 2. Nao se conhece do recurso especial, no tocante aos dispositivos que não possuem pertinência temática com o fundamento do acórdão recorrido, nem tem comando para infirmar o acórdão recorrido. 3. Inviável a reforma de acórdão, em recurso especial, quanto a fundamento nitidamente constitucional (caráter confiscatório da multa administrativa) 4. É inadmissível o recurso especial se a análise da pretensão da recorrente demandar o reexame de provas. 5. Recurso especial parcialmente conhecido e provido.

[408] TORRES, Heleno Tavares. *Direito constitucional tributário e segurança jurídica.* 2. ed. rev., atual. e ampl. São Paulo: Editora Revista dos Tribunais, 2012. p. 326: "Para preservação da segurança jurídica e da certeza do direito, a aplicação retroativa de leis tributárias é admitida em hipóteses excepcionais, as quais estão descritas nos arts. 106 e 112 do CTN, como que em oposição à regra geral, segundo a qual a lei vigora e surge efeitos somente para o futuro (*Lex prospicit, non respicit*)."

No julgamento da ADI 1.451/DF e da ADI 493-0/DF, o Relator, Ministro Moreira Alves, entendeu que a garantia de irretroatividade da lei seria associada ao princípio dos direitos adquiridos e se aplicaria tanto ao regime jurídico de direito público, quanto ao regime jurídico de direito privado.[409] A definição do seu alcance, contudo, não é tarefa fácil. Recentemente, no julgamento das ADCs 29 e 30 e da ADI 4578, em que pese os intensos debates e as profundas divergências, venceu a tese da *retroatividade inautêntica ou retrospectividade,* no sentido de que a aplicação da lei nova, com a consideração de fatos anteriores, não viola o princípio constitucional da irretroatividade das leis. Foi acolhida a tese de *Gomes Canotilho,* que – sob a influência do direito alemão – faz a distinção entre:

(i) a retroatividade autêntica: a norma possui eficácia *ex tunc,* gerando efeito sobre situações pretéritas, ou, apesar de pretensamente possuir eficácia meramente *ex nunc,* atinge, na verdade, situações, direitos ou relações jurídicas estabelecidas no passado; e

(ii) a retroatividade inautêntica (ou retrospectividade): a norma jurídica atribui efeitos futuros a situações ou relações jurídicas já existentes, tendo-se, como exemplos clássicos, as modificações dos estatutos funcionais ou de regras de previdência dos servidores públicos (v. ADI 3105 e 3128, Rel. para o acórdão Min. CEZAR PELUSO).

Nesses termos, admitiu-se que a retroatividade autêntica é vedada pela Constituição da República, o mesmo não ocorrendo com a retrospectividade que, apesar de semelhante, não se confunde com o conceito de retroatividade mínima (ADI 493): enquanto nesta são alteradas, por lei, as consequências jurídicas de fatos ocorridos anteriormente – consequências estas certas e previsíveis ao tempo da ocorrência do fato, – naquela, a lei atribui novos efeitos jurídicos, a partir de sua edição, a fatos ocorridos anteriormente.

No precedente em que se julgava a constitucionalidade da aplicabilidade da Lei Complementar nº 135/10 (Lei da Ficha Limpa) a processo eleitoral posterior à respectiva data de publicação, a hipótese foi

---

[409] "Aliás, no Brasil, sendo o princípio do respeito ao direito adquirido, ao ato jurídico perfeito e à coisa julgada de natureza constitucional, sem qualquer exceção a qualquer espécie de legislação ordinária, não tem sentido a afirmação de muitos - apegados ao direito de países em que o preceito é de origem meramente legal – de que as leis de ordem pública se aplicam de imediato, alcançando os efeitos futuros do ato jurídico perfeito ou da coisa julgada, e isso porque, se se alteram os efeitos, é óbvio que se está introduzindo modificação na causa, o que é vedado constitucionalmente."

considerada clara e inequívoca retroatividade inautêntica. O Tribunal decidiu que o caso não se tratava de retroatividade da lei, e sim, de retrospectividade: "quando a lei atribui novos efeitos jurídicos, a partir de sua edição, a fatos ocorridos anteriormente". Merece registro a discordância com os fundamentos dessa decisão, embora o tema não componha o objeto central da tese.[410]

De todo modo, não se pode afirmar que esse sempre foi o entendimento uniforme das Cortes Superiores, pois, no julgamento da ADI 1.451/DF e da ADIn nº 493-0/DF, o Rel. Min. Moreira Alves entendeu-se que a garantia de irretroatividade da lei seria associada ao princípio dos direitos adquiridos e se aplicaria tanto ao regime jurídico de direito público, quanto ao regime jurídico do direito privado.[411] Já no caso em que cassada uma delegação administrativa com fundamento em lei posterior, o STJ decidiu que "deve-se observar o princípio constitucional previsto no art. 5º, XXXVI, da Magna Carta, acerca da irretroatividade da lei, já que os fatos pelos quais o recorrente foi acusado se passaram entre janeiro e julho de 1993, bem antes da vigência da Lei nº 8.935, de 1994".[412]

Como se vê, a irretroatividade impede, como regra, que uma nova lei altere o ato administrativo e os efeitos que foram produzidos antes

---

[410] Especificamente no que se refere à irretroatividade, compreende-se que não apenas a vigência da norma merece certeza, mas os administrados devem estar seguros de que as modificações do regime jurídico-administrativo não alcançarão os fatos anteriores à sua vigência. Significa dizer que uma norma não pode lançar seus efeitos sobre fatos pretéritos, afinal, todo o planejamento traçado pelo sujeito, naquele momento, considerou as variáveis que existiam. Não se pode exigir dos cidadãos que eles lidem, no futuro, com o fato de que suas decisões do passado podem ser vinculadas a efeitos negativos que não vigiam à época.

[411] "Aliás, no Brasil, sendo o princípio do respeito ao direito adquirido, ao ato jurídico perfeito e à coisa julgada de natureza constitucional, sem qualquer exceção a qualquer espécie de legislação ordinária, não tem sentido a afirmação de muitos - apegados ao direito de países em que o preceito é de origem meramente legal – de que as leis de ordem pública se aplicam de imediato, alcançando os efeitos futuros do ato jurídico perfeito ou da coisa julgada, e isso porque, se se alteram os efeitos, é óbvio que se está introduzindo modificação na causa, o que é vedado constitucionalmente".

[412] STJ, RMS 16752/RO, Rel. Min. Jorge Scartezzini, DJe 08.03.2004: "3 - No mérito, inexistindo fundamento legal a ensejar a pena de perda da delegação em análise na época da suposta prática e da apuração dos fatos, deve-se anular o julgado que se embasou em norma posterior (Lei nº 8.935/94), já que é princípio basilar do Direito Administrativo que o indiciado em Procedimento Disciplinar seja, desde o início, cientificado de suas faltas, com expresso enquadramento legal, para, nos termos constitucionais, defender-se destes. Ademais, deve-se observar o princípio constitucional previsto no art. 5º, XXXVI, da Magna Carta, acerca da irretroatividade da lei, já que os fatos pelos quais o recorrente foi acusado se passaram entre janeiro e julho de 1993, bem antes da vigência da Lei nº 8.935, de 1994 (Cf.: STF, Tribunal Pleno, ADI nº 493/DF, Rel. Ministro MOREIRA ALVES)".

de sua vigência. Essa barreira, contudo, não impede que novos efeitos jurídicos lhe sejam agregados. Apurado esse contexto, a presente obra não cuida de criticar ou de aprofundar a análise das extensões ou das limitações impostas à irretroatividade. Na verdade, avaliando o cenário atual e mesmo as propostas a respeito da matéria, a análise revela que também esse instrumento deixa o administrado em posição binária e extremada: ou o ato se modifica a partir de um novo regramento, no que se inclui a atribuição de novos efeitos, ou permanece como sempre foi.

4.4 Impossibilidade de retroação de posicionamento da Administração

As discussões acerca dos efeitos provenientes de uma nova interpretação sobre um dado dispositivo legal existente (isto é, a questão atinente à retroatividade, ou não, das diretrizes resultantes de uma nova interpretação) são antigas na doutrina jurídica.[413] Na contemporaneidade, porém, pode-se afirmar que valores como a proteção da confiança traduzem importantes obstáculos contra o entendimento de que a releitura de uma norma legal traria efeitos *ex tunc* (como se se pudesse exigir do administrado que se portasse conforme a nova interpretação, desde o momento em que a anterior norma houvera sido produzida).

No Brasil, especialmente, em vista do que dispõe o art. 2º, inciso XIII, da Lei nº 9.784/99, a questão parece ter sido bem endereçada, sob o amparo daqueles princípios. Com efeito, embora se reconheça à Administração Pública a prerrogativa de modificar seu entendimento relativamente à dimensão e ao sentido de uma norma que tenha anteriormente editado, proíbe-se expressamente que a nova interpretação venha a ser aplicada retroativamente, pelo que essa operação somente pode produzir efeitos *ex nunc*.

A opção do legislador brasileiro sinaliza a preocupação em se resguardar a conduta pretérita do administrado contra a incidência de padrões inovadores que venham a repercutir de maneira negativa em situações jurídicas já consolidadas. Não obstante, tal alternativa, sob a ótica da proteção da confiança legítima, não é plenamente satisfatória.

---

[413] Maria Coeli Simões Pires ilustra a diversidade de posicionamentos entre autores de diversos países sobre o caráter retroativo – ou prospectivo – dos efeitos que uma norma interpretativa produz em face de uma dada norma principal, desde os tempos de Justiniano. (PIRES, Maria Coeli Simões. *Direito adquirido e ordem pública*: segurança jurídica e transformação democrática. Belo Horizonte: Del Rey, 2005. p. 343-344).

Se é verdade que situações anteriores estão salvaguardadas pela norma do inciso XIII do art. 2º da Lei do Procedimento Administrativo, a mudança de interpretação realizada pela Administração Pública ainda pode, em qualquer caso, advir de forma imediata (e daí para a frente) sobre os administrados em geral, rompendo abruptamente relações que já lhes tinham sido incorporadas ao acervo jurídico. O problema, portanto, parece ser resolvido pela Lei nº 9.784/99 apenas quanto ao "passado", permanecendo a fragilidade em relação ao "futuro".

Partindo-se desse ponto de vista, é importante que também em face de alterações ulteriores na interpretação de determinada norma administrativa se avalie a necessidade de ponderação, em cada caso, de fórmulas de transição que possam amenizar os impactos que a mudança venha a acarretar sobre as expectativas legitimamente nutridas ao longo do tempo pelos indivíduos afetados. Deve ficar claro que não se trata, de novo, de imposição de barreiras à evolução do direito ou às leituras cabíveis sobre as normas existentes, mas de conciliação da inevitável dinâmica normativa a valores que figuram como os mais importantes dentre os princípios gerais do Direito – viabilizando a estabilização das relações sociais.[414]

4.5 Os efeitos do tempo sobre os atos administrativos: prescrição e decadência

O tempo é uma das barreiras mais drásticas que se opõem à extinção ou à modificação dos atos administrativos de efeitos concretos. Suas balizas, contudo, não atos normativos. Isso quer dizer que, se por um lado, a convalidação faz *desaparecer a ilegalidade*, "a validação do acto por decurso do tempo deixa intacta a ilegalidade inicial, limitando-se a tolher os seus efeitos".[415] Trata-se de um parâmetro objetivo que

---

[414] Reforçando o entendimento de Celso Antônio Bandeira de Mello: "O chamado 'Princípio da Segurança Jurídica', se não é o mais importante dentre todos os princípios gerais de Direito é, indisputavelmente, um dos mais importantes. Posto que um altíssimo porcentual das relações compostas pelos sujeitos de direito constitui-se em vista do porvir e não apenas da imediatidade das situações, cumpre, como inafastável requisito de um ordenado convívio social, livre de abalos repentinos ou surpresas desconcertantes, que haja uma certa estabilidade nas situações assim constituídas." (BANDEIRA DE MELLO, Celso Antônio. *Pareceres de direito administrativo*: princípio da segurança jurídica – mudança de orientação administrativa. São Paulo: Malheiros, 2011. p. 302).

[415] CAETANO, Marcello. *Manual de direito administrativo*. Coimbra: Almedina, 1997. v. 1, p. 534.

independe da confiança ou da boa-fé, a não ser que a lei disponha de forma diversa.[416]

Como visto, a extinção dos atos administrativos pode decorrer de atos ilícitos praticados pelos agentes públicos,[417] de atos ilícitos praticados por terceiros (considerados os destinatários do ato ou não)[418] ou mesmo de atos lícitos, seja porque houve alteração normativa, seja porque foram reavaliadas as condições de possibilidade pela Administração Pública.[419] É interessante notar, contudo, que grande parte da doutrina que cuida da limitação temporal à extinção ou à modificação dos atos administrativos volta-se especificamente contra os atos ilícitos, especialmente no que se refere à autotutela.

Exceto para pleitos indenizatórios vinculados à responsabilidade,[420] as modificações e as extinções que se originam de atos lícitos são tratadas como regular exercício de discricionariedade, de efeitos regulares da atividade administrativa ou de incidência de um novo regime jurídico. Não é por outra razão que, como visto, boa parte da doutrina afirma não haver prazo para que o ato administrativo se extinga ou se modifique pelo esgotamento de seus efeitos, pelo desaparecimento do objeto infungível, pela revogação, pela caducidade, pela contraposição ou derrubada e pela cassação. Essas hipóteses são tratadas como atuação regular da Administração Pública, que deveria ser absorvida como algo absolutamente previsível, não obstante a diversidade dos casos e dos efeitos que irradiam para os administrados, revelados por meio de exemplos no capítulo anterior.

Mesmo partindo desse recorte, para identificar com maior clareza os impactos do tempo como um dos fatores que marca a densificação da segurança jurídica, é preciso compreender quais são suas hipóteses de incidência e em que medida elas definem um dos extremos da estabilização das relações jurídico-administrativas. É preciso considerar, contudo, que esse sistema de limitação temporal que se opõe à atuação administrativa é bastante difuso.

Atualmente, pode-se afirmar que esse conjunto de normas segmenta três gêneros diversos de oposição do tempo contra a atuação

---

[416] Como ocorreu no art. 54 da Lei nº 9.784/99.

[417] Nos casos de nulidade e anulabilidade.

[418] Nos casos de nulidade, anulabilidade e cassação.

[419] Nos casos de revogação, contraposição e caducidade.

[420] Que não são objeto da presente obra, mas que são referidos logo a seguir, nos termos do art. 37, §5º e 6º, CR/88.

administrativa e, mais especificamente, contra a extinção ou a modificação do ato administrativo que afete direitos de terceiros: i) a Administração Pública pretende produzir ato administrativo que altere a situação jurídica de terceiro, *ex ofício* ou a partir de requerimento (autotutela); ii) os terceiros pretendem se voltar judicialmente contra a Administração Pública (pretensão judicial contra a Administração Pública); iii) a Administração Pública pretende se voltar judicialmente contra terceiros (pretensão judicial contra terceiros para recompor o erário). Cada uma dessas pretensões sofre a incidência de regramento próprio, que pode variar de acordo com o ente federativo envolvido no caso concreto.

Como a presente obra investiga os limites e os efeitos da extinção/modificação dos atos administrativos, e esta pretensão pode se concretizar tanto na esfera administrativa (autotutela), quanto no âmbito judicial, todas as hipóteses referidas merecem ser objeto de análise. Análise que se limita aos efeitos da incidência do prazo.

Na primeira hipótese, que se refere à autotutela, durante longo período, compreendeu-se que a ausência de prazo legal para a revisão dos atos administrativos habilitaria a Administração Pública a fazê-lo a qualquer tempo. Nesse sentido, foram editadas as já referidas Súmulas 473 e 346 do STF. Naquele momento, em 1980, Miguel Reale já alertava para a inconstitucionalidade dessa teoria, que admitia a revisão atemporal dos atos administrativos. Afirmava que a exigência de um prazo razoável decorreria do princípio do *due process of law*, pois não se poderia destituir, "sem motivo plausível, situações de fato, cuja continuidade seja economicamente aconselhável, ou se a decisão não corresponder ao complexo de notas distintivas da realidade social tipicamente configurada na lei".[421]

De todo modo, a jurisprudência acabou se consolidando no sentido de que sem previsão legal (portanto, antes da edição da Lei nº 9.784/99), a Administração Pública não estaria sujeita a um prazo

---

[421] REALE, Miguel. *Revogação e anulamento do ato administrativo.* 2. ed. Rio de Janeiro: Forense, 1980. p. 70-71. "Não é admissível, por exemplo, que, nomeado irregularmente um servidor público, visto carecer, na época, de um dos requisitos complementares exigidos por lei, possa a Administração anular seu ato, anos e anos volvidos, quando já constituída uma situação merecedora de amparo, e, mais do que isso, quando a prática e a experiência podem ter compensado a lacuna originária. Não me refiro, é claro, a requisitos essenciais, que o tempo não logra por si só convalescer, – como seria, por exemplo, a falta de diploma para ocupar cargo reservado a médico, – mas a exigências outras que, tomadas no seu rigorismo forma, determinariam a nulidade do ato".

para o exercício da autotutela. Salvo raríssimas exceções, todos os seus atos ilícitos poderiam ser revistos a qualquer tempo.[422]

Atualmente, a disciplina da matéria encontra-se nos artigos 53, 54 e 55 da Lei nº 9.784/99,[423] que alcança todos os "atos administrativos de que decorram efeitos favoráveis para os destinatários". Cabe a cada ente da federação estabelecer seu próprio regramento nessa matéria, mas a Lei nº 9.784/99 aplica-se à união, aos estados e aos municípios, em caso de omissão legislativa.[424] A interpretação jurisprudencial compreendeu que se trata de uma limitação decadencial e que não afasta o tratamento específico outorgado a algumas hipóteses, como é o caso da aposentadoria, que se submete à Lei nº 8.213/91 e às sanções administrativas.[425]

Diversos são os precedentes que partem da premissa de que "o decurso do tempo ou a convalidação dos efeitos jurídicos, em certos casos, é capaz de tornar a anulação de um ato ilegal claramente prejudicial ao interesse público". Em caso paradigmático, o STJ decidiu que

---

[422] STJ. 5ª Turma. AgRg no REsp 1147446/RS. Rel. Min. Laurita Vaz. DJe 26.9.2012: "[...] 6. Caso o ato acoimado de ilegalidade tenha sido praticado antes da promulgação da Lei nº 9.784, de 01.02.1999, a Administração tem o prazo de cincos anos, a contar da vigência da aludida norma, para anulá-lo; caso tenha sido praticado após a edição da mencionada Lei, o prazo quinquenal da Administração contar-se-á da prática do ato tido por ilegal, sob pena de decadência, nos termos do art. 54 da Lei nº 9.784/99".

[423] Art. 53. A Administração deve anular seus próprios atos, quando eivados de vício de legalidade, e pode revogá-los por motivo de conveniência ou oportunidade, respeitados os direitos adquiridos.
Art. 54. O direito da Administração de anular os atos administrativos de que decorram efeitos favoráveis para os destinatários decai em cinco anos, contados da data em que foram praticados, salvo comprovada a má-fé.
§1º No caso de efeitos patrimoniais contínuos, o prazo de decadência contar-se-á da percepção do primeiro pagamento.
§2º Considera-se exercício do direito de anular qualquer medida de autoridade administrativa que importe impugnação à validade do ato.
Art. 55. Em decisão na qual se evidencie não acarretarem lesão ao interesse público nem prejuízo a terceiros, os atos que apresentarem defeitos sanáveis poderão ser convalidados pela própria Administração.

[424] STJ. AgRg no AREsp 263.635/RS

[425] É o que prevê o art. 142 da Lei 8.112/90: A ação disciplinar prescreverá:
I - em 5 (cinco) anos, quanto às infrações puníveis com demissão, cassação de aposentadoria ou disponibilidade e destituição de cargo em comissão;
II - em 2 (dois) anos, quanto à suspensão;
III - em 180 (cento e oitenta) dias, quanto à advertência.
§1º O prazo de prescrição começa a correr da data em que o fato se tornou conhecido.
§2º Os prazos de prescrição previstos na lei penal aplicam-se às infrações disciplinares capituladas também como crime.
§3º A abertura de sindicância ou a instauração de processo disciplinar interrompe a prescrição, até a decisão final proferida por autoridade competente.
§4º Interrompido o curso da prescrição, o prazo começará a correr a partir do dia em que cessar a interrupção.

a efetivação do ato que reconheceu a isonomia salarial entre as carreiras de Perito e de Delegado, com base apenas em parecer da Procuradoria-Geral do Estado, e o transcurso de mais de 5 anos, por inusitado que se mostre, consolidou uma situação fática para a qual não se pode fechar os olhos, vez que produziu consequências jurídicas inarredáveis.[426]

Já as demandas de terceiros contra a Administração Pública (pretensão judicial contra a Administração Pública) encontra-se regulada pelo Decreto nº 20.910/67, que obsta "todo e qualquer direito ou ação contra a Fazenda federal, estadual ou municipal, seja qual for a sua natureza" (art. 1º), em prazo quinquenal sujeito à incidência específica. Afora os critérios particulares que dizem respeito à contagem do prazo, a incidência dessa prescrição enfrentou sério debate em casos de relações jurídicas continuadas. A jurisprudência,[427] contudo, acabou se firmado

---

[426] STJ. 5ª Turma. RMS 24430/AC. Rel. Napoleão Nunes Maia Filho. DJe 30.3.2009: 1. O poder-dever da Administração de invalidar seus próprios atos encontra limite temporal no princípio da segurança jurídica, pela evidente razão de que os administrados não podem ficar indefinidamente sujeitos à instabilidade originada do poder de autotutela do Estado, e na convalidação dos efeitos produzidos, quando, em razão de suas consequências jurídicas, a manutenção do ato atenderá mais ao interesse público do que sua invalidação. 2. A infringência à legalidade por um ato administrativo, sob o ponto de vista abstrato, sempre será prejudicial ao interesse público; por outro lado, quando analisada em face das circunstâncias do caso concreto, nem sempre a sua anulação será a melhor solução. Em face da dinâmica das relações jurídicas sociais, haverá casos em que o próprio interesse da coletividade será melhor atendido com a subsistência do ato nascido de forma irregular. 3. O poder da Administração, destarte, não é absoluto, na seara da invalidação de seus atos, de forma que a recomposição da ordem jurídica violada está condicionada primordialmente ao interesse público. O decurso do tempo ou a convalidação dos efeitos jurídicos, em certos casos, é capaz de tornar a anulação de um ato ilegal claramente prejudicial ao interesse público, finalidade precípua da atividade exercida pela Administração. 4. O art. 54 da Lei nº 9.784/99, aplicável analogicamente ao presente caso, funda-se na importância da segurança jurídica no domínio do Direito Público, estipulando o prazo decadencial de 5 anos para a revisão dos atos administrativos viciosos (sejam eles nulos ou anuláveis) e permitindo, a contrario *sensu*, a manutenção da eficácia dos mesmos, após o transcurso do interregno mínimo quinquenal, mediante a convalidação *ex ope temporis*, que tem aplicação excepcional a situações típicas e extremas, assim consideradas aquelas em que avulta grave lesão a direito subjetivo, sendo o seu titular isento de responsabilidade pelo ato eivado de vício. 5. A efetivação do ato que reconheceu a isonomia salarial entre as carreiras de Perito Legal e Delegado de Polícia do Estado do Acre, com base apenas em parecer da Procuradoria-Geral do Estado, e o transcurso de mais de 5 anos, por inusitado que se mostre, consolidou uma situação fática para a qual não se pode fechar os olhos, vez que produziu consequências jurídicas inarredáveis. Precedente do Pretório Excelso. 6. Recurso Ordinário provido, para cassar o ato que suprimiu a verba de representação percebida pelos recorrentes.

[427] Precedentes: EDcl no REsp 1338068/SC, Rel. Ministro Humberto Martins, Segunda Turma, DJe 16.10.2012; AgRg no REsp 1008055/RJ, Rel. Ministro Marco Aurélio Bellizze, Quinta Turma, DJe 17.10.2012; AgRg nos EDcl no AREsp 225.950/RS, Rel. Ministro Castro Meira, Segunda Turma, DJe 8.2.2013; AgRg nos EDcl no REsp 1333456/SC, Rel. Ministro Mauro Campbell Marques, Segunda Turma, DJe 21.11.2012; AgRg nos EDcl no AREsp 257.208/SC, Rel. Ministro Mauro Campbell Marques, Segunda Turma, DJe 24.4.2013.

no sentido de "reconhecer a prescrição do fundo de direito quando já ultrapassados mais de cinco anos entre o ajuizamento da ação e o ato administrativo questionado", nos termos do art. 1º do Decreto nº 20.910/32. Essa regra comporta exceções, como a da Súmula 398/STJ.[428]

No que diz respeito à presente obra, cabe notar a discrepância dos critérios de incidência dos prazos de decadência para a autotutela, e de prescrição, para as demandas contra a Administração Pública. Ainda sob o manto do interesse público e da complexidade da tarefa de controle, os prazos que visam a conter a atuação da Administração são bem mais alargados (ou até mesmo inexistentes) que os opostos à pretensão de terceiros contra o Poder Público. Sobretudo a prescrição do fundo de direito não considera, muitas vezes, o efeito da presunção de legalidade dos atos administrativos e o desconhecimento jurídico de seus destinatários que se tornam reféns das alterações de posicionamento.

Finalmente, nos casos em que a Administração Pública pretende se voltar contra agentes públicos, a matéria recebeu tratamento constitucional. Nos termos do art. 37, §5º, da CR/88, a "lei estabelecerá os prazos de prescrição para ilícitos praticados por qualquer agente, servidor ou não, que causem prejuízos ao erário, ressalvadas as respectivas ações de ressarcimento". Nota-se que a disposição constitucional é composta de 5 (cinco) elementos relevantes para a sua interpretação: i) "lei estabelecerá"; ii) "prazos de prescrição"; iii) "para atos ilícitos que causam prejuízos ao erário"; iv) "praticados por qualquer agente, servidor ou não"; v) "ressalvadas as respectivas ações de ressarcimento."

É inquestionável, portanto, que os pleitos decorrentes de atos ilícitos causadores de prejuízos ao erário estão sujeitos aos prazos prescricionais estabelecidos na lei. A única ressalva diz respeito à parte final do dispositivo, que ainda produz divergências doutrinárias. Parte da doutrina[429] sustenta que a norma constitucional estaria regulando a imprescritibilidade das "respectivas ações de ressarcimento" em contraposição à possibilidade de se estabelecer prazos

---

[428] Súmula 398/STJ: "A prescrição da ação para pleitear os juros progressivos sobre os saldos de conta vinculada do FGTS não atinge o fundo de direito, limitando-se às parcelas vencidas."

[429] SILVA, José Afonso da. *Curso de Direito Constitucional Positivo.* São Paulo: Malheiros, 2006. p. 673; DI PIETRO, Maria Sylvia Zanella. *Direito Administrativo.* 14. ed. São Paulo: Atlas, 2002. p. 789-790; BANDEIRA DE MELLO, Celso Antônio. *Curso de direito administrativo.* 20. ed. São Paulo: Malheiros, 2006. p. 1035; GARCIA, EMERSON. *Improbidade Administrativa.* 4. ed. Rio de Janeiro: Lumen Juris, 2008. FIGUEIREDO, Marcelo. *Probidade administrativa:* comentários à Lei nº 8.429/92. 5. ed. São Paulo: Malheiros, 2004.

CAPÍTULO 4
AS BARREIRAS TRADICIONAIS QUE SE OPÕEM À MODIFICAÇÃO E À EXTINÇÃO DOS ATOS ADMINISTRATIVOS EM GERAL ... | 141

prescricionais para a apuração de atos que acarretem prejuízos ao erário. Essa perspectiva tem sido acolhida pela jurisprudência.[430] Outra corrente, contudo, compreende que a disposição constitucional não impede a previsão de um prazo para o ressarcimento, pois, "em função da necessidade que o ser humano tem de estabilidade e de segurança para planejar a sua vida, o direito não pode permitir que determinadas situações fiquem eternamente pendentes, não havendo previsibilidade com relação a um desfecho".[431] Nessa linha, Luciano Ferraz afirma que outra interpretação "contraria os princípios da segurança jurídica e do devido processo legal e não corrobora o espírito do Estado de Direito", além do que, "o art. 37, §5º expressa e textualmente não alude à imprescritibilidade das ações de ressarcimento".[432]

A par do que se tem previsto expressamente na norma, nota-se que, embora faça menção aos atos de qualquer agente, servidor ou não, o art. 37, §5º, não inclui um limite temporal que se refira: i) à decadência em geral; ii) à prescrição de atos ilícitos que causem prejuízos a terceiros;[433] e iii) à prescrição de atos lícitos que causem prejuízos ao

---

[430] STF. 1ª Turma. Rel. Min. Luiz Fux. DJe 21.2.2013. AGRAVO REGIMENTAL NO AGRAVO DE INSTRUMENTO. DIREITO CONSTITUCIONAL E DIREITO PROCESSUAL CIVIL. AÇÃO DE RESSARCIMENTO DE DANO AO ERÁRIO. ART. 37, §5º, DA CONSTITUIÇÃO FEDERAL. IMPRESCRITIBILIDADE. REPERCUSSÃO GERAL PRESUMIDA. AGRAVO REGIMENTAL DESPROVIDO. 1. A repercussão geral é presumida quando o recurso versar questão cuja repercussão já houver sido reconhecida pelo Tribunal ou quando impugnar decisão contrária à súmula ou à jurisprudência dominante desta Corte (artigo 323, §1º, do RISTF). 2. O Pleno do Supremo Tribunal Federal, no julgamento do MS 26.210, Relator o Ministro Ricardo Lewandowski, DJ de 10.10.08, fixou entendimento no sentido da imprescritibilidade da ação de ressarcimento de dano ao erário. 3. *In casu*, o acórdão originariamente recorrido assentou: "AGRAVO. DECISÃO PROFERIDA EM AGRAVO DE INSTRUMENTO. ART. 557, *CAPUT*, DO CÓDIGO DE PROCESSO CIVIL. AÇÃO CIVIL PÚBLICA. PRETENSÃO RESSARCITÓRIA. IMPRESCRITIBILIDADE. 1. Matéria possível de ser julgada por meio de decisão monocrática, na forma do art. 557 do Código de Processo Civil, haja vista a manifesta improcedência da pretensão recursal. 2. A pretensão ressarcitória é imprescritível, nos termos do que dispõe o art. 37, §5º, da Constituição Federal. Precedentes dos tribunais. RECURSO DESPROVIDO'. 4. Agravo regimental desprovido. No mesmo sentido. STF. 1ª Turma. AI 712435 AgR/SP, Rel. Min. Rosa Weber. DJe 12.4.2012.

[431] SILVA, Clarissa Sampaio. *Limites à invalidação dos atos administrativos*. São Paulo: Max Limonad, 2001. p. 91.

[432] FERRAZ, Luciano. Segurança jurídica positivada: interpretação, decadência e prescritibilidade. *Revista Eletrônica sobre a Reforma do Estado (RERE)*. Salvador, Instituto Brasileiro de Direito Público, nº 22, junho, julho e agosto, 2010. Disponível em: <www.direitodoestado.com/revista/RERE-22-junho-2010-LUCIANO-FERRAZ.pdf>. Acesso em 1.11.2013.

[433] Entende-se que todos os atos que causem prejuízos a terceiros têm o potencial para causar prejuízos ao erário, ainda que indiretamente. Tal conclusão decorre do disposto no art. 37, §6º o qual dispõe que os terceiros prejudicados pela Administração podem ressarcir-se por meio da responsabilidade objetiva do Estado e, apenas em casos de dolo ou culpa, o

erário e a terceiros.[434] Isso não quer dizer, contudo, que a Constituição tenha vedado ou mesmo deixado em aberto a limitação para a atuação da Administração Pública nessas esferas.

Embora não se encontre na Constituição disposição específica que disponha sobre os limites de revisão dos atos administrativos em geral, essa limitação também decorre do princípio da segurança jurídica. O tempo seria um dos instrumentos a impor limites à atuação administrativa, mas a difusão de regras faz com que não apenas a aplicação, mas a própria compreensão da disciplina seja bastante difícil. Essa análise permite compreender se haveria espaços que demandariam a apreciação de solução intermediária que se compatibilizasse com a presunção de legalidade dos atos administrativos.

Nessa perspectiva, verifica-se que, independentemente do regramento aplicável ao caso e da pretensão veiculada para extinção ou modificação do ato administrativo, têm-se concretizado apenas soluções de extremos pelo decurso do tempo. Decorrido o prazo previsto na norma, o ato administrativo permanece; não alcançado o limite temporal, continua sujeito à revisão. Esse é o pressuposto que deve pautar o estudo da tese ora proposta.

4.6 Os efeitos da proteção da confiança e da boa-fé

Como exposto, a segurança jurídica é um dos fundamentos constitutivos do Estado de Direito. Ela garante parte da paz e da liberdade que se conquistam com certa medida de estabilidade nas relações jurídicas. Um dos instrumentos dessa estabilidade é a imposição de barreira à extinção e à modificação dos atos administrativos pela proteção da boa-fé, da confiança e das legítimas expectativas nutridas por aqueles que se relacionam com a Administração Pública.

Em diversos países, a proteção da confiança recebeu *status* de princípio constitucional: *princípio da proteção da confiança* na Alemanha, *princípio da confiança legítima* no direito comunitário europeu e *princípio*

---

poder público pode voltar-se, em regresso, contra os agentes públicos causadores do dano. Com efeito, a Administração sempre anteciparpá o ressarcimento caso seus agentes causem danos a terceiros, independentemente de seu próprio prejuízo e arcará com a lesão, em si, caso não seja possível comprovar o dolo ou a culpa do agente público responsável pelo ato.

[434] Casos em que a Administração modifica a situação jurídica do administrado, seja pela extinção seja pela revisão dos atos administrativos por meio de atos que não possuem nenhum vício, como ocorre na revogação.

da proteção das expectativas legítimas na Inglaterra.[435] No Brasil, esse tema se desenvolveu, inicialmente, nas relações contratuais privadas. Na esfera pública, a presunção de legalidade do ato administrativo, que atrai a legítima confiança dos cidadãos, abriu campo para o desenvolvimento do tema nas relações jurídico-administrativas. Entre as décadas de 1950 e 1970, o princípio da proteção da confiança desenvolveu-se no direito alemão. Registra-se que, na literatura do início do século XX, a opinião amplamente divulgada era a de que "a faculdade que tem o Poder Público de anular seus próprios atos tem limite não apenas nos direitos subjetivos regularmente gerados, mas também no interesse em proteger a boa-fé e a confiança dos administrados".[436]

Nesse período, o Tribunal Administrativo Federal alemão produziu um *leading case* na esfera do direito administrativo, ao decidir que a pensão deferida à viúva, sob a condição de que se transferisse de Berlim Oriental para Berlim Ocidental, não poderia ser cancelada em vista do princípio da legalidade e da proteção da confiança.[437] Essa

---

[435] SCHONBERG, Soren. *Legitimate expectations in Administrative Law*. Oxford: Oxford University Press, 2000. p. 32. Sobre o tema, citam-se, ainda: COUTO E SILVA, Almiro do. Os princípios da legalidade da administração pública e da segurança jurídica no Estado de Direito contemporâneo. *Revista da Procuradoria-Geral do Estado do Rio Grande do Sul*. Porto Alegre: Instituto de Informática Jurídica do Estado do Rio Grande do Sul, v. 18, nº 46, p. 11-29. 1998; CALMES, Sylvia. *Du prince de protection de la confiance legitime en Droits Allemand, Communautaire et Français*. Paris: Dalloz, 2001; MARTINS-COSTA, Judith. *A boa-fé no direito privado*. São Paulo: Revista dos Tribunais, 1999.

[436] COUTO E SILVA, Almiro do. Os princípios da legalidade da administração pública e da segurança jurídica no Estado de Direito contemporâneo. *Revista da Procuradoria-Geral do Estado do Rio Grande do Sul*. Porto Alegre: Instituto de Informática Jurídica do Estado do Rio Grande do Sul, v. 18, nº 46, p. 11-29. 1998. "Esclarece Otto Bachof, que nenhum outro tema despertou maior interesse do que este, nos anos 50, na doutrina e na jurisprudência, para concluir que o princípio da possibilidade de anulamento foi substituído pela impossibilidade de anulamento, em homenagem à boa fé e à segurança jurídica. Informa, ainda, que a prevalência do principio da legalidade sobre o da proteção da confiança só se dá quando a vantagem é obtida pelo destinatário por meios ilícitos por ele utilizados, com culpa sua, ou resulta de procedimento que gera sua responsabilidade. Nesses casos, não se pode falar em proteção à confiança do favorecido. (Verfassungsrecht, Verwaltungsrecht, Verfahrensrecht in der Rechtssprechung des Bundesverwaltungsgerichts, Tubigen 1966. 3 Auflage, vol I, p. 257 e ss.: vol. II, 1967, p. 339 e ss.) Embora do conforto entre os princípios da legalidade da Administração Pública e o da segurança jurídica resulte que, fora dos casos de dolo, culpa, etc., o anulamento com eficácia *ex tunc* é sempre inaceitável e com eficácia *ex nunc* é admitido quando predominante o interesse público no restabelecimento da ordem jurídica ferida, é absolutamente defeso o anulamento quando se trate de atos administrativos que concedam prestações em dinheiro, que se exaurem de uma só vez ou que apresentem caráter duradouro, como o de índole social, subvenções, pensões ou proventos de aposentadoria".

[437] MAURER, Hartmut. *Elementos de direito administrativo alemão*. Trad. Luís Afonso Heck. Porto Alegre: Sérgio Antônio Fabris Editor, 2000. p. 70-71.

proteção era dependente de dois requisitos: "que o beneficente (1) confiou na existência do ato administrativo; e (2) que sua confiança seja digna de proteção sob a ponderação com o interesse público em uma retratação (*rectius*: anulação)".[438]

Ao longo desse tempo, a proteção da confiança também vem sendo desenvolvida no direito brasileiro e, mais recentemente,[439] no direito público. *Almiro do Couto e Silva*, um dos principais autores na matéria, aponta que sua incidência seria mais relevante em alguns temas como a preservação de atos e de seus efeitos (*v.g.* licenças, permissões, etc.); a responsabilidade do Estado e o "dever do Estado de estabelecer regras transitórias em razão de bruscas mudanças introduzidas no regime jurídico administrativo (*v.g.* dos servidores púbicos, do exercício das profissões e da ordem econômica)".[440]

Em que pese o crescimento da doutrina e da jurisprudência que acolhem a proteção, há autores que se manifestam contrariamente à manutenção dos efeitos do ato administrativo que prejudique terceiro de boa-fé, ao fundamento central de que se estaria sacrificando o interesse público primário. Fundamentam-se, ainda, na dificuldade de se fazer prova da má-fé, já que a boa-fé se presume, e na necessidade de se extirpar a ótica de vitimização dos indivíduos que se relacionam com o Estado, que teria se assentado no Brasil por razões históricas. Defendem que aquele que se beneficiou de um ato administrativo ilegal merece sofrer as consequências da proteção do interesse de todos, pois, do contrário, seria premiado com a ilegalidade.[441]

---

[438] MAURER, Hartmut. *Elementos de direito administrativo alemão*. Trad. Luís Afonso Heck. Porto Alegre: Sérgio Antônio Fabris Editor, 2000. p. 72-73.

[439] Embora a proteção da confiança faça parte de uma teoria mais recente, em 1941, Seabra Fagundes já afirmava ser possível a validação de efeitos pretéritos de atos administrativos ilegais, assim como convalidar atos a partir da ponderação entre a manutenção e a anulação, conforme apontasse o interesse público. (FAGUNDES, Miguel Seabra. *O controle dos atos administrativos pelo Poder Judiciário*. Rio de Janeiro: Freitas Bastos, 1941. p. 48-49).

[440] COUTO E SILVA, Almiro do. O princípio da segurança jurídica (proteção à confiança) no Direito Público brasileiro e o direito da Administração Pública de anular os seus próprios atos: o prazo decadencial do art. 54 da Lei do Processo Administrativo da União (Lei nº 9.784/99). *Revista de Direito Administrativo*, nº 237, p. 300. Rio de Janeiro, 2004; BINENBOJM, Gustavo. *Uma teoria do direito administrativo*: direitos fundamentais, democracia e constitucionalização. Rio de Janeiro: Renovar, 2006. p. 184.

[441] CARVALHO, Raquel Melo Urbano de. *Curso de direito administrativo*. Salvador: Jus Podium, 2008. p. 452. "Com a devida vênia dos posicionamentos em contrário, não se compreende que boa-fé e segurança jurídica são princípios aptos a excluírem a retroatividade da invalidação de atos viciados restritivos de direito, mormente em se considerando os efeitos da presunção de boa-fé e a dificuldade de se comprovar má-fé na espécie. De fato, ambos os princípios têm a sua força coercitiva respeitada com a outorga da ampla defesa e do contraditório, em processo administrativo que anteceda o ato de invalidação. Não há qualquer repercussão direta na restrição da retroatividade que é inerente ao ato de

Nesses termos, independentemente da boa-fé do terceiro atingido pelo ato e de sua natureza (restritivo ou ampliativo de direitos), a invalidação do ato administrativo possuiria efeitos *ex tunc*.[442] Essa, contudo, não é a ótica dominante.

O STF, há bastante tempo, tem resguardado a legitimidade de atos praticados por servidor investido de forma ilegítima na função, para proteger a boa-fé dos administrados;[443] Mais recentemente, encontram-se diversos precedentes em que os atos administrativos são validados ou seus efeitos preservados com fundamento na proteção da confiança: i) manutenção dos atos praticados por servidores de fato;[444] ii) suspensão cautelar de eficácia da portaria que revogou nomeação para o cargo de agente de polícia federal, decorridos quase quinze anos após a investidura;[445] iii) modulação de efeitos em controle difuso de constitucionalidade.[446]

---

invalidar comportamento público anterior que apresenta defeito incorrigível. Cumprida a exigência de processo administrativo anterior à invalidação, não se pode afirmar que o terceiro viu-se surpreendido com frustração abrupta da expectativa legítima na presunção de legitimidade do ato viciado, o que preserva a segurança jurídica. Ademais, tem-se a transparência da decisão administrativa, em um processo dialético que deixa clara a boa-fé pública. Por fim, é fundamental assegurar a efetiva supremacia do interesse público primário, ou seja, o interesse de toda a sociedade, que não admite sacrifício para o benefício isolado de um de seus membros, contrariamente àquilo que o sistema lhe outorgou".

[442] COMANDIRA, Rodolfo Julio. *Acto administrativo municipal*. Buenos Aires: Depalma, 1982. p. 59. "Los efectos de la declaratión de nulidad son siempre retractivos. Es ésta uma consecuencia lógica de toda infalidez, habida cuenta de que ella, como factor causal de la extinción del acto, se configura en el momento de su emisión. Por ende, a uma causa originaria deben corresponder también efectos iniciales."

[443] STF. RE 79.620. Rel. Min. Aliomar Baleeiro. DJU 14.12.1974; RE. 78.594. Rel. Min. Bilac Pinto. DJU 4.11.1974.

[444] STF. MS 22.357/DF. Rel. Min. Gilmar Mendes. DJU 24.5.2004.

[445] STF. 2. Turma. AC 3172 MC-AgR/DF. Rel. Min. Celso de Mello. DJe 10.5.2013.

[446] STF. AI 707213 AgR/AM. Rel. Min. Luiz Fux. DJe 20.2.2013. "os autos do RE 566.621, de relatoria da e. Ministra Ellen Gracie, e na apreciação de mérito da demanda, a Corte, declarou "a inconstitucionalidade do artigo 4º, segunda parte, da LC 118, por violação do princípio da segurança jurídica, nos seus conteúdos de proteção da confiança e de acesso à Justiça, com suporte implícito e expresso nos arts. 1º e 5º, inciso XXXV, e considerando válida a aplicação do novo prazo de 5 anos, tão somente às ações ajuizadas após o decurso da *vacatio legis* de 120 dias, ou seja, a partir de 9 de junho de 2005". STF. Pleno. MS 26603/DF. Rel. Min. Celso de Mello. DJ 19.12.2008: "Os postulados da se gurança jurídica e da proteção da confiança, enquanto expressões do Estado Democrático de Direito, mostram-se impregnados de elevado conteúdo ético, social e jurídico, projetando-se sobre as relações jurídicas, inclusive as de direito público, sempre que se registre alteração substancial de diretrizes hermenêuticas, impondo-se à observância de qualquer dos Poderes do Estado e, desse modo, permitindo preservar situações já consolidadas no passado e anteriores aos marcos temporais definidos pelo próprio Tribunal. Doutrina. Precedentes. A ruptura de paradigma resultante de substancial revisão de padrões jurisprudenciais, com o reconhecimento do caráter partidário do mandato eletivo proporcional, impõe, em respeito à exigência de segurança jurídica e ao princípio da proteção da

MARILDA DE PAULA SILVEIRA
SEGURANÇA JURÍDICA, REGULAÇÃO, ATO: MUDANÇA, TRANSIÇÃO E MOTIVAÇÃO

A partir dos pronunciamentos paradigmáticos do STF, pode-se afirmar que o princípio da proteção da confiança tem se desenvolvido nos seguintes termos: a) num viés positivo, a segurança jurídica operaria como fundamento para os seguintes institutos – decadência,[447] prescrição,[448] preclusão,[449] coisa julgada,[450] direito adquirido,[451] ato jurídico perfeito,[452] inalterabilidade administrativa unilateral de situações subjetivas previamente definidas por atos administrativos,[453] adstrição a formas processuais[454] e, por fim, irretroatividade de lei que propicia desvantagens;[455] b) num viés negativo, a segurança jurídica não seria afrontada diante do rigor probatório para fins de concessão de benefícios,[456] bem como não impediria que um ato estatal legal importasse supervenientemente nova conformação a situações jurídicas.[457][458]

Tem se reconhecido, na proteção da confiança, um mecanismo preciso de segurança, com condições e efeitos determinados, reveladores de seu aspecto subjetivo. Esse viés subjetivo, contudo, embora lhe insira na mesma "constelação de valores"[459] da boa-fé, com ela não se confunde.

---

confiança dos cidadãos, que se defina o momento a partir do qual terá aplicabilidade a nova diretriz hermenêutica. Marco temporal que o Supremo Tribunal Federal definiu na matéria ora em julgamento: data em que o Tribunal Superior Eleitoral apreciou a Consulta 1.398/DF (27/03/2007) e, nela, respondeu, em tese, à indagação que lhe foi submetida".

[447] AR 1323, QO, Rel. Min. Moreira Alves, j. 3.11.1989.

[448] AI 140.751 AgR, Rel. Min. Marco Aurélio, j. 09.06.1992.

[449] AI 249.470 AgR, Rel. Min. Marco Aurélio, j. 10.10.2000.

[450] AR 1.461, Rel. Min. Marco Aurélio, j. 21.06.2001.

[451] EDclRE 367.166, Rel. MIn. Elen Gracie, j. 22.4.2003, RE 168.046, Rel. Min. Marco Aurélio, j. 17.4.1998, RE 186.264, Rel. Min. Marco Aurélio, j. 16.12.1997.

[452] RE 194.662, Rel. Min. Marco Aurélio, j. 18.9.2001; AI 210.678 AgR, Rel. Min. Marco Aurélio, j. 18.12.1998.

[453] RE 118.927 AgR, Rel. Min. Marco Aurélio, j. 7.2.1995, MS 21.791, Rel. Min. Francisco Rezek, j. 25.3.1994

[454] HC 69.906, Rel. Min. Paulo Brossard, j. 3.4.2003.

[455] ADI 605 MC, Rel. Min. Celso de Mello, j. 23.10.1991; RE 193.124, Rel. Min. Marco Aurélio, j. 16.12.1997

[456] ADI 2.555, Rel. Min. Ellen Gracie, j. 3.4.2003.

[457] RMS 23.543, Rel. Min. Ilmar Galvão, j. 27.6.2000; AI 151.787, Rel. Min. Celso de Mello, j. 11.12.1995, AR 1.056, Rel. Min. Octávio Galotti, j. 26.11.1997.

[458] MARTINS-COSTA, Judith; COUTO E SILVA, Almiro do. A ressignificação do princípio da segurança jurídica na relação entre o Estado e os cidadãos: a segurança como crédito de confiança. In: ÁVILA, Humberto (Org.). *Fundamentos do estado de direito*: estudos em homenagem ao Professor Almiro do Couto e Silva. São Paulo: Malheiros, 2005. p. 120-148.

[459] COUTO E SILVA, Almiro do. O princípio da segurança jurídica (proteção à confiança) no Direito Público brasileiro e o direito da Administração Pública de anular os seus próprios atos: o prazo decadência do art. 54 da Lei do Processo Administrativo da União (Lei nº 9.784/99). *Revista de Direito Administrativo*, nº 237, Rio de Janeiro, 2004. p. 272.

A noção de boa-fé foi minuciosamente delimitada no campo do Direito Privado, seara em que se convencionou subdividi-la em boa-fé subjetiva e boa-fé objetiva. No aspecto subjetivo estaria vinculada as intenções do agente e as questões de natureza comportamental, enquanto, no viés objetivo se relacionaria à adoção de uma conduta leal.[460] Alguns autores aproximam a proteção da confiança da noção de boa-fé objetiva, posicionando-a como subprincípio[461] responsável pela tutela jurídica das expectativas legítimas. Outros, contudo, percebem-na como parte de uma feição mais ampla, que nem sempre estará diretamente condicionada à boa-fé do administrado. Nesse sentido, seria "deduzida, imediatamente, da imposição de segurança jurídica e, mediatamente, do Estado de Direito", com o objetivo de obter "um estado de estabilidade, previsibilidade e calculabilidade dos atos, procedimentos ou simples comportamentos das atividades estatais".[462]

Apesar de a delimitação dos conceitos de boa-fé e de proteção da confiança merecerem grande esforço doutrinário, especialmente da doutrina civilista, essas noções têm se uniformizado na aplicação jurisprudencial. Na relação jurídico-administrativa, ambos têm atuado como barreira à retroação dos efeitos da nulidade ou na manutenção do próprio ato.[463]

---

[460] MARTINS-COSTA, Judith. *A boa-fé no direito privado*. São Paulo: Revista dos Tribunais, 1999; MENEZES CORDEIRO, António Manuel da Rocha. *Da boa-fé no Direito Civil*. Coimbra: Almedina, 1997.

[461] BRANCO, Gerson Luiz Carlos. A proteção das expectativas legítimas derivadas das situações de confiança: elementos formadores do princípio da confiança e dos seus efeitos. *Revista de Direito Privado*. São Paulo, v. 12, out./dez. 2002. p. 185; VILLA, Leghina. *Apud* CASTILLO BLANCO. *La protección de confianza en el derecho administrativo*. Madrid: Marcial Pons, 1998, p. 255-276; SAINZ MORENO, Fernando. La buena fe en las relaciones de La administración con los administrados. *Revista de Administración Pública*. Madrid, nº 89, p. 293-314, 1979; GONZALEZ PEREZ, de Jesus. *El principio general de la buena fe en el derecho administrativo*. Edição/reimpressão. Civitas: Madrid, 1999; GIACOMUZZI, José Guilherme. *A moralidade administrativa e a boa-fé da administração pública*: o conteúdo dogmático da moralidade administrativa. São Paulo: Malheiros, 2002; NOBRE JÚNIOR, Edílson Pereira. *O princípio da boa-fé e sua aplicação no Direito Administrativo brasileiro*. Porto Alegre: Safe, 2002.

[462] MAFFINI, Rafael. *Princípio da proteção substancial da confiança no Direito Administrativo Brasileiro*. Porto Alegra: Verbo Jurídico, 2006. p. 59 e 61.

[463] BANDEIRA DE MELLO, Celso Antônio. *Curso de direito administrativo*. 20. ed. São Paulo: Malheiros, 2006. p. 86-87. "Na conformidade desta perspectiva, parece-nos efetivamente nos atos unilaterais restritivos da esfera jurídica dos administrados, se eram inválidos, todas as razões concorrem para que sua fulminação produza efeitos *ex tunc*, exonerando por inteiro quem fora indevidamente agravado pelo Poder Público das consequências onerosas. Pelo contrário, nos atos unilaterais ampliativos da esfera jurídica do administrado, se este não concorreu para o vício do ato, estando de boa-fé, sua fulminação só deve produzir efeitos *ex nunc*, ou seja, depois de pronunciada".

MARILDA DE PAULA SILVEIRA
SEGURANÇA JURÍDICA, REGULAÇÃO, ATO: MUDANÇA, TRANSIÇÃO E MOTIVAÇÃO

A proteção da confiança não é apenas uma questão meramente ética ou moral, mas assume duplo papel no ordenamento: i) atua como proteção das legítimas expectativas e ii) ao mesmo tempo funciona como justificativa da vinculabilidade das partes a uma relação jurídica.[464] Assim, no que se pode chamar de sua "dimensão negativa", busca-se proteger as expectativas legítimas criadas pela conduta de terceiros. Nessa dimensão, a confiança permite aos indivíduos prosseguir com suas atividades, protegidos de uma eventual conduta leviana, ou melhor, contraditória, de terceiros, em quem se confiou. Numa perspectiva positiva, todavia, funciona como verdadeira justificativa para que terceiros continuem se vinculando às relações jurídicas.[465]

Verifica-se, portanto, que a proteção da confiança pode levar à manutenção ou à convalidação do próprio ato ilegal ou apenas à manutenção de seus efeitos (nulidade *ex nunc*). Para tanto, exige-se que o destinatário do ato ilegal tenha agido com boa-fé,[466] pois, em caso de má-fé, a eficácia da nulidade seria sempre retroativa, independentemente da natureza restritiva ou ampliativa de direitos.[467] Esse posicionamento foi encampado pela jurisprudência nos casos em que a nulidade repercute em efeitos patrimoniais, especialmente quando representa a devolução de valores remuneratórios recebidos indevidamente.[468]

Significa dizer que, mesmo no campo da boa-fé e da proteção da confiança, a mobilidade das decisões é severamente limitada pela

---

[464] MARTINS, Raphael Manhães. O princípio da confiança legítima e o enunciado nº 361 da IV jornada de direito civil. *Revista CEJ*. Brasília, Ano XII, nº 40, p. 11-19, jan./mar. 2008. p. 9.

[465] MARTINS-COSTA, Judith; COUTO E SILVA, Almiro do. A ressignificação do princípio da segurança jurídica na relação entre o Estado e os cidadãos: a segurança como crédito de confiança. In: ÁVILA, Humberto (Org.). *Fundamentos do estado de direito*: estudos em homenagem ao Professor Almiro do Couto e Silva. São Paulo: Malheiros, 2005. p. 120-148.

[466] BINENBOJM, Gustavo. *Uma teoria do direito administrativo*: direitos fundamentais, democracia e constitucionalização. Rio de Janeiro: Renovar, 2006. p. 184.

[467] DEIAB, Felipe R. Algumas reflexões sobre a prescrição e a decadência no âmbito da atuação dos Tribunais de Contas. *Revista Brasileira de Direito Público*. Belo Horizonte, a. 2, nº 4, p. 138-139, jan.-mar. 2004. "Novamente, a resposta dependerá da comprovação da má-fé do beneficiário. Se não se comprovar a má-fé, não é razoável se falar em devolução do dinheiro percebido a maior pelo servidor, porque nem a ele nem a ninguém soaria razoável presumir a ilegitimidade da sua aposentadoria (princípio da presunção de legitimidade dos atos do Poder Público). Já, se houver má-fé comprovada, não só em razão do prejuízo ao erário, mas até mesmo por força do efeito punitivo, é plausível que a redução de proventos opere retroativamente [...]. Soa, no mínimo, estranho que este servidor receba o mesmo tratamento dispensado àquele que desconhece uma irregularidade".

[468] STF. Pleno. MS 23. 978/DF, Rel. Min. Joaquim Barbosa. Informativo 452. "Por considerar presente a boa-fé da impetrante, concedeu-se a ordem, para determinar que a autoridade coatora restitua as quantias descontadas durante o período de seu pagamento até a data da publicação da decisão do TCU".

perspectiva de supressão ou de manutenção do ato, sempre vinculados à histórica forma de modulação de efeitos *ex tunc* e *ex nunc*. Os extremos, contudo, nem sempre servem à equidade, à isonomia e à própria segurança.

4.7 A teoria da aparência e os efeitos do ato administrativo

Vinculada à proteção da confiança, mas apontada como categoria apartada, a teoria da aparência também se erige como elemento apto a preservar os efeitos de um ato que, apesar de ilegal, produz consequências em benefício de terceiros de boa-fé. Nesses casos, atos praticados, por exemplo, pelos chamados "servidores de fato" (aqueles que se apresentam como agentes públicos sem legitimidade) e que estariam sujeitos à invalidação, teriam seus efeitos preservados, a fim de se honrar a confiança depositada pelos atingidos, na figura do Estado.

Mesmo autores que costumam negar a possibilidade de manutenção dos efeitos decorrentes de atos viciados, ao argumento, apenas, da boa-fé do administrado, reconhecem a importância da teoria da aparência e dos desdobramentos dela decorrentes, afirmando, nesse caso, que "não se trata de convalidação dos efeitos de um ato inválido, mas sim, da manutenção da validade dos efeitos pretéritos, e do impedimento dos efeitos futuros, em prol dos princípios da indisponibilidade do interesse público e de sua prevalência sobre o interesse privado".[469]

Tratar-se-ia, em última análise, de uma contrapartida à presunção de legitimidade de que gozam os atos praticados pela Administração Pública, sabendo-se que os administrados, por força da presunção, estabelecem relações com o Poder Público arrimados na expectativa legítima de que os atos daí decorrentes tenham sido produzidos em conformidade com o Direito.[470]

Por essa razão, os efeitos de um ato irregular praticado por agente, de fato são mantidos como se válidos fossem perante os terceiros

---

[469] FRANÇA, Vladimir Rocha. Classificação dos atos administrativos inválidos no direito administrativo brasileiro. *Revista de Direito Administrativo*. Rio de Janeiro, Renovar, nº 226, p. 77, out./dez. 2001.

[470] "O ato administrativo goza de uma presunção de legitimidade, até prova em contrário. Pressupõe-se que foi expedido na conformidade do Direito. É compreensível que assim seja. Exatamente porque sua função é executar a lei, manifestando um dos 'poderes do Estado', desfruta deste crédito de confiança para cumpri-los expeditamente". (BANDEIRA DE MELLO, Celso Antônio. *Ato administrativo e direitos dos administrados*. São Paulo: RT, 1981. p. 24).

de boa-fé atingidos, ainda que o agente público responsável o tenha produzido com má-fé.[471] Alinhada à proteção da confiança e à boa-fé, também nessa hipótese a solução vincula-se a uma única alternativa, qual seja: a preservação de efeitos pretéritos do ato. Esse instrumento compõe o cenário de estudo juntamente com os demais atualmente utilizados.

4.8 A teoria do fato consumado e seus efeitos

A teoria do fato consumado surgiu com o objetivo de estabilizar atos viciados, antes do transcurso dos prazos decadenciais e prescricionais, nos casos em que atos constitutivos de direito não fossem oriundos de fraude e não dessem sinais de que eram resultado de fonte viciada.[472] Por algum tempo, a jurisprudência colheu a teoria especialmente em hipóteses relacionadas a concursos públicos[473] e matrículas em universidades antes da conclusão do ensino médio.[474]

Parte da doutrina criticava a aplicação da teoria, argumentando que não haveria pressuposto objetivo que a fundamentasse e que seria casuísmo selecionar realidades para estabilizá-las. Atualmente, o posicionamento jurisprudencial dominante afasta a aplicação da

---

[471] "Mas, ainda, aqui é necessário que se tomem os conceitos de parte e de terceiro no sentido próprio e específico do Direito Administrativo, isto é, de beneficiário direto ou partícipe do ato (parte) e de estranho ao seu objeto e à sua formação, mas sujeito aos seus efeitos reflexos (terceiro). Assim, p. ex. quando anulada uma nomeação de servidor, deverá ele, se estiver de má-fé, repor os vencimentos percebidos ilegalmente, mas permanecem válidos os atos por ele praticados no desempenho de suas atribuições funcionais, porque os destinatários de tais atos são terceiros em relação ao ato nulo." (MEIRELLES, Hely Lopes. *Direito administrativo brasileiro*. 30. ed. São Paulo: Malheiros, 2005. p. 204-205).

[472] FREITAS, Juarez. Deveres de motivação, de convalidação e de anulação correlacionados e proposta harmonizadora. *Interesse público*. São Paulo, Notadez, v. 16, p. 44, out./dez. 2002; MELO, Luiz Carlos Figueira de. *et al*. Princípio da segurança jurídica e o fato consumado no Direito administrativo: art. 54 da Lei Federal nº 9784/99 e o prazo decadencial. *Boletim de Direito Administrativo*. São Paulo, NDJ, a. 19, nº 1, p. 37-38, jan./2003.

[473] STJ. 3. Seção. Embargos de Divergência no REsp 446.077/DF, rel. Min. Paulo Medina. DJU 28.06.2006.

[474] STF. RE 429906 AgR/SC. Rel. Min. Eros Grau. DJe 11.9.2008. AGRAVO REGIMENTAL NO RECURSO EXTRAORDINÁRIO. ALUNO. TRANSFERÊNCIA. CONCLUSÃO DO CURSO. TEORIA DO FATO CONSUMADO. APLICABILIDADE. O Supremo, ao analisar hipótese em que houvera conclusão de curso superior antes do trânsito em julgado da decisão em que se discutia a idoneidade do ato de matrícula do aluno, manifestou-se pela aplicação da teoria do fato consumado à espécie. Agravo regimental a que se dá provimento.

teoria,[475] mas o tema teve sua repercussão geral reconhecida em caso de concurso público[476] e aguarda julgamento do STF.

De todo modo, ainda que a teoria seja acolhida para preservar situações pendentes de apreciação definitiva e que acabam consolidadas pelo tempo, a solução também se situa em um extremo, assim como as demais. Mesmo nessa hipótese, não se cogita de solução intermediária. A pretensão vinculada à teoria do fato consumado não é outra senão a relacionada à consolidação permanente do ato.

---

[475] A teoria do fato consumado não pode ser invocada para conceder direito inexistente sob a alegação de consolidação da situação fática pelo decurso do tempo. Esse é o entendimento consolidado por ambas as turmas desta Suprema Corte. Precedentes: RE 275.159, Rel. Min. Ellen Gracie, Segunda Turma, DJ 11.10.2001; RMS 23.593-DF, Rel. Min. MOREIRA ALVES, Primeira Turma, DJ de 02.02.01; e RMS 23.544-AgR, Rel. Min. Celso de Mello, Segunda Turma, DJ 21.6.2002. 4. Agravo regimental a que se nega provimento. STF. RE 587934 AgR/CE. Min. Cármen Lúcia. DJe 12.3.2013. AGRAVO REGIMENTAL NO RECURSO EXTRAORDINÁRIO. CONSTITUCIONAL E PROCESSUAL CIVIL. CONCURSO PÚBLICO. 1. Lotação inicial em desacordo com as regras do edital. Inexistência de contrariedade ao art. 226 da Constituição da República. Precedentes. 2. Inaplicabilidade da teoria do fato consumado. Precedentes. 3. Agravo regimental ao qual se nega provimento.

[476] STF. RE 608482 RG/RN. Rel. Min. Ayres Britto [Rel. atual Min. Teori Zavaski]. Dje 15.9.2011: CONSTITUCIONAL. ADMINISTRATIVO. CONCURSO PÚBLICO. ELIMINAÇÃO. POS-SE/EXERCÍCIO EM CARGO PÚBLICO POR FORÇA DE DECISÃO JUDICIAL DE CARÁTER PROVISÓRIO. APLICAÇÃO DA CHAMADA "TEORIA DO FATO CONSUMADO". PRESENÇA DA REPERCUSSÃO GERAL DA QUESTÃO CONSTITUCIONAL DISCUTIDA. Possui repercussão geral a questão constitucional alusiva à aplicação da chamada "teoria do fato consumado" a situações em que a posse ou o exercício em cargo público ocorreram por força de decisão judicial de caráter provisório.

CAPÍTULO 5

A SEGURANÇA JURÍDICA E OS ATOS ADMINISTRATIVOS CONCRETOS: UM REGIME DE TRANSIÇÃO PELA MODULAÇÃO DE EFEITOS

Como se pode extrair das considerações desenvolvidas nos capítulos anteriores, a doutrina e a jurisprudência tradicionais adotaram modelo fechado de extinção e de modificação dos atos administrativos, em que sempre se chega a uma solução binária. Seja pelas consequências das espécies de extinção, seja pelas barreiras que a segurança jurídica lhe opõe, o ato administrativo somente encontra o caminho da continuidade plena ou da extinção com efeitos *ex tunc* ou *ex nunc*.

Independentemente das minúcias que cercam cada acontecimento, viu-se que a extinção do ato administrativo pelo cumprimento de seus efeitos, pelo desaparecimento do elemento infungível e pela renúncia sempre produz efeitos *ex nunc*. Em algumas hipóteses, mantidos os efeitos do ato, cogita-se de indenização por perdas e danos, que acaba levando ao Poder Judiciário as discussões sobre prejuízos suportados pelos administrados. Em algumas espécies de retirada, o mesmo modelo é replicado: na cassação, na caducidade, na contraposição ou derrubada e na revogação, os efeitos da extinção também se projetam para o futuro (*ex nunc*), e alguns casos de prejuízo podem ser levados para a via reparatória.

Embora nos casos de invalidação (nulidade, invalidade e inexistência) a construção teórica seja um pouco mais complexa e sofisticada, as soluções também se limitam à manutenção ou à extinção do ato com efeitos *ex tunc* e *ex nunc*, possibilitando a remessa de algumas hipóteses para a reparação patrimonial. Nesse sentido, observou-se que, por longo tempo, autores consagrados defenderam a retroação de efeitos, ao *status quo ante*, em todos os casos de invalidade dos atos, sem que houvesse sequer barreira temporal para tanto. Atualmente, prevalece o entendimento de que os atos nulos (entre os quais se incluem os inexistentes) se extinguem com efeitos *ex nunc*, enquanto os atos anuláveis podem ser convalidados, permanecendo vigentes.

A partir do estudo, também foi possível identificar que, até mesmo as barreiras de concretização da segurança jurídica apresentam soluções binárias que pouco se adaptam a cada realidade especificamente. E, nesse sentido, o primeiro óbice que se apresenta com caráter definitivo à modificação das relações jurídico-administrativas é o tempo. De forma surpreendente, o estudo revelou que, na maior parte das espécies de extinção do ato administrativo, tem se afirmado que o tempo não seria fator de estabilização. É o que ocorre nos casos de extinção do ato pelo cumprimento de efeitos, pelo desaparecimento do elemento infungível, pela renúncia, pela cassação, pela caducidade, pela contraposição ou derrubada e pela revogação. Na verdade, o tempo se apresenta como fator clássico de estabilização apenas na autotutela dos atos inválidos e, ainda assim, depois de muita polêmica a respeito do marco legal. Nos demais casos, sua incidência pode ser classificada como excepcional.

Reunindo-se ao aspecto temporal, em caráter complementar, os institutos constitucionais do direito adquirido, do ato jurídico perfeito e da coisa julgada têm como consequência a manutenção do ato e de seus efeitos. Essas barreiras, embora tenham alcance mais limitado, também incidem de forma rígida, sem alternativas que permitam considerar as diferenças que distanciam cada problema. Alguns autores, como visto, têm defendido a tese do direito adquirido proporcional em face das alterações legislativas, mas essa perspectiva se mantém minoritária, doutrinária e jurisprudencialmente. Além disso, prevalece preponderante o entendimento de que não há direito adquirido a regime jurídico, de modo que qualquer alteração legislativa afeta os atos administrativos em curso, independentemente do seu tempo de vigência.

Finalmente, a pesquisa revelou que, apenas mais recentemente, doutrina e jurisprudência passaram a acolher entendimento no sentido de que a proteção da confiança e a boa-fé constituem óbices à modificação dos atos administrativos. Ainda assim, a exemplo dos demais, esses instrumentos têm atuado apenas para garantir a manutenção dos efeitos já produzidos pelo ato (*ex nunc*) ou, excepcionalmente, para a manutenção dele próprio[477] (convalidação). Não há, enfim, qualquer flexibilidade que permita avaliar o interesse público no caso concreto.

Na verdade, diante da rigidez do modelo, ainda é possível notar alguma resistência na preservação de atos ilícitos, ou mesmo de seus efeitos, sob o fundamento apenas da boa-fé ou da proteção da confiança.

Especialmente no que se refere às invalidades, o presente estudo demonstrou que todo o sistema de autotutela e de revisão do ato administrativo foi fortemente influenciado pela doutrina civilista, cujas consequências acabaram agravadas pelo princípio da legalidade e da supremacia do interesse público. O pressuposto da ampla discricionariedade e a noção de que a relação jurídico-administrativa se submete à legalidade estrita, em favor do interesse público, acabou por onerar a posição do terceiro nessa relação jurídica. O mesmo pode ser dito quanto ao pressuposto constitucionalista de que a norma inconstitucional seria absolutamente nula. Esse postulado também fundamentou a teoria das nulidades dos atos administrativos com a supressão de seus efeitos *ex tunc*, sem qualquer flexibilidade.

Entrementes, é inquestionável que o modelo atual de modificação e de extinção do ato administrativo enfraquece a legitimidade da ação estatal, seja porque não é capaz de apresentar soluções adequadas à pluralidade de demandas, seja porque não é abrangente para garantia da segurança jurídica. Esse sistema não evoluiu com a complexidade das relações jurídicas na contemporaneidade. É preciso ultrapassar a vinculação de soluções apegadas a um modelo positivista clássico, para construir um modelo mais consentâneo com o pós-positivismo ou com o positivismo inclusivo.

Muito embora diversas construções teóricas se revelem apegadas à construção positivista, vinculada ao rigor da legalidade estrita, Gustavo Zagrebelsky afirma que o positivismo jurídico não constitui mais que "uma inércia mental" ou "um puro e simples resíduo histórico".[478] Dessa forma, os fundamentos que pautaram seu nascimento, como a redução do direito à moldura da lei, não mais encontram aderência ao Estado de Direito atual.

A pretensão de se elaborar uma teoria pura, alheia a qualquer conteúdo axiológico, não se sustenta na realidade do Estado constitucional democrático que ostenta estrutura principiológica vinculada,

---

[477] Como o caso da INFRAERO, relatado pelo Min. Gilmar Mendes.

[478] ZAGREBELSKY, Gustavo. *El derecho dúctil*: ley, derechos, justicia. Madrid: Trotta, 2003. p. 33 e 41.

muitas vezes, à natureza moral.[479] Nesse sentido, as teorias póspositivistas – como as de Dworkin,[480] Alexy[481] e Zagrebelsky,[482] que admitiram critérios materiais de validade das normas – são mais consentâneas com o sistema jurídico dos Estados Constitucionais.

Todo o ataque ao positivismo jurídico resultou em modificações substanciais que o aproximam do neoconstitucionalismo. Em seu "pós-escrito", Hart esclareceu que "a regra de reconhecimento pode incorporar, como critérios de validade jurídica, a conformidade com princípios morais ou com valores substantivos," e que, "portanto, sua doutrina deveria ser designada como 'positivismo moderado' ou 'soft positivism".[483] Essas afirmações desencadearam o debate sobre a construção de uma teoria intermediária, entre o antipositivismo e o positivismo.[484]

---

[479] VALE, André Rufino do. *Estrutura das normas de direitos fundamentais:* repensando a distinção entre regras, princípios e valores. São Paulo: Saraiva, 2009. p. 28.

[480] Dworkin sustenta a *Teoria aa Integridade* segundo a qual não se pode separar o Direito da moral, adotando um conceito de moralidade da qual podem derivar princípios jurídicos utilizados para resolver os casos difíceis. (DWORKIN, Ronald. *O Império do direito.* São Paulo: Martins Fontes, 1999).

[481] Alexy compreende com a distinção entre as normas não é somente de grau, mas que também há uma diferença qualitativa. Nesse sentido, princípios são entendidos como mandado de otimização, algo realizável na maior medida possível dentro das possibilidades jurídicas e fáticas existentes. Em caso de conflitos, o autor propõe a utilização do critério da ponderação. (ALEXY, Robert. *Teoria da argumentação jurídica.* São Paulo: Lendy, 2001).

[482] Zagrebelsky rejeita expressamente o positivismo em seu viés de identificação da lei, dos direitos e da justiça. (ZAGREBELSKY, Gustavo. *El derecho dúctil:* ley, derechos, justicia. Madrid: Trotta, 2003. p. 33 e 41).

[483] Pós escrito *in*: HART, Herbert. *O conceito de direito.* Lisboa: Fundação Calouste Gulbenkian, 1996. p. 312.

[484] "Essas afirmações, oriundas do autor da considerada Teoria Positivista mais evoluída de que se tem conhecimento, consubstanciaram o estopim necessário para desencadear um profundo debate sobre a incorporação da moral como condição de validade das normas, na tentativa de estabelecer uma teoria intermediária entre o antipositivismo de Dworkin e o positivismo de Joseph Raz. Um positivismo aberto à moralidade, que, sem renunciar à sua integridade original – fundada em três teses principais: a separação conceitual entre Direito e Moral, a tese da discricionariedade jurídica e a das fontes sociais do Direito -, teria flexibilidade suficiente para se adequar aos sistemas jurídicos constitucionalizados, nos quais é comum a presença de conceitos morais como liberdade, igualdade e dignidade humana. Nessa linha, estão o positivismo incorporacionista de Coleman, o positivismo inclusivo de Waluchow, o positivismo ético de Peces-Barba, o positivismo crítico de Ferrajoli e o constitucionalismo positivista de Prieto Sanchís. Como entende Ferrajoli, o constitucionalismo nada mais é do que um complemento do positivismo jurídico. Em suas próprias palavras, 'el constitucionalismo, en vez de constituir el debilitamiento del positivismo jurídico o su contaminación jusnaturalista, representa su reforzamiento: por decirlo de algún modo, representa el positivismo jurídico en su forma más extrema". (VALE, André Rufino do. *Estrutura das normas de direitos fundamentais:* repensando a distinção entre regras, princípios e valores. São Paulo: Saraiva, 2009. p. 30).

Essa construção que se insere no neoconstitucionalismo é compatível com as posturas pós-positivistas e com o *soft positivismo* de Hart, que inclui critérios materiais de validade das normas jurídicas. Como afirma Thomas Bustamante "uma teoria pós-positivista adequada não precisa de uma ruptura pura e simples com o positivismo, pois, ao contrário de negar valor às teses positivistas, pode aproveitar o que elas têm a ensinar".[485]

É interessante notar, sob esse cenário, que os próprios sistemas que serviram de fundamento ao modelo atual dos atos administrativos acabaram bastante flexibilizados, desvinculando-se da noção estrita de legalidade, justamente para se adaptar à complexidade dos interesses em conflito, presente em cada contexto. Não apenas as normas civilistas alteraram a dinâmica da extinção dos atos e dos negócios jurídicos, como a perspectiva em que se fundamentou a teoria das nulidades dos atos inconstitucionais modificou-se profundamente com a Lei nº 9.868/99. No Direito Civil, ganhou extrema relevância as proteções da confiança e da boa-fé, especialmente com as alterações promovidas pelo Código Civil de 2002. Já no âmbito do controle de constitucionalidade, passou-se a admitir a possibilidade de o ato normativo ser declarado inconstitucional sem efeitos retroativos, ou mesmo com efeitos prospectivos.[486]

Em nome da segurança jurídica e do respeito à diversidade (que consideram a isonomia, a equidade e a proporcionalidade), a teoria dos atos jurídicos e o próprio controle judicial dos atos normativos sofreram mitigações que os permitiram considerar a complexidade de cada hipótese. É justamente essa perspectiva que se pretende que seja implementada no regime jurídico-administrativo voltado à extinção e à modificação dos atos administrativos.

Busca-se avaliar como um regime de transição pode ser considerado alternativa possível, de consideração motivada e obrigatória, em todos os atos administrativos que se pretendam extinguir ou modificar. A proposta veiculada no presente estudo, portanto, considera que o sistema de modulação de efeitos aplicado aos casos concretos pode ser o instrumento adequado para tanto. Dessa forma, a Administração

---

[485] BUSTAMANTE, Thomas da Rosa de. *Argumentação contra legem:* a teoria do discurso e a justificação jurídica nos casos mais difíceis. Rio de Janeiro: Renovar, 2005. p. 21.

[486] "Art. 27. Ao declarar a inconstitucionalidade de lei ou ato normativo, e tendo em vista razões de segurança jurídica ou de excepcional interesse social, poderá o Supremo Tribunal Federal, por maioria de dois terços de seus membros, restringir os efeitos daquela declaração ou decidir que ela só tenha eficácia a partir de seu trânsito em julgado ou de outro momento que venha a ser fixado".

Pública poderá sopesar os diferentes argumentos e fatos que cercam quaisquer das hipóteses de desfazimento ou de alteração dos atos administrativos, sem vinculação a uma categoria ou consequência previamente estabelecida. Será possível avaliar não apenas a posição do administrado, mas também a perspectiva do interesse público.

A ampliação do sistema de modificação e extinção dos atos administrativos garante que a Administração tenha mais ferramentas para alcançar o interesse público e o fortalecimento da confiança que os cidadãos depositam no Estado.

5.1 A flexibilização do regime de nulidades no controle de constitucionalidade e a modulação de efeitos

Tradicionalmente,[487] a inconstitucionalidade era reconhecida como meramente declaratória de uma nulidade absoluta. Nesses termos, sua declaração teria eficácia retroativa (*ex tunc*), neutralizando todos os efeitos jurídicos produzidos pela norma inconstitucional.[488] Tal posicionamento foi incorporado pela jurisprudência durante longo tempo e representava a própria desconsideração de qualquer existência da norma.[489]

Não obstante, antes mesmo de qualquer alteração legislativa, parte da doutrina defendia que a declaração de nulidade de uma norma reconhecida como inconstitucional não resolveria, com justiça e proporcionalidade, todas as questões postas em discussão no Poder Judiciário. Nesse sentido, José Afonso da Silva já afirmava que "essa

---

[487] José Afonso da Silva aponta que "Buzaid acha que toda lei, adversa à Constituição, é absolutamente nula, não simplesmente anulável. Ruy Barbosa, calcado na doutrina e na jurisprudência norte-americanas, também dissera que toda medida, legislativa ou executiva, que desrespeite preceitos constitucionais é, de sua essência, nula. Francisco Campos sustenta que um ato ou uma lei inconstitucional é inexistente". (SILVA, José Afonso da. *Curso de direito constitucional positivo*. São Paulo: Malheiros, 2006. p. 52-53).

[488] MENDES, Gilmar Ferreira. A nulidade da Lei Inconstitucional e seus efeitos: considerações sobre a decisão do Supremo Tribunal Federal proferida no RE 122.202. *Revista da Fundação Escola Superior do Ministério Público do Distrito Federal e Territórios*, 3, jan./jun., 1994. "O dogma da nulidade da lei inconstitucional pertence à tradição do direito brasileiro. A teoria da nulidade tem sido sustentada por praticamente todos os nossos importantes constitucionalistas. [...] significativa parcela da doutrina brasileira posicionou-se em favor da equiparação entre inconstitucionalidade e nulidade. Afirmava-se, em favor dessa tese, que o reconhecimento de qualquer efeito a uma lei inconstitucional importaria na suspensão provisória ou parcial da Constituição".

[489] STF. Rp. nº 971, Rel. Min. Djaci Falcão. RTJ nº 87, p. 758; RE nº 93.356. Rel. Min. Leitão de Abreu, RTJ 97, p. 1369; Rp. nº 1016, Rel. Min. Moreira Alves, RTJ 95, p. 993; Rp. nº 1077, Rel. Min. Moreira Alves, RTJ 101, p. 503.

doutrina privatista da invalidade dos atos jurídicos não pode ser transportada para o campo da inconstitucionalidade, pelo menos no sistema brasileiro".[490]

Excepcionalmente, tal posicionamento já havia sido acolhido pelo STF, sobretudo por questões de segurança jurídica e proporcionalidade. Ainda na década de setenta, ao julgar o RE nº 78.594/SP,[491] a Suprema Corte enfrentou hipótese em que a nomeação de determinado agente público se fundamentava em lei inconstitucional. Para não declarar a nulidade de todos os atos praticados pelo agente, o Relator, Ministro Bilac Pinto, decidiu que "os efeitos desse tipo de declaração de inconstitucionalidade – declaração feita contra lei em tese – não podem ser sintetizados numa regra única, que seja válida para todos os casos". Assim, foram considerados válidos os atos até então praticados, não obstante a inconstitucionalidade da lei que garantiu a investidura.[492]

Ainda após a Constituição de 1988, o STF adotou, também em caráter excepcional, a técnica de modulação de efeitos sob decisões de inconstitucionalidade, como no julgamento do RE nº 266.994/SP, Rel. Min. Maurício Corrêa.[493]

---

[490] SILVA, José Afonso da. *Curso de Direito Constitucional Positivo*. 13. ed. São Paulo: Malheiros, 1997. p. 52-53.

[491] STF. Pleno. RE 78.594/SP, Rel. Min. Bilac Pinto, sessão de 07.06.1974: FUNCIONÁRIO PÚBLICO. EXERCÍCIO DA FUNÇÃO DE OFICIAL. VALIDADE DO ATO PRATICADO POR FUNCIONÁRIO DE FATO. APESAR DE PROCLAMADA A ILEGALIDADE DA INVESTIDURA DO FUNCIONÁRIO PÚBLICO NA FUNÇÃO DE OFICIAL DE JUSTIÇA, EM RAZÃO DA DECLARAÇÃO DE INCONSTITUCIONALIDADE DA LEI ESTADUAL QUE AUTORIZOU TAL DESIGNAÇÃO, O ATO POR ELE PRATICADO É VÁLIDO. RECURSO NÃO CONHECIDO.

[492] No mesmo sentido: STF. RE nº 79.343/BA. Rel. Min. Leitão de Abreu. J. 31.05.1977.

[493] STF. Pleno. RE 266.994/SP. Rel. Min. Maurício Corrêa. DJ: 31.3.2004: "RECURSO EXTRA-ORDINÁRIO. MUNICÍPIOS. CÂMARA DE VEREADORES. COMPOSIÇÃO. AUTO-NOMIA MUNICIPAL. LIMITES CONSTITUCIONAIS. NÚMERO DE VEREADORES PROPORCIONAL À POPULAÇÃO. CF, ARTIGO 29, IV. APLICAÇÃO DE CRITÉRIO ARITMÉTICO RÍGIDO. INVOCAÇÃO DOS PRINCÍPIOS DA ISONOMIA E DA RAZOA-BILIDADE. INCOMPATIBILIDADE ENTRE A POPULAÇÃO E O NÚMERO DE VEREA-DORES. INCONSTITUCIONALIDADE, *INCIDENTER TANTUM*, DA NORMA MUNICI-PAL. EFEITOS PARA O FUTURO. SITUAÇÃO EXCEPCIONAL. 1. O artigo 29, inciso IV, da Constituição Federal exige que o número de vereadores seja proporcional à população dos Municípios, observados os limites mínimos e máximos fixados pelas alíneas a, b e c. 2. Deixar a critério do legislador municipal o estabelecimento da composição das Câma-ras Municipais, com observância apenas dos limites máximos e mínimos do preceito (CF, artigo 29) é tornar sem sentido a previsão constitucional expressa da proporcionalidade. 3. Situação real e contemporânea em que Municípios menos populosos têm mais vere-adores do que outros com um número de habitantes várias vezes maior. A ausência de um parâmetro matemático rígido que delimite a ação dos legislativos Municipais implica evidente afronta ao postulado da isonomia. 4. Princípio da razoabilidade. Restrição le-gislativa. A aprovação de norma municipal que estabelece a composição da Câmara de

Com a edição, porém, das Leis nº 9.869/99[494] e nº 9.882/99, positivou-se a possibilidade de se manterem os efeitos de um ato inconstitucional, ganhando destaque a disposição inserida no art. 27,[495] da Lei nº 9.868/99, que, à semelhança de outros países,[496] admitiu que a lei inconstitucional continuasse produzindo efeitos ou mantivesse todos os efeitos até então produzidos. Dois requisitos para tanto foram estipulados: o quórum especial de dois terços e a existência de "razões de segurança jurídica ou de excepcional interesse social". Tal dispositivo veio, precisamente, tornar inafastável o exame das diferenças de cada caso em julgamento, elidindo, assim, o emprego da solução genérica de nulidade absoluta.

A partir da análise individualizada, a dinâmica dos julgamentos tem se enquadrado em três grandes frentes: i) a aplicação de *efeitos retroativos limitados:* a norma declarada inconstitucional continua a surtir efeitos até determinado marco temporal anterior à declaração da inconstitucionalidade; ii) a aplicação de *efeitos ex nunc:* a norma é considerada aplicável até o trânsito em julgado da decisão, preservando-se,

---

Vereadores sem observância da relação cogente de proporção com a respectiva população configura excesso do poder de legislar, não encontrando eco no sistema constitucional vigente. 5. Parâmetro aritmético que atende ao comando expresso na Constituição Federal, sem que a proporcionalidade reclamada traduza qualquer lesão aos demais princípios constitucionais nem resulte em formas estranhas e distantes da realidade dos Municípios brasileiros. Atendimento aos postulados da moralidade, da impessoalidade e da economicidade dos atos administrativos (CF, artigo 37). 6. Fronteiras da autonomia municipal impostas pela própria Carta da República, que admite a proporcionalidade da representação política em face do número de habitantes. Orientação que se confirma e se reitera segundo o modelo de composição da Câmara dos Deputados e das Assembleias Legislativas (CF, artigos 27 e 45, §1º). Inconstitucionalidade. 7. *Efeitos. Princípio da segurança jurídica. Situação excepcional em que a declaração de nulidade, com seus normais efeitos ex tunc, resultaria em grave ameaça a todo o sistema legislativo vigente. Prevalência do interesse público para assegurar, em caráter de exceção, efeitos pro futuro à declaração incidental de inconstitucionalidade. Recurso extraordinário não conhecido".*

[494] Embora tenha sua constitucionalidade questionada por meio das ADIs 2.154 e 2.258 (Rel. Min. Dias Toffoli), o art. 27 da lei tem sido aplicado diuturnamente pelo Supremo Tribunal Federal.

[495] "Art. 27. Ao declarar a inconstitucionalidade de lei ou ato normativo, e tendo em vista razões de segurança jurídica ou de excepcional interesse social, poderá o Supremo Tribunal Federal, por maioria de dois terços de seus membros, restringir os efeitos daquela declaração ou decidir que ela só tenha eficácia a partir de seu trânsito em julgado ou de outro momento que venha a ser fixado".

[496] Sistemas alemão (Lei Orgânica, §31, 2 e 79,1), austríaco (art. 140 da Constituição Austríaca), italiano, espanhol (desde 1989, *apud* GARCIA DE INTERRÍA, *Justicia constitucional*, nº 4), americano (caso *Linkletter v. Walker*) e o direito comunitário (art. 174, 2, do Tratado de Roma) e o Tribunal Europeu de Direitos Humanos (caso *Markx*, de 13.6.1979). MENDES, Gilmar Ferreira; MÁRTIRES COELHO, Inocêncio; GONET, Paulo Branco. *Curso de direito constitucional.* 4. ed. São Paulo: Saraiva, 2009. p. 1319.

porém, os efeitos originados até então; iii) *efeitos prospectivos ou para o futuro:* estabelece-se um marco temporal futuro a partir do qual a norma perderá sua aplicabilidade, preservando-se sua aplicação e seus efeitos até aquele determinado momento.[497] Cabe ressaltar que todas as formas de modulação de efeitos se pautam pela segurança jurídica ou por outro valor constitucional diretamente vinculado ao interesse social. Nesse sentido, o quórum especial demandado para a modulação de efeitos (dois terços) tem o objetivo de limitar sua aplicação, ainda sob a perspectiva de que a nulidade absoluta deve ser a regra.

Embora os fundamentos do controle concentrado fossem suficientes para demonstrar a necessidade de flexibilização do regime adotado nos atos administrativos, cabe anotar que, apesar de as Leis nº 9.868/99 e nº 9.882/99 cuidarem apenas do controle abstrato, a doutrina[498] e os próprios tribunais têm admitido o uso dessa técnica de limitação dos efeitos da nulidade no âmbito do controle difuso. Apesar de não ter sido reconhecida a repercussão geral do tema,[499] o STF vem admitindo a limitação dos efeitos da declaração de inconstitucionalidade em recurso

---

[497] Essa possibilidade já foi acolhida pelo Supremo Tribunal Federal, no julgamento da ADI nº 2240. Fundado no princípio da segurança jurídica e no disposto no art. 27 da Lei nº 9.868/99, o Tribunal declarou a inconstitucionalidade de lei baiana que havia criado um novo município, sem pronuncia de nulidade, determinando sua vigência por mais 24 (vinte e quatro) meses após o trânsito em julgado, a fim de que a inconstitucionalidade fosse superada pela expedição de diploma normativo do Congresso Nacional que regulamente a criação de município pelos estados-membros: "12. [...] Declaração de inconstitucionalidade da lei estadual sem pronúncia de sua nulidade 13. Ação direta julgada procedente para declarar a inconstitucionalidade, mas não pronunciar a nulidade pelo prazo de 24 meses, da Lei nº 7.619, de 30 de março de 2000, do Estado da Bahia". O reconhecimento desta hipótese pelo STF é criticado por parte da doutrina. Por todos, Alexandre de Morais afirma que "se o STF entender pela aplicação dessa hipótese excepcional, deverá escolher como termo inicial da produção dos efeitos, qualquer momento entre a edição da norma e a publicação oficial da decisão. Dessa forma, não poderá o STF estipular como termo inicial para produção dos efeitos da decisão, data posterior à publicação da decisão no Diário Oficial, uma vez que a norma inconstitucional não mais pertence ao ordenamento jurídico, não podendo permanecer produzindo efeitos". (MORAES, Alexandre de. *Curso de direito constitucional.* São Paulo: Atlas, 2005. p. 683).

[498] MENDES, Gilmar Ferreira; MÁRTIRES COELHO, Inocêncio; GONET, Paulo Branco. *Curso de direito constitucional.* 4. ed. São Paulo: Saraiva, 2009. p. 1319. "No que interessa para a discussão da questão em apreço, ressalte-se que o modelo difuso não se mostra incompatível com a doutrina da limitação dos efeitos".

[499] STF. RE 592.321. Rel. César Peluso. DJe 8.10.2009: EMENTA: RECURSO. Extraordinário. Inadmissibilidade. Tributo. IPTU. Taxas de Iluminação Pública e de Coleta de Lixo e Limpeza Pública. Alíquotas progressivas. Inconstitucionalidade reconhecida. Atribuição de efeitos prospectivos à decisão. Ausência de repercussão geral. Recurso não conhecido. Não apresenta repercussão geral recurso tendente a atribuir efeitos prospectivos (*ex nunc*) a declaração incidental de inconstitucionalidade.

extraordinário – e também o Tribunal Superior Eleitoral em recurso especial.[500] Essa possibilidade vem sendo defendida, especialmente, pelo Ministro Gilmar Mendes, que, no julgamento da Ação Cautelar nº 189-7/SP, afirmou que

> a base constitucional dessa limitação – necessidade de um outro princípio que justifique a não aplicação do princípio da nulidade – parece sugerir que, se aplicável, a declaração de inconstitucionalidade restrita revela-se abrangente do modelo de controle de constitucionalidade como um todo. É que, nesses casos, como já argumentado, o afastamento do princípio da nulidade da lei assenta-se em fundamentos constitucionais e não em razões de conveniência.[501]

---

[500] TSE. REspe nº 3111/AL, Tribunal Pleno. Rel. Min. Arnaldo Veriani, DJe 26.10.2012 ELEIÇÕES 2008. RECURSO ESPECIAL. INTEMPESTIVIDADE. NÃO OCORRÊNCIA. RECURSO CONTRA EXPEDIÇÃO DE DIPLOMAÇÃO. SUSPENSÃO DA DIPLOMAÇÃO. ALEGAÇÃO. INELEGIBILIDADE. QUARTO MANDATO. DOMICÍLIO DIVERSO. AUSÊNCIA DE MÁ-FÉ. PRINCÍPIO DA PROTEÇÃO À CONFIANÇA. CANDIDATO AMPARADO POR DECISÃO MONOCRÁTICA QUE DEFERIU O REGISTRO DE CANDIDATURA. PRECEDENTE. PROVIMENTO. [...]
3. Na hipótese, a candidatura do primeiro recorrente estava assegurada por força de decisão monocrática proferida no REspe nº 32.453/AL, da relatoria do Ministro MARCELO RIBEIRO, que diz respeito ao registro de sua candidatura nas eleições de 2008. Dessa forma, assim como no caso do candidato Dário Berger (REspe nº 35.906/SC), houve prévia manifestação da regularidade da candidatura, só que desta vez em processo judicial.
4. O ora recorrente agiu em estrita observância ao que fora decidido pela Justiça Eleitoral, caracterizando a sua boa-fé, não devendo ser surpreendido com a cassação, no âmbito de RCED, referente ao mesmo pleito, sob pena de violação aos princípios da proteção à confiança e da segurança jurídica.
5. Inexiste vedação na Constituição Federal relativa à alteração do domicílio para que o candidato concorra em município diverso do mandato anterior (no qual tenha vínculos econômicos, profissionais, etc.), criando uma hipótese de inelegibilidade inexistente (artigo 14, §5º, CF).
6. Em razão do princípio da proteção à confiança, também aplicado na atividade jurisdicional, devem-se proteger situações já consolidadas no tempo, notadamente, se o candidato agiu com boa-fé, como é o caso, não havendo de se falar em tentativa de fraudar a lei constitucional no que tange à transferência do domicílio eleitoral.
7. Recurso especial a que se dá provimento.

[501] STF. 2ª Turma. RE nº 442683/RS, Rel. Min. Carlos Velloso, DJU de 24.03.2006: "CONSTITUCIONAL. SERVIDOR PÚBLICO: PROVIMENTO DERIVADO: INCONSTITUCIONALIDADE: EFEITO *EX NUNC*. PRINCÍPIOS DA BOA-FÉ E DA SEGURANÇA JURÍDICA. I. - A Constituição de 1988 instituiu o concurso público como forma de acesso aos cargos públicos. CF, art. 37, II. Pedido de desconstituição de ato administrativo que deferiu, mediante concurso interno, a progressão de servidores públicos. Acontece que, à época dos fatos 1987 a 1992, o entendimento a respeito do tema não era pacífico, certo que, apenas em 17.02.1993, é que o Supremo Tribunal Federal suspendeu, com efeito *ex nunc*, a eficácia do art. 8º, III; art. 10, parágrafo único; art. 13, §4º; art. 17 e art. 33, IV, da Lei nº 8.112, de 1990, dispositivos esses que foram declarados inconstitucionais em 27.8.1998: ADI 837/DF, Relator o Ministro Moreira Alves, "DJ" de 25.6.1999. II. Os princípios da boa-fé e da segurança jurídica autorizam a adoção do efeito *ex nunc* para a decisão que decreta a inconsti-

Embora sejam inúmeros os precedentes de modulação de efeitos em controle concentrado, também é extenso o rol de casos em que o STF atribuiu eficácia *ex nunc* às declarações de inconstitucionalidade no controle difuso. No julgamento do HC 82.959,[502] no qual se declarou a inconstitucionalidade do §1º do art. 2º da Lei nº 8.072/90, que proibia a progressão de regime de cumprimento de pena nos crimes hediondos, o Ministro Ayres Britto observou ser inevitável a aplicação da regra geral do Código Penal até que o legislador regulasse de forma específica, a progressão de regime no caso dos crimes hediondos.[503]

Nesse julgamento, também foi citado o precedente do RE 197.917, em que o STF manifestou-se pela possibilidade de aplicação subsidiária do art. 27 da Lei nº 9.868/99 para declarar a inconstitucionalidade da fixação desproporcional do número de vereadores no Município de Mira Estrela/SP. No caso, o tribunal entendeu que "a declaração de nulidade, com seus normais efeitos *ex tunc*, resultaria em grave ameaça a todo o sistema legislativo vigente", devendo-se assegurar a prevalência do interesse público para fixar, "em caráter de exceção, efeitos pro futuro à declaração incidental de inconstitucionalidade".

Esse tema também foi debatido de forma bastante aprofundada no julgamento do RE 442683/RS, que cuidou da declaração de inconstitucionalidade de atos administrativos que, com base nos artigos 8º, III; 10, parágrafo único; 13, §4º; 17 e 33, IV, todos da Lei nº 8.112/90 (declarados inconstitucionais em 1998 – ADI 837/DF), previam a progressão de servidores públicos mediante concurso interno, violando a exigência constitucional do concurso público. O STF entendeu que "os princípios da boa-fé e da segurança jurídica autorizam a adoção do efeito *ex nunc* para a decisão que decreta a inconstitucionalidade. Ademais,

---

tucionalidade. Ademais, os prejuízos que adviriam para a Administração seriam maiores que as eventuais vantagens do desfazimento dos atos administrativos. III. Precedentes do Supremo Tribunal Federal. IV. RE conhecido, mas não provido".

[502] STF. Pleno. HC 83.959. Relator Min. Maurício Corrêa, DJU de 07.05.2004.

[503] STF. Pleno. HC 83.959. Relator Min. Maurício Corrêa, DJU de 07.05.2004: "O vício da inconstitucionalidade traduz-se, como regra geral, na necessidade de extirpar do Ordenamento Jurídico, o ato inválido, de sorte a preservar a coerência de tal Ordenamento e garantir a hierarquia e a rigidez da Constituição Federal. Mas há casos em que tal extirpação normativa é também agressora da própria Constituição da República. Casos em que "razões de segurança jurídica ou de excepcional interesse social" (art. 27 da Lei nº 9.868/99, aqui subsidiariamente aplicada) se contrapõem ao abate em si do ato inconstitucional. O que tem levado esta Suprema Corte a, num juízo de ponderação, "retrabalhar" os efeitos de certas declarações de inconstitucionalidade. 16. É o que se dá com a aplicação da regra geral de 1/6 aos condenados por delitos hediondos, a exigir que se imprima às respectivas decisões uma ponderação ou modulação temporal de efeitos".

os prejuízos que adviriam para a Administração seriam maiores que eventuais vantagens do desfazimento dos atos administrativos".

Recentemente, em julgamento que debatia a legalidade de alteração do domicílio eleitoral para concorrer em outra circunscrição (caso dos prefeitos itinerantes), o STF afastou os efeitos retroativos da *nulidade* com fundamento no art. 16 da Constituição, afirmando que, "no âmbito eleitoral, a segurança jurídica assume a sua face de princípio da confiança, para proteger a estabilização das expectativas de todos aqueles que de alguma forma participam dos prélios eleitorais".[504] Assim, projetou os efeitos da decisão para as eleições

---

[504] STF. RE 637485/RJ, Tribunal Pleno, Rel. Min. Gilmar Mendes, DJe 21.05.2013 RECURSO EXTRAORDINÁRIO. REPERCUSSÃO GERAL. REELEIÇÃO. PREFEITO. INTERPRETAÇÃO DO ART. 14, §5º, DA CONSTITUIÇÃO. MUDANÇA DA JURIS-PRUDÊNCIA EM MATÉRIA ELEITORAL. SEGURANÇA JURÍDICA. I. REELEIÇÃO. MUNICÍPIOS. INTERPRETAÇÃO DO ART. 14, §5º, DA CONSTITUIÇÃO. PREFEITO. PROIBIÇÃO DE TERCEIRA ELEIÇÃO EM CARGO DA MESMA NATUREZA, AINDA QUE EM MUNICÍPIO DIVERSO. O instituto da reeleição tem fundamento não somente no postulado da continuidade administrativa, mas também no princípio republicano, que impede a perpetuação de uma mesma pessoa ou grupo no poder. O princípio republicano condiciona a interpretação e a aplicação do próprio comando da norma constitucional, de modo que a reeleição é permitida por apenas uma única vez. Esse princípio impede a terceira eleição não apenas no mesmo município, mas em relação a qualquer outro município da federação. Entendimento contrário tornaria possível a figura do denominado "prefeito itinerante" ou do "prefeito profissional", o que claramente é incompatível com esse princípio, que também traduz um postulado de temporariedade/alternância do exercício do poder. Portanto, ambos os princípios – continuidade administrativa e republicanismo – condicionam a interpretação e a aplicação teleológicas do art. 14, §5º, da Constituição. O cidadão que exerce dois mandatos consecutivos como prefeito de determinado município fica inelegível para o cargo da mesma natureza em qualquer outro município da federação. II. MUDANÇA DA JURISPRUDÊNCIA EM MATÉRIA ELEITORAL. SEGU-RANÇA JURÍDICA. ANTERIORIDADE ELEITORAL. NECESSIDADE DE AJUSTE DOS EFEITOS DA DECISÃO. *Mudanças radicais na interpretação da Constituição devem ser acompanhadas da devida e cuidadosa reflexão sobre suas consequências, tendo em vista o postulado da segurança jurídica. Não só a Corte Constitucional, mas também o Tribunal que exerce o papel de órgão de cúpula da Justiça Eleitoral devem adotar tais cautelas por ocasião das chamadas viragens jurisprudenciais na interpretação dos preceitos constitucionais que dizem respeito aos direitos políticos e ao processo eleitoral. Não se pode deixar de considerar o peculiar caráter normativo dos atos judiciais emanados do Tribunal Superior Eleitoral, que regem todo o processo eleitoral. Mudanças na jurisprudência eleitoral, portanto, têm efeitos normativos diretos sobre os pleitos eleitorais, com sérias repercussões sobre os direitos fundamentais dos cidadãos (eleitores e candidatos) e partidos políticos. No âmbito eleitoral, a segurança jurídica assume a sua face de princípio da confiança para proteger a estabilização das expectativas de todos aqueles que de alguma forma participam dos prélios eleitorais. A importância fundamental do princípio da segurança jurídica para o regular transcurso dos processos eleitorais está plasmada no princípio da anterioridade eleitoral positivado no art. 16 da Constituição. O Supremo Tribunal Federal fixou a interpretação desse artigo 16, entendendo-o como uma garantia constitucional (1) do devido processo legal eleitoral, (2) da igualdade de chances e (3) das minorias (RE 633.703). Em razão do caráter especialmente peculiar dos atos judiciais emanados do Tribunal Superior Eleitoral, os quais regem normativamente todo o processo eleitoral, é razoável concluir que a Constituição também alberga uma norma, ainda que implícita,*

seguintes, mantendo o mandato daqueles que foram eleitos com base em interpretação que considerou inconstitucional.

Essa manipulação dos efeitos no controle difuso legitima-se pelos mesmos fundamentos constitucionais que amparam o controle abstrato. Embora esse tema tenha sido suscitado, inicialmente, na Áustria,[505] as técnicas da *pure prospectivity* ou da *limited prospectivity* da experiência constitucional norte-americana, criadas para os casos de alteração jurisprudencial, ganharam importância nas hipóteses em que a inconstitucionalidade vinha sendo reconhecida em caráter difuso. Assim, "a prática da prospectivity, em qualquer de suas versões, no sistema de controle americano, demonstra, pelo menos, que o controle

---

*que traduz o postulado da segurança jurídica como princípio da anterioridade ou da anualidade em relação à alteração da jurisprudência do TSE. Assim, as decisões do Tribunal Superior Eleitoral que, no curso do pleito eleitoral (ou logo após o seu encerramento), impliquem mudança de jurisprudência (e dessa forma repercutam sobre a segurança jurídica), não têm aplicabilidade imediata ao caso concreto e somente terão eficácia sobre outros casos no pleito eleitoral posterior. III. REPERCUS-*SÃO GERAL. Reconhecida a repercussão geral das questões constitucionais atinentes à (1) elegibilidade para o cargo de Prefeito de cidadão que já exerceu dois mandatos consecutivos em cargo da mesma natureza em Município diverso (interpretação do art. 14, §5º, da Constituição) e (2) retroatividade ou aplicabilidade imediata no curso do período eleitoral da decisão do Tribunal Superior Eleitoral, que implica mudança de sua jurisprudência, de modo a permitir aos Tribunais a adoção dos procedimentos relacionados ao exercício de retratação ou declaração de inadmissibilidade dos recursos repetitivos, sempre que as decisões recorridas contrariarem ou se pautarem pela orientação ora firmada. IV. EFEITOS DO PROVIMENTO DO RECURSO EXTRAORDINÁRIO. Recurso extraordinário provido para: (1) resolver o caso concreto no sentido de que a decisão do TSE no RESPE 41.980-06, apesar de ter entendido corretamente que é inelegível para o cargo de Prefeito o cidadão que exerceu por dois mandatos consecutivos cargo de mesma natureza em Município diverso, não pode incidir sobre o diploma regularmente concedido ao recorrente, vencedor das eleições de 2008 para Prefeito do Município de Valença-RJ; (2) deixar assentados, sob o regime da repercussão geral, os seguintes entendimentos: (2.1) o art. 14, §5º, da Constituição, deve ser interpretado no sentido de que a proibição da segunda reeleição é absoluta e torna inelegível para determinado cargo de Chefe do Poder Executivo o cidadão que já exerceu dois mandatos consecutivos (reeleito uma única vez) em cargo da mesma natureza, ainda que em ente da federação diverso; (2.2) as decisões do Tribunal Superior Eleitoral que, no curso do pleito eleitoral ou logo após o seu encerramento, impliquem mudança de jurisprudência, não têm aplicabilidade imediata ao caso concreto e somente terão eficácia sobre outros casos no pleito eleitoral posterior.

[505] O Art. 140 da Constituição da Áustria de 1920 prescreve expressamente que os efeitos da decisão que reconhece a inconstitucionalidade de uma lei se dão a partir da publicação da decisão do Tribunal Constitucional, salvo quando esta corte estabelecer outro prazo, que não pode ser superior a seis meses ou, quando for necessária a edição de outra lei, o prazo não pode superar um ano. Também se definiu pela aplicação de efeitos *ex tunc* sobre o caso concreto: Art. 140, nº 7, 2. parte da Constituição Austríaca: Article 140. "(5) The judgment by the Constitutional Court which rescinds a law as unconstitutional imposes on the Federal Chancellor or the competent State-Governor the obligation to publish the rescission without delay. This applies analogously in the case of a pronouncement pursuant to Paragraph (4). The rescission enters into force on the day of publication if the Court does not set a deadline for the rescission. This deadline may not exceed one year."

incidental não é incompatível com a ideia da limitação de efeitos na decisão de inconstitucionalidade".[506] [507]

Nota-se, portanto, que, mesmo no controle de constitucionalidade, onde residiria a mais grave nulidade, convivem diversas formas de extinção que buscam melhor preservar os princípios constitucionais e os interesses conflitantes, em cada caso. Esse modelo convive no controle difuso (que limita os efeitos da nulidade *in concreto*) e no controle concentrado (em que a limitação se dá de forma ampla), com efeitos *erga omnes*. Não é outra a perspectiva que se busca implementar nas relações jurídico-administrativas, também com fundamento no princípio da segurança jurídica e na análise individualizada dos interesses em conflito.

5.2 A flexibilização da teoria das nulidades do Direito Civil: a proteção da confiança e o regime de transição

Assim como a complexidade das demandas levou à flexibilização dos efeitos da decisão do controle de constitucionalidade, o mesmo se percebe no novo Código Civil e na doutrina civilista mais contemporânea. Sem sombra de dúvidas não se pode desconsiderar as peculiaridades que a maior autonomia da vontade atrai para o regime jurídico de direito privado. Contudo, não é irrelevante para o desenvolvimento da tese o fato de que, também no Direito Civil e com fundamento na segurança jurídica, tem sido confrontada a premissa de que o ato nulo não produziria efeitos desde a sua origem.[508]

---

[506] STF. Pleno. Rcl 4345. Rel. Min. Marco Aurélio, DJU de 01.09.2006: "Quanto aos efeitos gerais dessa decisão, ou seja, quanto à sua aplicação aos processos em andamento e aos condenados em cumprimento de pena, tem se discutido a necessidade do Senado Federal suspender a execução dos dispositivos declarados inconstitucionais, conforme competência estabelecida no art. 52, X, da Constituição Federal. A tendência da jurisprudência do Supremo Tribunal Federal é no sentido de que ao Senado cabe apenas dar publicidade à suspensão da execução das normas declaradas inconstitucionais, tendo em vista que o Supremo Tribunal Federal é quem tem o poder de suspendê-las. É o que se depreende dos votos proferidos na Reclamação nº 4335/AC, Relator Min. Gilmar Mendes".

[507] MEDEIROS, Rui. *A decisão de inconstitucionalidade*: os autores, o conteúdo e os efeitos da decisão de inconstitucionalidade da lei. Lisboa: Universidade Católica, 1999. p. 743. "Especialmente quando há mudança de orientação judicial, a declaração de inconstitucionalidade não tem eficácia retroativa (*prospective overruling*). Esse modelo, contudo, pode atingir os processos pendentes (*limited prospectivity*) ou a todos os processos, indistintamente (*pure prospectivity*)".

[508] ESPÍNOLA, Eduardo. *Sistema do direito civil brasileiro*. 4. ed. Rio de Janeiro: Francisco Alves, 1961. v. 2 e 3, p. 307. "Os atos nulos são aparentemente negócios jurídicos, mas falta-lhes a essência, e a declaração de vontade de que provêm considera-se, em regra,

Já há algum tempo, antes mesmo das iniciativas de sedimentação de um modelo mais flexível no Brasil, *Orlando Gomes* alertava que "não resiste a mais aprofundada análise" a afirmação de que o ato nulo não produz efeitos, diferentemente do anulável. Esclarece o autor haver atos nulos que produzem efeitos, "pouco importando que a ordem jurídica neutralize o princípio com recurso técnico da boa-fé ou da máxima *error communis facit jus*. Intrinsecamente, tais negócios são nulos; não deveriam suscitar qualquer efeito, e, no entanto, suscitam."[509]

Para além das hipóteses que desvirtuariam a regra de nulidade, a proteção da confiança passou a integrar a teoria geral civilista, como fundamento da manutenção do ato jurídico e de seus efeitos. Em 2006, na "Jornada de Direito Civil" realizada pelo Conselho da Justiça Federal (CJF), foi publicado o Enunciado nº 362, que orienta o entendimento sobre o art. 422 do Código Civil, no sentido de que "a vedação do comportamento contraditório (*venire contra factum proprium*) funda-se na proteção da confiança, tal como se extrai dos arts. 187 e 422 do Código Civil". Esse entendimento também orienta os contratos firmados com prazo indeterminado, que possuem regramento específico nos arts. 473 e seguintes do Código Civil.

Nesses casos, as partes detêm a liberalidade de desfazer o negócio jurídico unilateralmente, no momento em que julgarem mais conveniente. Contudo, as expectativas envolvidas no ato, que poderá vigorar por prazo significativo, são protegidas pelo Código Civil, que considera como ativo o planejamento realizado pelas partes. Avalia-se que, ao tomar qualquer decisão, notadamente as que envolvem investimentos, as partes esperam manter a execução do contrato por um prazo razoável, que permita amortizar o seu investimento além de obter algum lucro. Nesse sentido, a disposição contida no parágrafo único do art. 473 do Código Civil dispõe que, "se, porém, dada a natureza do contrato, uma das partes houver feito investimentos consideráveis para a sua execução, a denúncia unilateral só produzirá efeito depois de transcorrido prazo compatível com a natureza e o vulto dos investimentos."

Essa norma garante a manutenção do ato e de seus efeitos mesmo após a resilição unilateral, exigindo-se o transcurso de prazo razoável

---

como não tendo sido feita [...]". SILVA PEREIRA, Caio Mário da. *Instituições de direito civil.* 20. ed. Rio de Janeiro: Forense, 2004. v. 1, p. 644: "O decreto judicial de nulidade produz efeitos *ex tunc*, indo alcançar a declaração da vontade no momento mesmo da emissão. E nem a vontade das partes nem o decurso do tempo pode sanar a irregularidade".

[509] GOMES, Orlando. *Introdução ao direito civil.* 10. ed. Rio de Janeiro: Forense, 1990. p. 495.

para que a parte tenha sua expectativa legítima preservada. Essa previsão harmoniza-se com o princípio da proteção da confiança e com a boa-fé objetiva, conforme a previsão do seu art. 422. Nesses termos, as expectativas legítimas fomentadas por uma das partes vinculam a modificação ou a extinção do ato ou negócio jurídico.

A flexibilização dos efeitos vinculados à extinção ou à modificação do ato jurídico, na esfera privada, aprofunda a reflexão sobre o modelo que ainda subsiste no regime jurídico administrativo. Em que pese o direito privado garantir maior amplitude à autonomia da vontade, a perspectiva que considera cada ato em si, com suas intrincadas particularidades, seria perfeitamente aplicável à esfera pública. O negócio jurídico com prazo indeterminado tem grande proximidade com o ato administrativo: enquanto a confiança do particular é direcionada à outra parte, a do administrado reside na presunção de legalidade dos atos administrativos. Em ambos os casos, poder-se-ia afirmar que o destinatário do ato assume o risco decorrente do prazo indeterminado, pois, desde o início, estaria consciente da incerteza. Mas, se na esfera privada já existe regra objetiva destinada a proteger as expectativas legítimas da parte, conforme as peculiaridades de cada prazo indeterminado, regra semelhante não é identificada no regime administrativo.

A resposta natural para essa diferenciação de tratamento poderia ser assim interpretada: os atos administrativos lidam com o interesse público, diferentemente do direito privado, que tem como foco o interesse das partes. Tal afirmativa, não obstante, desconsidera a complexidade do interesse público e a possibilidade de o atendimento ao bem comum estar diretamente vinculada à preservação do ato, bem como de seus efeitos. É verdade que a doutrina publicista sempre fundamentou a teoria do ato administrativo baseado no pressuposto de que este mereceria tratamento diferenciado em razão do interesse público. Sua aproximação com o direito privado era mais ou menos convergente, de acordo com a arguida necessidade de proteção desse interesse. Além disso, os autores sempre pontuaram a diferença entre o ato produzido a partir da autonomia da vontade e a manifestação que oriunda da lei.

Apesar disso, como bem pontua *Carlos Bastide Horbach,* não apenas o Direito Administrativo, mas também o Direito Civil convivem com uma multiplicidade incalculável de hipóteses concretas que merecem consideração própria. Essas disciplinas, afirma ele,

CAPÍTULO 5
A SEGURANÇA JURÍDICA E OS ATOS ADMINISTRATIVOS CONCRETOS...

169

convergem num ponto extremamente importante: a natureza casuística. Tanto no direito civil, quanto no direito administrativo é perceptível que as disposições legais sobre a matéria não são suficientes para conformar a multiplicidade de situações concretas díspares com que se depara o Judiciário e, no caso dos atos administrativos, a Administração Pública.[510]

Basta notar que as hipóteses de extinção e de modificação do ato administrativo são fruto de construção doutrinária e jurisprudencial. Nem mesmo o sistema de nulidades conta com um regramento geral. Como exposto, durante longos anos, a Lei nº 4.717/65 foi seu único parâmetro legal e, mais recentemente, a Lei nº 9.784/99 deu parcial tratamento à matéria. Esse cenário fez surgir um emaranhado de regras e exceções que, na busca por uma teoria geral, completa e fechada, acabou por inverter o encaixe dos casos ao regramento. Assim, o julgador acaba *procurando* uma categoria para encaixar o caso concreto ou termina abrindo uma exceção para não desconstruir o sistema vigente.

Essa diversidade de hipóteses de construção doutrinária e jurisprudencial, divididas em sistemas próprios, acaba por dar soluções diferentes para os mesmos problemas ou por criar uma nova exceção a cada demanda mais complexa. A complexidade da teoria do ato jurídico como um todo, e do ato administrativo especificamente, é inquestionável, ainda que essa análise se concentrasse apenas na esfera das nulidades. É centenária a demanda por uma teoria geral das nulidades, que seria "praticamente impossível", na visão de *Marcos Bernardes de Mello.* O autor justifica destacando que, "na verdade, não há ponto no campo das nulidades em que se possam enunciar regras sem que haja a necessidade de mencionar pelo menos uma exceção".[511]

Como alternativa para a "colmatação casuística dessas lacunas", o autor citado propõe a unificação da teoria das nulidades, em uma perspectiva tópica,[512] por entender que não há divergência relevante que justifique o afastamento dos regimes privado e público, pelo menos

---

[510] HORBACH, Carlos Bastide. *Teoria das nulidades do ato administrativo.* São Paulo: Revista dos Tribunais, 2007. p. 262.

[511] MELLO, Marcos Bernardes. *Teoria do fato jurídico:* plano de validade. 5. ed. São Paulo: Saraiva, 2001. p. 13-14.

[512] O autor aponta os cinco principais *topoi* que devem ser considerados na teoria das nulidades: interesse, legalidade, autonomia da vontade, segurança jurídica e boa-fé. Observa, contudo, que esses não são os únicos e que necessitam de complementação "o que é feito em cada ordenamento com a inclusão de outros preceitos legislados ou adotados pela jurisprudência". (HORBACH, Carlos Bastide. *Teoria das nulidades do ato administrativo.* São Paulo: Revista dos Tribunais, 2007. p. 303).

no que se refere à teoria das nulidades. Defende que a diferenciação entre público e privado com regramento diferente para hipóteses semelhantes deve ceder à delimitação do conceito de instituto jurídico. No caso dos atos jurídicos e dos atos administrativos, "esse tratamento conjunto afasta as contradições dos sistemas e permite a exclusão de uma série de exceções, cuja permanência é danosa à certeza do direito e à segurança jurídica".[513] De fato, nem mesmo o regime privado permite que seja pactuada indeterminação que desconsidere as particularidades inerentes aos casos. A boa-fé e a proteção da confiança introduziram importante instrumento que assegura a avaliação específica sobre os efeitos dos atos jurídicos. Esse cenário coloca em xeque a perspectiva publicística que, muito embora admita a proteção da confiança, não cogita de um regime de transição que possa ser avaliado nos atos administrativos, a partir de cada hipótese. Essa análise revela, não apenas pelas mudanças processadas no direito privado, que o regime jurídico administrativo não está compatível com o atual estágio procedimental do Estado democrático de Direito. Nesse sentido é que se propõe a adoção de um novo instrumento que permita a avaliação cogente de um regime de transição.

5.3 Interesse Público e eficiência: a necessidade de um modelo que considere a posição do administrado e reduza o impacto financeiro e a remessa de litígios ao Poder Judiciário

Não há dúvida de que o sistema fechado e pré-delimitado de espécies e consequências para a modificação e a extinção dos atos administrativos é insuficiente para lidar com a variedade das situações concretas. Especialmente porque não permite que terceiros, que se relacionam com a Administração Pública, possam se planejar com segurança a partir das decisões do Estado. A construção hermética

---

[513] HORBACH, Carlos Bastide. *Teoria das nulidades do ato administrativo*. São Paulo: Revista dos Tribunais, 2007. p. 276 e 269: "Primeiramente, porque nem mesmo no direito privado há uma liberdade extrema para autonomia da vontade. A concepção marcadamente individualista típica dos códigos oitocentistas não mais se verifica, existindo uma gama de institutos que expressam essa gradual diminuição da autonomia da vontade, como a função social da propriedade, a função social do contrato e a proibição do abuso de direito, entre outros [...]. Por outro lado, há situações no direito civil nas quais o agente não é dado dispor segundo sua vontade [cita art. 185 do CC/1916] [...]".

acaba levando o administrador e o julgador a optar pelo caminho tradicional de extinção do ato, que parece mais seguro, mas onera a condição do administrado e nem sempre é condizente com os princípios constitucionais. Ademais, parte da doutrina e da jurisprudência[514] tem considerado que o procedimento administrativo, além de instrumento do contraditório e da ampla defesa, é vetor do tempo necessário para que o indivíduo possa se preparar para uma decisão desfavorável.

Essa objetivação de soluções é agravada pela compreensão de que as decisões judiciais ou administrativas, proferidas em processos que assegurem o contraditório e a ampla defesa, não atingem ao administrado de forma inesperada. Alguns autores[515] e precedentes[516] consideram que o procedimento administrativo de apuração seria suficiente para garantia da *calculabilidade*, pois impediria "que aqueles que podem ser surpreendidos com o controle de juridicidade da Administração se surpreendam com um inesperado, unilateral e coercitivo pronunciamento extintivo de ato anterior".[517] Essa não é a compreensão que se adota na presente obra.[518]

O contexto delimitado ao longo de todo o trabalho, vigente na atualidade, é definidor de circunstâncias que são recorrentes em todas as formas de extinção e de modificação dos atos administrativos: surpresa, perplexidade, insegurança (ausência de cognoscibilidade, confiabilidade e calculabilidade), indignação com a imposição de consequências para erros que decorrem do Poder Público e decréscimo

---

[514] Capítulo 2, item 2.5.

[515] CARVALHO, Raquel Melo Urbano de. *Curso de direito administrativo*. Salvador: Jus Podium, 2008. p. 452. "Cumprida a exigência de processo administrativo anterior à invalidação, não se pode afirmar que o terceiro viu-se surpreendido com frustração abrupta da expectativa legítima na presunção de legitimidade do ato viciado, o que preserva a segurança jurídica. Ademais, tem-se a transferência da decisão administrativa, em um processo dialético que deixa clara a boa-fé pública. Por fim, é fundamental assegurar a efetiva supremacia do interesse público primário, ou seja, o interesse de toda a sociedade, que não admite sacrifício para o benefício isolado de um de seus membros, contrariamente àquilo que o sistema lhe outorgou".

[516] Remete-se aos precedentes citados em que o Supremo Tribunal Federal concluiu que a aposentadoria tem natureza de ato complexo, que somente se perfaz com sua homologação pelo Tribunal de Contas. Nessas hipóteses, caso decorrido mais de 5 (cinco) anos entre a aposentadoria e o ato de controle, a instauração de procedimento administrativo passa a ser obrigatória.

[517] CARVALHO, Raquel Melo Urbano de. *Curso de direito administrativo*. Salvador: Jus Podium, 2008. p. 447; FRANÇA, Vladimir da Rocha. Contraditório e invalidação administrativa no âmbito da Administração Pública Federal. *Revista de Direito Administrativo*. Rio de Janeiro, Renovar, v. 223, p. 282-283, jul.-set. 2003.

[518] Capítulo 4, item 4.5.

de legitimidade da atuação estatal. Essa percepção é confirmada pela descrição contida no início deste capítulo, que analisa cada uma das espécies de extinção ou modificação dos atos administrativos, bem como suas barreiras de atuação. Exemplificativamente, contudo, é importante destacar algumas hipóteses.

A primeira delas, que é bastante recorrente, cuida da revogação do ato administrativo.[519] Nesses casos, não importa o tempo de vigência do ato e os impactos que a revogação causará em seu beneficiário. A ausência de previsão legal específica que delimite um prazo prescricional ou decadencial tem levado a doutrina e a jurisprudência a reafirmarem a possibilidade de sua revogação a qualquer tempo, por razões de conveniência e oportunidade, com efeitos *ex nunc*.[520]

Outro exemplo que bem revela os efeitos desse modelo é a barreira imposta pela proteção da confiança ou pela boa-fé. Como vimos no Capítulo 4, parte dos autores pretende que esse óbice atue na manutenção dos efeitos do ato, enquanto outros defendem a manutenção do próprio ato, ainda que viciado por alguma nulidade. Para não extinguir o ato nem autorizar que ele permaneça válido – ambas soluções de extremos –, o Judiciário acaba preservando-lhe os efeitos como medida intermediária. Dessa forma, estaria preservada a legalidade ao tempo em que também se garantiria a segurança. Não obstante, esse sistema modelado em dois extremos (supressão e manutenção do ato) e um meio termo (preservação dos efeitos já produzidos) não permite considerações que respeitem às diferenças presentes em cada caso.

Imagine-se uma hipótese em que determinado servidor de boa-fé perceba vantagem que não mais encontra previsão legal, por três anos consecutivos.[521] Identificada a irregularidade, a Administração

---

[519] Capítulo 4, item 4.4.

[520] TJSP. AI 845544820128260000 SP 0084554-48.2012.8.26.0000. DJ. 20/08/2012: *"CONSTITUCIONAL E PROCESSUAL CIVIL - MANDADO DE SEGURANÇA - LIMINAR - ATO ADMINISTRATIVO -REVOGAÇÃO DE TERMO DE PERMISSÃO DE USO - ATO ADMINISTRATIVO PRECÁRIO. 1. Para concessão de liminar em mandado de segurança é necessária a concorrência dos requisitos da relevância da fundamentação e da irreparabil idade do dano (art. 7º , III , da Lei nº 12.016 /09). 2. Portaria que revogou Termo de Permissão de Uso de ambulante. Ato administrativo precário e unilateral. Discricionariedade da Administração. Ausência de relevância na fundamentação. Liminar indeferida. Admissibilidade. Decisão mantida. Recurso desprovido"*. No mesmo sentido: TJSP. Acórdãos nº 026148. DJ 17.7.2013: *"MANDADO DE SEGURANÇA - Ato administrativo - Permissão de uso, por tempo indeterminado, para exploração de comércio ambulante - Revogação - Ato precário e discricionário - Reexame do mérito administrativo pelo Poder Judiciário - Inadmissibilidade - Direito líquido e certo? Ausência - Sentença modificada - Recursos providos.*

[521] Esse exemplo não serve apenas aos casos de invalidação ou de inexistência dos atos administrativos, embora sejam os mais paradigmáticos. Com pequenas alterações,

instaura procedimento administrativo para apuração do ilícito e conclui que a verba realmente é indevida. No modelo atual, a vantagem será suprimida (o ato de concessão da vantagem será extinto), mas os valores percebidos serão mantidos em seu patrimônio. Suponha, agora, que se trate de um quinquênio cuja concessão dependia de interpretação legal específica controvertida, quase inacessível a leigos, e que compunha 20% (vinte por cento) da remuneração de um servidor cuja esposa faleceu e mantém, sem auxílio financeiro, dois filhos menores, um deles deficiente. No modelo atual, formado por um sistema fechado de espécies e consequências, a solução em nada se alteraria. Pergunta-se: pode-se dizer que a manutenção dos efeitos patrimoniais desse ato com sua supressão imediata após o procedimento administrativo garante a segurança jurídica e a legitimidade da ação estatal? As premissas da presente obra revelam que não.

O servidor realizou todo o seu planejamento, financeiro e pessoal, tendo como fundamento um ato administrativo produzido com presunção de legalidade. A complexidade da matéria e sua boa-fé não permitiram que ele pudesse supor a ilegalidade praticada por equívoco da própria Administração Pública. Nesse contexto e por longo tempo, seu planejamento incluiu esse montante, que constituía parte significativa de seus vencimentos. Instaurado procedimento administrativo com duração de alguns meses, ainda assim, como é natural, a questão permanece em suspenso e o servidor confia na manutenção da vantagem. Após a tomada de decisão pela ilegalidade do ato, quando a autotutela se torna definitiva e pode ser executada, não parece compatível com os princípios basilares do Estado democrático e com a boa-fé do administrado que ele tenha que suportar esse impacto abruptamente por erro da administração.

Nesse exemplo, o tempo exigido para a manutenção do ato é dado por um prazo decadencial ainda não transcorrido (art. 54 da Lei nº 9.784/99, 5 anos). Nesse cenário, também não seria legítima a incorporação da vantagem, definitivamente, ao seu patrimônio. Assim,

---

poderia ser substituído por quaisquer hipóteses de extinção ou de modificação do ato administrativo: i) alguém que detivesse uma permissão de banca de revista por longos anos (hipótese de revogação); ii) indivíduo que é surpreendido por alteração legislativa que afete seu ato, mas sofra autotutela da Administração somente três anos depois (hipótese de caducidade); iii) titular de cargo comissionado que venha a ser exonerado e tenha mantida uma função que não existe isoladamente, mas que continua exercendo de boa-fé por dois anos (hipótese de contraposição); iv) três anos após o fato, a Administração faça interpretação no sentido de que houve descumprimento de norma que leve à cassação de certo ato administrativo por falta objetiva (hipótese de cassação).

não havendo solução intermediária, a decisão possível se concentra na supressão imediata do ato, com a possibilidade de manutenção dos efeitos já produzidos. Essa via desconsidera a isonomia, a proporcionalidade, a equidade e a segurança.

Pode-se indagar se referida construção teórica levaria à conclusão de que o Estado seria um segurador universal, de modo que a Administração Pública nunca estaria autorizada a errar. Inicialmente, é preciso considerar que, em diversos casos, a modulação de efeitos do ato atende não apenas ao interesse do terceiro, mas ao próprio interesse público. Seria o caso de atos que impactam na prestação de serviços públicos ou cuja prorrogação possa compensar pretensão que se resolveria em perdas e danos.

Em outros casos, contudo, compreende-se que a resposta a essa questão encontra-se no art. 37, §6º da Constituição que regula a responsabilidade extracontratual do Estado. O dispositivo assegura a responsabilização das "pessoas jurídicas de direito público e as de direito privado prestadoras de serviços públicos, pelos danos que seus agentes, nessa qualidade, causarem a terceiros", mantido o "direito de regresso contra o responsável nos casos de dolo e de culpa". Além de objetivar a responsabilidade do Estado,[522] o texto constitucional responsabiliza o agente público por equívocos dolosos ou culposos que causem danos aos administrados.

Significa dizer que: i) a Administração Pública não pode transferir aos terceiros os danos que, nesses termos, lhes forem causados; ii) não nos parece eficiente – como visto no item anterior – transformar todos os conflitos em hipótese de perdas e danos; iii) os agentes públicos responsáveis devem arcar com seus equívocos para que os administrados não sofram o ônus da autotutela aliada à presunção de legalidade do ato administrativo.

Não fosse assim, sofrer-se-iam duplamente as consequências da má gestão pública: com o agente público ineficiente e com a extinção de ato cuja manutenção atende ao interesse público. Nesse ponto, a modulação de efeitos desempenharia parte de sua função, permitindo que o ato permaneça vigente por período suficiente à eventual compensação do dano, ou para que o administrado se adapte à nova

---

[522] A extensão do tema impede seu aprofundamento na presente obra. Questão relativa à matéria foi objeto de estudo da autora em sua dissertação de mestrado. (SILVEIRA, Marilda de Paula. *A responsabilização do legislador pela produção de atos legislativos danosos*. Belo Horizonte: UFMG, 2008).

realidade ou para que a Administração se organize sem a necessidade de interromper atividade, obra ou serviço essencial.

É certo que a extinção e a modificação dos atos administrativos provocam consequências que afetam direta ou indiretamente os indivíduos e que, muitas vezes, integram a noção de dano. Esse conceito de dano encontra raízes patrimonialistas no direito romano e, geralmente, tem sido relacionado a prejuízo econômico ou material. Atualmente, além da diminuição no patrimônio do lesado, inclui-se a violação a atributos não patrimoniais, como elementos da personalidade, que dão ensejo ao chamado dano moral.[523]

Ocorre que, na esfera do ato administrativo, sempre que a convalidação não é possível ou a manutenção de efeitos não é suficiente para reparar algum dano, a Administração Pública atribui ao administrado o ônus de suportar os efeitos da extinção e da modificação do ato administrativo. O pressuposto de que o interesse de todos deve prevalecer sobre o interesse de um leva à conclusão de que o administrado beneficiário de um ato que não mais deve prevalecer – ainda que essa avaliação decorra de uma falha da própria administração – suportará os efeitos da extinção do ato para que toda a sociedade seja beneficiária da restauração da legalidade.

Em hipóteses como essas, a corrente majoritária e a jurisprudência têm afirmado que a distorção seria corrigida na esfera patrimonial, pela resolução desses eventuais prejuízos em perdas e danos. Argumenta-se que, em função do *interesse público*, o administrado teria que suportar os efeitos abruptos da extinção e modificação do ato para, posteriormente,[524] recorrer à esfera competente, postulando indenização compensatória. Entretanto, é bastante incomum que a Administração Pública reconheça o direito do administrado à indenização e formalize qualquer tipo de recomposição na esfera administrativa.[525] Significa dizer que a conclusão de que determinada hipótese deve ser resolvida em perdas e danos, corresponde, quase que certamente, ao envio do administrado para a via judicial, ou pior, ao seu abandono para que lide com o prejuízo decorrente da atuação estatal.

---

[523] TASCA, Flori Antônio. *Responsabilidade civil*: dano extrapatrimonial por abalo de crédito. Curitiba: Juruá, 1998. p. 49.

[524] Comprovados o dano, a violação a algum de seus direitos subjetivos e o nexo de causalidade.

[525] Diversos fatores contribuem para essa realidade: desde restrições legais e específicas até o receio dos agentes públicos, em razão do controle patrimonial que pode acarretar ações pessoais de responsabilidade.

Essa realidade não apenas fragiliza a legitimidade da atuação administrativa, como também desconsidera uma alternativa que pode ser extremamente mais vantajosa para o Poder Público. Eventualmente, por exemplo, pode ser mais vantajoso para o Município manter determinada permissão por alguns meses, a título compensatório, que resolver dano decorrente da extinção deste ato administrativo, em perdas e danos.

Muito se tem falado sobre a judicialização da política e sobre a intervenção do Poder Judiciário em questões que deveriam se manter na esfera administrativa. Não se pode negar, contudo, que a *deslegitimação* dos órgãos que compõem a Administração Pública influencia essa realidade. Além disso, o modelo brasileiro de Judiciário único desempenhou papel importante nesse contexto. A ausência de definitividade das decisões administrativas traz consigo a noção de que todos os atos e procedimentos que atinjam os administrados podem ser judicializados. Até mesmo porque são poucos os que internalizam a noção de independência dos poderes vinculada à discricionariedade administrativa. Dessa perspectiva, a segurança estaria apenas no Poder Judiciário, instância final de decisão. Essa construção atrai a ideia de que apenas o Poder Judiciário seria coerente, transparente e garantidor de decisões céleres e uniformizadas.

Assistiu-se, no Brasil, após a Constituição de 1988, ao enorme crescimento da demanda social pelo amplo acesso ao Judiciário, que seria o guardião, em última instância, da legalidade e das garantias democráticas, conforme prescreve solenemente o art. 5º, XXXV, da Constituição: "a lei não excluirá da apreciação do Poder Judiciário, lesão ou ameaça de lesão a direito". Não por outra razão, os esforços legislativos, doutrinários e institucionais parecem se concentrar, quase que exclusivamente, na tentativa de implementação de um sistema coerente e homogêneo, no âmbito do Poder Judiciário (a exemplo da repercussão geral, recursos repetitivos e demais instrumentos frutos de sucessivas reformas). A presente obra desenvolve a proposta de resgatar, ao menos em parte, essa confiança também na esfera administrativa, para toda a Administração Pública.

Os cidadãos também precisam ver na Administração Pública um ambiente seguro, efetivo e célere de aplicação do Direito. Para tanto, não é mesmo possível desviar-se da realidade de que é necessário distribuir os ônus da decisão que extingue e/ou modifica um ato administrativo. Não cabe mais, contudo, seguir com a solução tradicional, sempre pautada na transferência dos ônus ao administrado, resguardada ação posterior contra o Poder Público. É preciso contextualizar essa conclusão genérica, fundamentada no princípio da isonomia e, mais uma vez, no princípio geral do interesse público.

De fato, entende-se que essa *remessa* automática e objetiva dos indivíduos ao Poder Judiciário não está de acordo com a preservação do interesse público. Além de fortalecer a frustração do administrado, reduzindo ainda mais a legitimidade do Poder Público, coloca aqueles que se relacionam com a Administração em severa desvantagem no que se refere à distribuição dos ônus e dos encargos públicos. Os exemplos descritos acima bem demonstram a necessidade de abertura para que cada hipótese seja considerada individualmente, inserida em seu contexto, e de que seja obrigatoriamente avaliada, motivadamente, a necessidade de um espaço de transição. A proposta em estudo busca implementar essa transição, instrumentalizada pela modulação de efeitos.

Compreende-se que essa fórmula geral (*one size fits all*) não é compatível com a perspectiva democrática e com um cenário que efetivamente proporcione segurança jurídica. Como salientado em tópico anterior, esse paradigma ultrapassa a noção iluminista[526] de que o interesse público compõe uma unidade que parte do Estado, para alcançar a visão de que há uma pluralidade de interesses juridicamente relevantes, os quais somente podem ser aferidos nos casos concretos. A construção individual das soluções, inseridas em seu contexto e considerando a participação daqueles que foram diretamente afetados pelo ato, possibilita materializar a segurança jurídica, fomentando a legitimidade do exercício da função administrativa e da própria ação estatal.[527]

Essa avaliação de que situações irregulares merecem análise particularizada já era feita por *Seabra Fagundes,* que considerava não apenas a perspectiva da Administração Pública, mas também a do administrado. Afirmava que a ponderação da legalidade com outros elementos poderia levar o "Estado, encarnando interesses impessoais e tendo por objetivo a realização do bem público, a [abdicar] da faculdade de promover a decretação da nulidade, tendo em vista o interesse

---

[526] Noção esta vinculada ao pressuposto radical de que há uma separação rígida entre o direito público e o direito privado, próprio do período das codificações, do constitucionalismo e do individualismo liberal. (LUDWING, Marcos de Campos. Direito público e direito privado: superação da dicotomia. In. MARTINS-COSTA, Judith. *A reconstrução do direito privado.* São Paulo: RT, 2002. p. 95-96).

[527] STURN, Susan P. The promise of participation. *Iowa Law Rewiew,* v. 78, nº 5, p. 996-997. jul. 1993.

geral, mais bem amparado com a subsistência do ato defeituoso".[528] Essa também é a posição de Márcio Cammarosano, ao afirmar que "da só constatação de vícios quanto à legalidade, não se pode concluir, de plano, pelo cabimento da anulação".[529] Na mesma linha, *Almiro do Couto e Silva*, um dos principais administrativistas brasileiros que cuidou da flexibilização das nulidades com fundamento na proteção da confiança, observou o seguinte:

> É importante que se deixe bem claro, entretanto, que o dever (e não o poder) de anular os atos administrativos inválidos só existe quando no confronto entre o princípio da legalidade e o da segurança jurídica, o interesse público recomende que aquele seja aplicado e este não. Todavia, se a hipótese inversa verificar-se, isto é, se o interesse público maior for de que o princípio aplicável é o da segurança jurídica e não o da legalidade da Administração Pública, então, a autoridade competente terá o dever (e não o poder) de não anular, porque se deu a sanatória do inválido, pela conjugação da boa-fé dos interessados com a tolerância da administração e com razoável lapso de tempo transcorrido.[530]

Quando o autor afirma que deve ser considerado o interesse público no momento em que se opta pela anulação ou pela convalidação de um ato administrativo, não se pode perder de vista que a *legitimidade da ação estatal* é fundamental na delimitação desses conceitos. Seja qual for a hipótese de modificação ou de extinção do ato administrativo, é indispensável que se avalie, em cada caso concreto, qual solução melhor atende ao resguardo da legalidade, sem perder de vista a

---

[528] FAGUNDES, M. Seabra. *O controle dos atos administrativos pelo poder judiciário*. São Paulo: Saraiva, 1984. p. 48, nota 5.

[529] CAMMAROSANO, Márcio; HUMBERT, Georges Louis Hage. Declaração de nulidade dos contratos administrativos e de suspensão do pagamento de obras executadas e entregues: (Im)possibilidade jurídica. *Fórum de contratação e Gestão Pública – FCGP*. Belo Horizonte, ano 11, nº 122, fv. 2012. Disponível em: HTTP://bidforum.com.br/bid. Acesso em: 1. nov.2013: "Para decretação de nulidade ou anulação de um contrato deve-se observar o binômio necessidade/adequação. Deve-se indagar: a anulação, ainda que em princípio cabível, é necessária? Trará benefícios válidos para a Administração e para a coletividade? É a mais adequada em face das situações eventualmente consolidadas, dos efeitos já produzidos e consumados, dos direitos do contratado e do interesse público a ser realizado? O desfazimento do contrato, que efeitos ou consequências acarretará? Estar-se-á prestigiando valores judicizados, exigências de estabilidade das relações e segurança jurídica, a lealdade, a confiança, a boa-fé, que compõem a denominada moralidade administrativa?"

[530] COUTO E SILVA, Almiro do. O princípio da segurança jurídica (proteção à confiança) no Direito Público brasileiro e o direito da Administração Pública de anular os seus próprios atos: o prazo decadência do art. 54 da Lei do Processo Administrativo da União (Lei nº 9.784/99). *Revista de Direito Administrativo*, nº 237, p. 300. Rio de Janeiro, 2004.

juridicidade, como fator que assegura a legitimidade da atuação do Estado. Esta é a posição de *Garrido Falla*, ao afirmar que, no Direito Administrativo, deve-se considerar "um certo dogmatismo amplamente corrigido pela apreciação dos interesse em jogo. Unicamente assim poderá ser determinado se em um caso concreto a existência de um vício de legalidade dá lugar a um ato nulo, simplesmente anulável, ou irregular, porém válido".[531] Até mesmo *Odete Madauar*, que não admite a hipótese de anulabilidade no Direito Administrativo, defende que, "em determinadas circunstâncias e ante à pequena gravidade do vício, a autoridade administrativa deixe de exercê-lo, em benefício do interesse público, para que as consequências do desfazimento em si e de sua repercussão não acarretem maior prejuízo que a subsistência do ato".[532]

Essa pretensão alinha-se à perspectiva de que o controle sobre o ato administrativo deve considerar a apreciação da ação global da Administração Pública, avaliando seus resultados e a eficiência de suas decisões, sem vinculação com a legalidade estrita ou com proposições que partam de modelos fechados.[533] De fato, a pretensão de convalidação dos atos administrativos é consentânea com o princípio da segurança jurídica. Contudo, o único efeito que, atualmente, se lhe atribui (manutenção do ato) não alcança a diversidade de hipóteses reveladas pelos casos. O que for interesse público somente pode ser determinado nas relações jurídico-administrativas concretas, até mesmo diante da heterogeneidade de interesses públicos.

Esse cenário tem feito com que o julgador acabe por invalidar o ato, seja com efeitos *ex tunc* seja com efeitos *ex nunc*, para não sanar o vício e convalidar o ato por inteiro. Ainda remanesce a perspectiva de que a violação ao princípio da legalidade não pode ficar impune, especialmente em hipótese de nulidade. Assim, sem alternativa intermediária, para não deixar de sancionar o ato nulo – ainda que seu

---

[531] GARRIDO FALLA, Fernando. *Tratado de Derecho Administrativo*. 6. ed. Madrid: Instituto de Estudios Políticos, 1973. p. 481.

[532] MEDAUAR, Odete. *Direito administrativo moderno*. 6. ed. São Paulo: Revista dos Tribunais, 2002. p. 121.

[533] BATISTA JÚNIOR, Onofre Alves. *O princípio constitucional da eficiência administrativa*. Belo Horizonte: Fórum, 2012. p. 352. "O PE reclama uma valoração da atividade administrativa, mas não abre mão da avaliação do ato singular, propiciando espaço para diversas modalidades de controle. Permite desde um controle isolado sobre decisões individualizadas de um agente até a aferição da ação global da AP. Enfim, em um ordenamento pluralista, em nome da eficiência administrativa, exige-se que se tome em consideração não apenas o ato singular, mas também a atividade envolvida. No que diz respeito ao controle da atividade, abre-se a possibilidade de verdadeiros controles de resultados e controles de vício de ineficiência".

destinatário e os administrados não sejam responsáveis pelo vício – opta-se pela extinção.

Com efeito, a modificação do cenário atual por uma perspectiva de *avaliação obrigatória e motivada de um regime de transição* tem como objetivo descrever alternativas que garantam a segurança jurídica nos espaços desafiados pela pesquisa. Essa mudança tem a pretensão de: i) afastar pleitos indenizatórios que a extinção *ex tunc* ou *ex nunc* acaba atraindo; ii) garantir que os terceiros afetados pela decisão administrativa possam se planejar a partir da alteração do regime jurídico, sem maiores danos para si, para a sua família, para a sua empresa e para os terceiros com os quais se relacione; iii) assegurar que se possa avaliar a solução mais eficiente e adequada ao caso concreto; e iv) em última instância, fortalecer a legitimade do Estado. A transição, além de garantir maior segurança na aplicação do Direito, aproxima o administrado e permite que ele pondere os elementos do caso concreto como instrumento de *cognoscibilidade*. Em novas bases, a medida seria instrumentalizada pela possibilidade de modular os efeitos da decisão administrativa.

5.4 Por um regime de transição aplicável aos atos administrativos: uma análise tópica dos casos concretos

Tal como observado nos capítulos anteriores, é regra no Direito Administrativo a extinção e a modificação dos atos administrativos sem que se faça um juízo efetivo a respeito da pertinência de um regime de transição. Essa perspectiva se construiu sob os auspícios da supremacia do interesse público, da teoria civilista, da amplitude conferida à discricionariedade e à nulidade absoluta atrelada ao controle de constitucionalidade. Esses fatores, no entanto, foram se modificando ao longo do tempo.

A teoria civilista flexibilizou as regras de extinção dos atos e negócios jurídicos com fundamento na boa-fé e na proteção da confiança. O controle de constitucionalidade passou a admitir a modulação de efeitos, dando efetividade aos atos nulos. O conceito de interesse público e a extensão da discricionariedade foram alocados em perspectiva compatível com os fundamentos do Estado democrático de Direito. É preciso que a relação jurídico-administrativa também se torne compatível com esses pressupostos.

O modelo ainda aplicável ao ato administrativo pouco ou nada se adaptou aos princípios do Estado democrático. A bem da verdade, nem mesmo acompanhou a evolução dos institutos que lhe serviram de fundamento. Enquanto a doutrina civilista e o controle de constitucionalidade modificaram seu regime para admitir a flexibilização dos modelos de extinção e de modificação dos atos e das normas, o regime jurídico administrativo permanece no século XIX, ainda vinculado ao padrão de efeitos *ex tunc* e *ex nunc*.

O presente estudo revela que os fundamentos do Estado democrático de Direito demandam a implementação de um novo modelo. Nesse sentido, propõe-se a adoção de um instrumento que parta de *raciocínio tópico*, em que a autoridade administrativa analisará o caso concreto, partindo do problema e não de um sistema que foi construído previamente. Não se desconsideram os princípios e as regras previamente estabelecidas (Princípio da Juridicidade), mesmo porque, seu estudo sistemático é que permite a identificação dos *topoi*, como realizado ao longo desta obra.[534]

Assim, assume-se que a multiplicidade de circunstâncias tornou a tarefa de sistematização por demais complexa ou mesmo impossível. A alternativa teórica proposta, portanto, não é nova[535] e se contrapõe à pretensão de sistematizar todos os institutos jurídicos dando-lhes soluções preestabelecidas. Trata-se de perspectiva a qual demanda que os problemas sejam submetidos a um contraditório de efetivo debate, que considere os pontos de vista e os argumentos de todos os envolvidos. *Tércio Sampaio Ferraz Júnior*, no prefácio de sua tradução ao livro de Viehweg,[536] esclarece que:

---

[534] COUTO E SILVA, Clóvis. *A obrigação como processo*. São Paulo: Bushatsky, 1976. p. 80. "A coexistência, porém, do raciocínio dedutivo como o casuístico não é nova na história do pensamento ocidental. Nos dois últimos séculos, apenas, ela se fez menos presente na filosofia e consequentemente em todas as ciências – que com ela vivem em mútua relação, como o direito".

[535] Inspirado pela tópica, Theodor Viehweg publicou *Tópica e Jurisprudência* em 1950 (VIEHWEG, Theodor. *Tópica e jurisprudência*. Trad. Tércio Sampaio Ferraz Júnior. Brasília: Ministério da Justiça e Ed. UnB, 1979. p. 17-18), obra que se tornou um dos mais importantes textos sobre a matéria. Nesse sentido, aponta Judith Martins-Costa: "Por construir uma técnica orientada por problemas é que a tópica recusa a possibilidade de serem encontradas soluções que não os levem em conta, ou que não os levem em conta como ponto de partida para o raciocínio. Viehweg estabelece, assim, a contraposição entre sistema e problema, criticando severamente a concepção segundo a qual seria possível, no direito, pensar soluções a partir do todo ou do sistema". (MARTINS-COSTA, Judith. *A boa-fé no direito privado*. São Paulo: Revista dos Tribunais, 1999. p. 356-357).

[536] FERRAZ JÚNIOR, Tércio Sampaio. Prefácio do tradutor. VIEHWEG, Theodor. *Tópica e jurisprudência*. Trad. Tércio Sampaio Ferraz Júnior. Brasília: Ministério da Justiça e Ed. UnB, 1979. p. 3.

pensar topicamente significa manter princípios, conceitos, postulados, com um caráter problemático, na medida em que jamais perdem sua qualidade de tentativa. Como tentativa, as figuras doutrinárias do direito são abertas, delimitadas sem maior rigor lógico, assumindo significações em função dos problemas a resolver, constituindo verdadeiras 'fórmulas de procura' de solução de conflito. Noções-chave como 'interesse público', 'autonomia da vontade', bem como princípios básicos como 'não tirar proveito da própria ilicitude', 'dar a cada um o que é seu', *in dúbio pro reo* guardam um sentido vago que se determina em função de problemas como a relação entre sociedade e indivíduo, proteção do indivíduo em face do Estado, do indivíduo de boa-fé, distribuição dos bens numa situação de escassez, etc., problemas estes que se reduzem, de certo modo, a uma aporia nuclear, isto é, a uma questão posta e renovadamente discutida e que anima toda a jurisprudência: a aporia da justiça.

Aplicada ao universo do presente estudo, a análise tópica exige que se abandonem as consequências e/ou as sanções previamente cominadas para cada espécie de extinção e modificação dos atos administrativos. Proporciona-se a abertura do ordenamento jurídico a aspectos novos, ultrapassando a rigidez da sistematização axiológica e dedutiva que sempre orientou a análise da matéria. Sem modelos previamente estabelecidos, parte-se de cada hipótese concreta e do Princípio da Juridicidade para que seja analisada a consequência cabível.

Abandona-se o sistema que admite apenas o modelo *ex tunc*, *ex nunc*, para vincular-se ao paradigma em que o princípio da segurança jurídica exige a avaliação motivada da necessidade de um regime de transição. Para viabilizar a concretização dessa proposta, defende-se a utilização de um instrumento jurídico disponível e com importante aplicação em outros ramos do direito: a modulação de efeitos. Não apenas a forma de raciocínio jurídico, mas também o instrumento proposto vão permitir que sejam considerados os múltiplos aspectos que podem estar presentes em cada caso, flexibilizando a imposição das respectivas consequências ou sanções.

Especificamente no que se refere aos atos administrativos de efeitos concretos, o modelo atual (por disposição legal, doutrinária e jurisprudencial) exige a instauração de procedimento administrativo quando sua extinção ou modificação interfere na esfera jurídica de terceiros. A alteração será operada no momento de aplicação das normas. A decisão administrativa de extinguir ou de modificar o ato, de manter, não manter ou prorrogar seus efeitos, não estará necessariamente vinculada à categoria jurídica previamente delimitada (anulação, revogação, caducidade, etc.), mas aos elementos do caso concreto. Essa análise permitirá que o administrador considere o interesse público, mas também alternativas que não remetam o terceiro interessado ao Judiciário (para postular perdas e danos) e que preservem a legitimidade da atuação estatal.

O presente estudo comprova a necessidade de enfrentar os casos de extinção e de modificação dos atos jurídicos dessa perspectiva, sem vinculação a uma consequência fechada e previamente estabelecida por um sistema, pois a teoria dos atos administrativos não se compatibiliza com a sistematização dedutiva. O estudo do modelo hoje vigente revelou que, para que se retome a legitimidade da atuação estatal com a realização efetiva da segurança jurídica, é preciso superar essa estrutura fixa vinculada à ideia de sistema. E o caminho mais consentâneo com o paradigma atual de Estado é o reconhecimento da complexidade das relações jurídico-administrativas, para que se passe a proceder à análise da melhor forma de extinção ou de modificação do ato.

O que ocorre no modelo vigente é que, a cada caso concreto, o aplicador busca uma hipótese de extinção para vinculá-la a determinados efeitos. Algumas vezes, o administrador se depara com situações de conclusão recorrente; em outras tantas, a imposição do modelo acaba por impedir a concretização do que seria mais adequado ao caso. Nessa perspectiva, a inversão do ônus da prova, decorrente da presunção de legalidade dos atos administrativos, agrava a posição do administrado, que, por erro ou mudança de avaliação do Poder Público, é obrigado a resolver eventual pretensão na esfera judicial em perdas e danos. Esse ciclo distancia as soluções dos diferentes elementos do caso, enfraquece a confiança na atuação estatal e a legitimidade das ações do Estado. Situação semelhante ocorre com as barreiras que se opõem ao ato administrativo em que o aplicador dá maior alcance a determinada proteção ou mesmo excepciona a regra vigente para se adaptar.

Embora especificamente construído para o controle de constitucionalidade, a finalidade que se busca alcançar com a modulação de efeitos é a implementação de um regime de transição possível em cada ato. A aproximação das competências inseridas em cada função é evidente: assim como na função jurisdicional, a função administrativa cuida da aplicação do Direito. O que distancia uma função da outra é a definitividade das decisões proferidas pelo Judiciário.

Como já mencionado, a modulação de efeitos é reconhecida pelo STF no controle difuso e em viradas jurisprudenciais, com fundamento na segurança jurídica e sem previsão legal específica a respeito. Nesse contexto, *Gilmar Mendes* afirma que, quando a alteração de cenário decorre da "mudança radical de um dado instituto ou estatuto jurídico, a não adoção de cláusulas de transição poderá configurar omissão legislativa inconstitucional grave". Pontua, ainda, que "situações ou posições consolidadas podem assentar-se até mesmo em um quadro inicial de ilicitude" e, muito embora não desenvolva a teoria a respeito do tema, destaca que,

> nesse contexto, assume relevância o debate sobre a anulação de atos administrativos, em decorrência de sua eventual ilicitude. Igualmente relevante se afigura a controvérsia sobre a legitimidade ou não da revogação de certos atos da Administração depois de decorrido determinado prazo.[537]

Do que se viu ao longo da presente obra, é possível reafirmar que os efeitos que decorrem da extinção ou da modificação dos atos administrativos não consideram o quão consolidada era a situação jurídica invulgar da hipótese. Ou o ato é mantido ou é extinto, havendo apenas dois destinos para seus efeitos: *ex tunc* ou *ex nunc*. Justamente para viabilizar o caminho da transição é que se propõe a implementação de um regime de modulação de efeitos. Considerando a perspectiva democrática de que os casos concretos devem ser considerados em sua individualidade, propõe-se que a Administração Pública tenha o dever de avaliar, motivadamente, a possibilidade de modulação de efeitos de todos os atos administrativos no momento da decisão que definirá sua extinção ou modificação. Essa proposição considera o sistema de modulação de efeitos já adotado nas decisões judiciais, seja no controle concentrado, seja no controle difuso de constitucionalidade.

No procedimento administrativo já instaurado para apurar a necessidade de extinção ou de modificação do ato administrativo, a administração estará obrigada ao exame efetivo dos argumentos e dos caminhos de modulação, com sua implementação ou afastamento a partir de um posicionamento motivado. A motivação desse aspecto da decisão insere-se, sobretudo, no dever de boa-fé da administração, a quem não cabe apenas dizer "sim" ou "não" às pretensões que

---

[537] MENDES, Gilmar Ferreira; MÁRTIRES COELHO, Inocêncio; GONET, Paulo Branco. *Curso de Direito Constitucional.* 4. ed. São Paulo: Saraiva, 2009. p. 532.

reporcutem sobre os administrados. Estes esperam compreender não apenas as decisões que os afetem diretamente, mas todo o contexto de atuação pública.[538]

Verifica-se, portanto, que o exame tópico dos atos administrativos possibilitará a implementação de soluções que considerem a juridicidade para além de um conceito genérico de interesse público. Essa perspectiva da juridicidade, implícita na cláusula do Estado democrático de direito (art. 1º, CR/88), exige que a modulação de efeitos atue de forma a complementar a segurança jurídica, mesmo porque, alguns deles possuem estatura constitucional.

Do que se estudou, é possível sintetizar que a segurança jurídica fundamenta: a vedação de adoção retroativa de nova interpretação legal pela Administração Pública, em desfavor do administrado (art. 2º, parágrafo único, XIII, da Lei nº 9.784/99), a possibilidade de flexibilização dos efeitos retroativos das decisões proferidas no controle de constitucionalidade de normas (art. 27 da Lei nº 9.868/99 e art. 11 da Lei nº 9.882/99), bem como a possibilidade de convalidação ou de validação dos efeitos pretéritos de atos administrativos geradores de benefícios ilegais (art. 55 da Lei nº 9.784/99). O princípio também arrima a regra impeditiva de anulação dos atos ampliativos de direitos, decorridos mais de cinco anos de sua prática, salvo comprovada má-fé (art. 54 da Lei nº 9.784/99). Some-se a isso, a proteção ao direito adquirido, à coisa julgada e ao ato jurídico perfeito.

Quando os óbices narrados incidem sobre as espécies de extinção/modificação do ato administrativo – de que se cuidou nos Capítulos 4 e 5 –, é possível visualizar que o sistema binário não tem conseguido

---

[538] ARAÚJO, Florivaldo Dutra de. *Negociação coletiva dos servidores públicos*. Belo Horizonte: Editora Fórum, 2011. p. 381. "*Conditio sine qua non* da atuação de boa-fé constitui-se na obediência ao princípio da motivação, que obriga ambas as partes a explicitar as razões de seus posicionamentos no decorrer de todo o procedimento negocial. Não basta, por exemplo, afirmar simplesmente que não se pode atender a certa reivindicação. Devem ser esclarecidos os motivos legais e fáticos que levem a tal conclusão. O dever de motivação é mais incisivo para a administração pública, pois quem administra os interesses da coletividade tem o dever de prestar contas dos seus atos diante dos cidadãos. Por isso, diante de reinvindicação dos servidores, não bastará afirmar que se pode ou não acatá-la. Faz-se necessário explicar, aos servidores e à coletividade, o porquê da postura assumida. Assim, qualquer acordo feito ou rechaçado deve ser fundamentado diante da sociedade, para fins de controle, pela opinião pública, do exercício do poder, pois aquela tem o direito de conhecer a viabilidade e a seriedade do comportamento da administração. A motivação deve atender aos requisitos de congruência, exatidão, suficiência e clareza, tal como salienta a doutrina sobre o tema, constituindo-se em importante fator não só para o desenvolvimento e sucesso da negociação, mas também para o seu controle, em face dos interesses sociais em jogo".

conciliar legalidade e segurança. A modulação de efeitos aplicada aos atos administrativos concretos busca preservar a *confiabilidade e a calculabilidade* da atuação administrativa e, ao mesmo tempo, evitar o prolongamento de infindáveis debates a respeito da legalidade/ ilegalidade do ato e a judicialização de questões que podem ser definidas no próprio âmbito administrativo.

Sempre cabe lembrar que princípios jurídicos são comandos genéricos (*mandado de otimização* para Robert Alexy) que apontam para uma finalidade a ser alcançada, mas demandam densificação, de acordo com as circunstâncias fáticas e jurídicas. Não se trata de normas binárias, pois dependem de um juízo de aplicação ou de ponderação.[539] Assim, em qualquer caso, deverá o administrador ponderar a importância da norma violada e a possibilidade de convalidação do vício; os efeitos da extinção (independentemente da espécie) e a existência de confiança legítima (dada pela apuração da boa-fé objetiva); os efeitos da presunção de legitimidade do ato administrativo sobre o administrado; o tempo transcorrido desde a prática do ato e o grau de irreversibilidade dos efeitos da decisão.

Desse modo, consideradas as circunstâncias dos casos concretos como aqui se propõe, entende-se que o administrador tem à sua disposição cinco opções para modular os efeitos de uma decisão que poderia, em princípio, levar à extinção ou à modificação de um ato administrativo: i) a extinção do ato administrativo com retroação de efeitos *ex tunc*; ii) a extinção do ato administrativo com retroação de efeitos modulados, de acordo com a decisão administrativa; iii) a extinção do ato administrativo com efeitos *ex nunc*; iv) a extinção do ato administrativo prospectivamente, delimitado prazo *pro futuro* para que o administrado possa se adaptar à decisão e compensar eventuais danos que lhe tenham sido causados; v) a convalidação do ato administrativo.

Embora cada uma das espécies de extinção/modificação do ato tenha merecido análise individualizada e um quadro geral tenha iniciado este capítulo, vale ilustrar a aplicação do instituto em hipótese de revogação.

Fruto da ideia de *discricionariedade,*[540] a revogação do ato administrativo pressupõe atuação lícita e costuma não encontrar barreira

---

[539] Em que pese as divergências teóricas a respeito da matéria, o tema não demanda maior aprofundamento dentro do escopo proposto para a presente obra.

[540] Como visto no Capítulo 2.

no tempo ou na boa-fé, senão no direito adquirido (art. 53 da Lei nº 9.784/99). Com efeito, seguindo a regra tradicional, o terceiro beneficiado por um ato revogável (*v.g.* autorização para venda ambulante) não encontra proteção que lhe possa garantir espaço de previsibilidade. Já na perspectiva de *modulação de efeitos*, o ato não pode ser revogado de forma abrupta, a qualquer tempo, sem que se considere a possibilidade de extinção prospectiva, a depender dos elementos do caso concreto. Então, será preciso avaliar as razões que circundam a pretensão de revogação, que poderiam ser sintetizadas como: i) não houve alteração desde a expedição do ato, mas a Administração Pública reavaliou a hipótese e chegou a uma conclusão diversa; ii) determinado fato, já acessível à época do ato, não foi considerado e é suficiente para alterar a decisão tomada; iii) fato superveniente devidamente demonstrado altera as condições fáticas e fundamenta a revogação do ato.

Todos esses critérios que levarem a uma ou outra decisão, no momento de revogação, devem integrar sua motivação, de modo que os administrados e os terceiros interessados tenham a efetiva garantia de que atuam em ambiente de *confiabilidade e de calculabilidade*, viabilizado pela avaliação justificada de um regime de transição (art. 50, VIII da Lei nº 9.784/99). No exemplo específico, o administrador poderia concluir pela necessidade de revogação, com a consequente extinção do ato, mas garantindo ao permissionário, efeitos prospectivos que viabilizassem maior planejamento, sem prejuízo ao bem comum, já que foi surpreendido por uma reavaliação do mesmo cenário.

Solução semelhante serve ao exemplo que não encontrou resposta no Capítulo 2, relativo à permissão de taxi. Com o falecimento do permissionário em razão de acidente provocado pelo Poder Público, caberia à Administração avaliar a extinção prospectiva do ato, não apenas para evitar a interrupção abrupta da única fonte de renda da família, mas também, como forma de ressarcimento mais eficiente que o pagamento de perdas e danos.

A partir desse delineamento geral, cabe avaliar, ainda, alguns aspectos específicos relacionados ao Princípio da Legalidade, à competência e ao elemento subjetivo daqueles a quem se direciona a medida.

Antes que houvesse qualquer previsão legal específica,[541] o STF consolidou, por meio das Súmulas 473 e 346,[542] o posicionamento no

---

[541] Como visto, no âmbito da teoria das nulidades, doutrina e jurisprudência fundamentavam-se na Lei de Ação Popular e na doutrina civilista.

[542] STF Súmula 473 – 03.12.1969 - DJ de 10.12.1969, p. 5929; DJ de 11.12.1969, p. 5945; DJ de 12.12.1969, p. 5993. Republicação: DJ de 11.6.1970, p. 2381; DJ de 12.6.1970, p. 2405;

sentido de que a Administração Pública poderia revogar e anular seus próprios atos. Da mesma forma, mas em sentido oposto, com fundamento nos princípios da segurança jurídica e da proporcionalidade, também sem disposição legal específica, o Tribunal permitiu o afastamento casuístico do Princípio da Nulidade, no controle difuso e concentrado de constitucionalidade.

Fundamentando-se em legítimo processo de ponderação de interesses, não se deixou de considerar que "o Princípio da Nulidade continua a ser a regra também no direito brasileiro", mas passou-se a admitir que o afastamento de sua incidência é perfeitamente válido, desde que analisado cada caso em julgamento, com "um severo juízo de ponderação que, tendo em vista análise fundada no Princípio da Proporcionalidade, faça prevalecer a ideia de segurança jurídica ou outro princípio constitucional importante, manifestado sob a forma de interesse relevante".[543]

É exatamente essa a perspectiva que se pretende implementar nos casos de extinção e de modificação dos atos administrativos. Embora, atualmente, todas as hipóteses de extinção e de modificação dos atos administrativos se submetam a um modelo de solução binária, compreende-se que o princípio da segurança jurídica e a supremacia do interesse público[544] são suficientes para fundamentar um modelo em que seja obrigatória a avaliação motivada de um regime de transição. Isso não quer dizer que a transição seja obrigatória. Assim como no controle de constitucionalidade e no direito privado, serão analisadas as características da hipótese em questão e os interesses em conflito.

Pelos mesmos fundamentos que pautaram a adoção da medida no controle de constitucionalidade, sua inserção nos procedimentos administrativos não depende de autorização legislativa específica. Essa conclusão considera que toda a competência outorgada a um agente público é mero instrumento de execução do dever que lhe é imposto.

DJ de 15.6.1970, p. 2437. "A administração pode anular seus próprios atos, quando eivados de vícios que os tornam ilegais, porque deles não se originam direitos; ou revogá-los, por motivo de conveniência ou oportunidade, respeitados os direitos adquiridos, e ressalvada, em todos os casos, a apreciação judicial". STF Súmula 346 – 13.12.1963 - Súmula da Jurisprudência Predominante do Supremo Tribunal Federal - Anexo ao Regimento Interno. Edição: Imprensa Nacional, 1964, p. 151: "A administração pública pode declarar a nulidade dos seus próprios atos".

[543] MENDES, Gilmar Ferreira. *Curso de direito constitucional*. São Paulo: Saraiva, 2008. p. 1268-1269.

[544] Entendido como bem comum analisado nos casos concretos. Cf.: Capítulo 2.

Nesse sentido, o instrumento proposto viabiliza a concretização da segurança jurídica em espaço que não pode ser alcançado pelas soluções sistêmicas que vêm sendo admitidas: o espaço ocupado pelas particularidades dos casos concretos. Como norma constitucional que é, este princípio pode incidir diretamente sobre a realidade administrativa, *mas depende de mediação legislativa*. Recentemente, um projeto de lei de autoria do Senador Antônio Anastasia (PL 349/2015) modifica a Lei de Introdução às Normas do Direito Brasileiro (Decreto-Lei nº 4.657, de 1942), para introduzir disposições para elevar os níveis de segurança jurídica e de eficiência na criação e aplicação do direito público. Uma das normas impõe a avaliação de regras de transição em casos de mudança de orientação:

> Art. 22. A decisão administrativa, controladora ou judicial que, com base em norma indeterminada, impuser dever ou condicionamento novo de direito, ou fixar orientação ou interpretação nova, deverá prever um regime de transição, quando indispensável para que a submissão às exigências se opere de modo proporcional, equânime e eficiente, e sem prejuízo aos interesses gerais.
>
> Parágrafo único. Se o regime de transição não estiver previamente estabelecido, o sujeito obrigado terá direito a negociá-lo com a autoridade, segundo as peculiaridades de seu caso e observadas às limitações legais, celebrando-se compromisso para o ajustamento, na esfera administrativa, controladora ou judicial, conforme o caso.

Para evitar que cada ente federativo tenha que regulamentar a matéria com seus parâmetros, seria o suficiente para implementar a modulação de efeitos, assim como se tem tutelado expectativas legítimas que não se converteram em direitos adquiridos.

Além da legitimidade democrática inerente à demanda de regulamentação, os parâmetros de concretização atraem uniformidade que evita disparidade entre as decisões tomadas nos mais diversos órgãos, assim como eventual quebra de isonomia, com respeito à concretização da segurança que se pretende resguardar. Nesses termos, caberia a cada esfera administrativa, editar um ato regulamentar, normatizando as hipóteses de modulação de efeitos.

Quanto à *competência,* independentemente da forma de extinção, afirma-se competente a autoridade que praticou o ato a ser extinto. Também seriam competentes o superior hierárquico ou alguém a quem a norma haja atribuído competência para tanto, ainda que fora da linha hierárquica. Alguns autores[545] defendem, ainda, que o delegante mantém a competência de controle dos atos praticados pelo delegado. Se o ato de controle depende de competência para dispor discricionariamente sobre a situação que já fora objeto de deliberação anterior, é necessário aferir a quem a norma defere o poder de reavaliar a situação precedente.

Resta, ainda, definir se a modulação de efeitos na extinção e na modificação dos atos administrativos está necessariamente vinculada à boa-fé. A questão preliminar que se coloca, é definir como ocorreria a averiguação desse elemento. Para tanto, é preciso considerar que os efeitos das relações jurídico-administrativas não alcançam apenas as partes diretamente envolvidas nos atos administrativos. Afinal, como acentua Cabral de Moncada, especificamente para a "relação jurídica administrativa", é de se notar que estas "não relevam apenas as posições jurídicas atendíveis dos destinatários directos da actividade administrativa, relevando, também, os direitos e interesses de terceiros, numa perspectiva multilateral e não apenas bilateral das posições atendíveis".[546]

Em cada situação, os beneficiários da modulação podem ser os destinatários diretos do ato, terceiros afetados por seus efeitos e os próprios agentes públicos. Nesse ponto, duas questões centrais precisam ser consideradas: i) o regime de responsabilidade não se confunde com a gestão dos atos administrativos; não se podem confundir as consequências que devem atingir os responsáveis por uma prática equivocada, com o destino que deve ser atribuído ao ato em si; ii) de modo geral, um ato administrativo não repercute na esfera

---

[545] Diogo Freitas do Amaral afirma que, "apesar da delegação, mantém-se a posição de supremacia do delegante face ao delegado, já que aquele continua a ser, como responsável pelas funções que lhe estão cometidas, o órgão originariamente vocacionado para o exercício da competência cuja delegação a lei permite, ao passo que o delegado só poderá exercer essa competência se for destinatário de um acto de delegação e enquanto essa delegação subsistir". (AMARAL, Diogo Freitas do. *Curso de direito administrativo*. 5. reimp. ed. 2001. Coimbra: Almedina, 2006. v. 2, p. 458). No mesmo sentido, Marcelo Caetano entende que "é a este que incumbe dar as orientações necessárias para o desempenho das funções, traçadas as diretrizes da interpretação das leis com as quais o delegado deverá conformar-se [...]. O delegado não pode revogar os actos do delegante sem pôr em cheque a posição deste como órgão normal e plenamente competente para o desempenho da função a que pertencem os poderes delegados". (CAETANO, Marcelo. *Manual de direito administrativo*. Coimbra: Almedina, 1997. v. 1, p. 550-551).

[546] MONCADA, Luís S. Cabral de. *A relação jurídica administrativa*: para um novo paradigma de compreensão da actividade, da organização e do contencioso administrativos. Coimbra: Coimbra, 2009. p. 1042.

jurídica de um único indivíduo, assim como sua extinção, modificação ou modulação de efeitos.

Como exposto nos fundamentos deste estudo, a perspectiva de modulação de efeitos está inserida na dinâmica da gestão das relações jurídico-administrativas e não na esfera da responsabilidade. A extinção de um ato ilícito ou a prospecção de seus efeitos não têm a função de punir ou de premiar agentes públicos, administrados ou terceiros. Em alguns casos, como visto, servem à garantia das expectativas legítimas dos administrados, fundamentada em sua boa-fé. Em outros tantos, ainda que agentes públicos e terceiros tenham praticado atos ilícitos, com a mais absoluta má-fé, dolosamente, os elementos do caso podem exigir a manutenção do ato ou, acolhendo-se a tese ora proposta, a modulação de seus efeitos. A necessidade de responsabilização dos atores do ilícito, públicos ou privados, não deve interferir no procedimento que apura o destino do ato em si.

Embora essa não seja uma diferenciação comumente tratada pelos tribunais, o STJ já teve a oportunidade de decidir[547] que um ato

---

[547] STJ. 1ª Turma. REsp 950489/DF, Luiz Fux, DJe 23.2.2011: "Os princípios que norteiam os atos da Administração Pública, quando em confronto, indicam que deva prevalecer aquele que mais se coaduna com o da razoabilidade. 2. No balanceamento dos interesses em jogo, entre anular o contrato firmado para a prestação de serviços de recuperação e modernização das instalações físicas, construção de ossuários, cinzários, crematórios e adoção de medidas administrativas e operacionais, para a ampliação da vida útil dos 06 (seis) cemitérios pertencentes ao Governo do Distrito Federal, ou admitir o saneamento de uma irregularidade contratual, para possibilitar a continuidade dos referidos serviços, *in casu*, essenciais à população, a última opção conspira em prol do interesse público. 3. Ação Civil Pública ajuizada pelo Ministério Público do Distrito Federal e dos Territórios, objetivando a decretação de nulidade do contrato celebrado com a empresa vencedora da Licitação realizada pela Companhia Urbanizadora da Nova Capital do Brasil – NOVACAP, para a Concessão de Serviços Públicos precedido de Obra Pública sobre imóvel do Distrito Federal 01/2002 (administração dos cemitérios do DF), ao argumento de que a inobservância do capital social mínimo exigido do edital de licitação não configura mera irregularidade, ao revés, constitui vício grave capaz de nulificar o Contrato Administrativo, mercê de violar o disposto no art. 55, incisos VI e XIII, da Lei nº 8.666/93. 4. O princípio da legalidade convive com os cânones da segurança jurídica e do interesse público, por isso que a eventual colidência de princípios não implica dizer que um deles restará anulado pelo outro, mas, ao revés, que um deles será privilegiado em detrimento do outro, à luz das especificidades do caso concreto, mantendo-se, ambos, íntegros em sua validade. 5. Outrossim, convém ressaltar que a eventual paralisação na execução do contrato de que trata a presente demanda, relacionados à prestação de serviços realizada pelos 06 (seis) cemitérios pertencentes ao Governo do Distrito Federal, coadjuvado pela impossibilidade de o ente público assumir, de forma direta, a prestação dos referidos serviços, em razão da desmobilização da infraestrutura estatal, após conclusão do procedimento licitatório *in foco*, poderá ensejar a descontinuidade dos serviços prestados pela empresa licitante, em completa afronta ao princípio da continuidade dos serviços públicos essenciais. 6. *In casu*, merece destaque as situações fáticas assentadas pelo Tribunal *a quo*, insindicáveis

nulo, oriundo de uma prática ímproba, não necessariamente deve ser anulado e encerrado pela Administração Pública, pois essa decisão teria que considerar cada caso, especialmente a *segurança jurídica* e o *interesse público* envolvidos. A boa-fé, nesse sentido, seria um dos elementos a ser considerado na decisão administrativa, embora não o único ou o seu pressuposto indispensável.

Também não se deve perder de vista que a modulação de efeitos pode ser viabilizada de duas formas: i) unilateralmente, após procedimento administrativo, no momento em que a Administração Pública decide; e ii) no curso do procedimento administrativo, por meio da consensualidade, hipótese que não será objeto da presente obra, mas que tem ganhado progressivo destaque no cenário público nacional.[548] Não é por outra razão que, na esfera penal, a transação é obrigatória para os tipos que atendam aos requisitos legais, independentemente do elemento subjetivo, além de não constituir reconhecimento de culpa.

Sem embargo, indispensável à modulação de efeitos é a análise dos elementos de cada caso concreto, independentemente, portanto, do elemento subjetivo que pautou a atuação daqueles envolvidos na relação jurídico-administrativa.

---

nesta Corte, assim sintetizadas: (a) o procedimento licitatório, realizado pela Companhia Urbanizadora da Nova Capital do Brasil - NOVACAP, teve como vencedor o Consórcio DCB, formado pelas empresas: Dinâmica - Administração, Serviços e Obras Ltda.; Contil - Construção e Incorporação de Imóveis Ltda. e Brasília Empresa de Serviços Técnicos Ltda., o qual, antes da assinatura do contrato administrativo, valendo-se de permissivo legal, constituiu a empresa denominada Campo da Esperança Serviços Ltda.; (b) o Consórcio DCB, vencedor do procedimento licitatório sub examine, comprovou todos os requisitos para a participação no certame, inclusive, a exigência do capital mínimo, de R$1.438.868,00 (um milhão, quatrocentos e trinta e oito mil, oitocentos e sessenta e oito reais); (c) a empresa Campo da Esperança Serviços Ltda., criada para substituir o consórcio vencedor do certame, inobstante obrigada ao cumprimento das exigências editalícias nos mesmos moldes do vencedor, mormente no que se refere ao valor do capital mínimo, foi constituída, inicialmente, com capital de R$10.000,00 (dez mil reais), o qual foi majorado para R$300.000,00 (trezentos mil reais), mediante alteração dos seus atos constitutivos, e, posteriormente, ampliado para R$1.500.000,00 (um milhão e quinhentos mil reais), em razão do cumprimento da decisão proferida pelo Juízo de Direito da Vara da Fazenda Pública do Distrito Federal, com supedâneo no art. 798 do CPC, consoante se verifica da decisão de fls. às fls. 334/344. 7. Deveras, o Ministério Público Federal, na qualidade de custos legis, destacou que: "o princípio da continuidade dos serviços públicos admite o saneamento de uma irregularidade contratual, no intuito de atingir o interesse público. Correta a decisão do Tribunal *a quo* que entendeu possível a correção posterior de uma exigência prevista no edital de licitação (capital social mínimo de empresa) para preservar o bem comum dos administrados". (fl. 662) 8. Recurso Especial desprovido".

[548] O estudo da consensualidade demanda aprofundamento por caminhos diferentes dos que foram percorridos na presente obra. Esse objeto merece pesquisa própria que não é suportada pela limitação da tese.

A modulação de efeitos das decisões administrativas que concluem pela modificação ou pela extinção de um ato encontra fundamento principal na segurança jurídica e na necessidade de dar tratamento adequado aos casos concretos. Essa perspectiva, contudo, não se apresenta como a abertura de uma via excepcional, mas como uma alternativa possível, que deve ser considerada como regra em todos os atos administrativos.

Embora a doutrina e a jurisprudência não tratem de forma sistemática a necessidade de modular os efeitos das decisões de acordo com as peculiaridades de cada caso, é possível encontrar poucos, mas valorosos precedentes em que a insuficiência das soluções binárias apresentadas pela *teoria geral* levou à construção de alternativas outras que, entretanto, são tratadas como exceções.

Exemplo significativo é o caso do concurso público em que o teste físico, designado para uma data determinada, esvai-se pelo decurso do tempo. Seria uma hipótese clássica de extinção do ato administrativo pelo cumprimento de seus efeitos. Sensível à condição específica das candidatas grávidas e de enfermidades supervenientes, a Administração Pública tem deferido pedidos para remarcação da data em que serão realizados os testes físicos. Inicialmente, os tribunais reconheciam a legalidade desaa decisão, ainda que sem amparo em regra legal ou editalícia.[549] Mas, recentemente, o STF uniformizou o entendimento, em repercussão geral, no sentido de que não há direito

---

[549] STF. 1ª Turma. AgR AI 825.545/PE, Rel. Min. Ricardo Lewandowski, DJe 13.4.2011. EMENTA: AGRAVO REGIMENTAL NO AGRAVO DE INSTRUMENTO. ADMINISTRATIVO. CONCURSO PÚBLICO. PROVA FÍSICA. REMARCAÇÃO. POSSIBILIDADE. OFENSA AO PRINCÍPIO DA ISONOMIA. INOCORRÊNCIA. PRECEDENTES. AGRAVO IMPROVIDO. I – A jurisprudência desta Corte firmou-se no sentido de que não implica em ofensa ao princípio da isonomia, a possibilidade de remarcação da data de teste físico, tendo em vista motivo de força maior. II – Agravo regimental improvido. O Supremo Tribunal Federal pacificou o tema no sentido de que é possível a remarcação dos testes de aptidão física sem que isto implique em qualquer violação do princípio constitucional da isonomia. Precedentes: AgRg no AI 825.545/PE, Relator Min. Ricardo Lewandowski, Primeira Turma, publicado no DJe 084 em 6.5.2011 e no Ementário vol. 2516-03, p. 623; AgRg no RE 598.759/AL, Relatora Min. Cármen Lúcia, Primeira Turma, publicado no DJe 223 em 27.11.2009 e no Ementário vol. 2384-06, p. 1145; AgRg no AI 630.487/DF, Relatora Min. Cármen Lúcia, Primeira Turma, publicado no DJe 030 em 13.2.2009, no Ementário vol. 2348-06, p. 1168 e no LEXSTF v. 31, nº 362, 2009, p. 114-119; e AgRg no RE 376.607/DF, Relator Min. Eros Grau, Segunda Turma, publicado no DJ em 5.5.2006, p. 35 e no Ementário vol. 2231-03, p. 589. No mesmo sentido: STJ. 2ª Turma. REsp 1293721/PR, Rel. Min. Eliana Calmon, DJe 10.4.2013: 3. A tese de fundo, referente à possibilidade de remarcação do exame físico em concurso público por força maior, já foi objeto de apreciação nesta Corte, bem como no Supremo Tribunal Federal e, recentemente, tem-se firmado favoravelmente ao pleito, por não implicar em ofensa ao princípio da isonomia. Afasta-se, portanto, o fundamento da extinção do feito por impossibilidade jurídica do pedido.

de candidatos à prova de segunda chamada nos testes de aptidão física, em razão de circunstâncias pessoais, ainda que de caráter fisiológico ou de força maior, *salvo contrária disposição editalícia.* No caso, assegurou-se a validade das provas de segunda chamada realizadas até a data do julgamento.[550]

Também no STJ, encontram-se precedentes – embora componham um grupo de exceção[551] - em que um ato nulo, oriundo de prática ímproba, não foi extinto, pois, as peculiaridades do caso concreto "[indicavam que devesse] prevalecer aquele [princípio] que mais se coaduna com o da razoabilidade". Na hipótese, discutia-se a necessidade de anular um contrato firmado para a prestação de serviços de recuperação e de modernização das instalações físicas, construção de ossuários, cinzários, crematório e adoção de medidas administrativas e operacionais para a ampliação da vida útil dos 06 (seis) cemitérios pertencentes ao Governo do Distrito Federal, ou admitir o saneamento de uma irregularidade contratual,[552] para possibilitar a continuidade dos referidos serviços.

Embora a repercussão da decisão tenha afetado os efeitos do contrato administrativo, o vício apontado seria decorrente da licitação. Assim, o Tribunal compreendeu que a manutenção do contrato seria a opção que "[conspirava] em prol do interesse público". Para chegar a essa conclusão, os Ministros consideraram que:

---

[550] STF. Pleno. RE 630733 RG/DF. Rel. Min. Gilmar Mendes. DJ 21.10.2010. "CONCURSO PÚBLICO. REMARCAÇÃO DO TESTE DE APTIDÃO FÍSICA. A possibilidade de remarcação de teste de aptidão física para data diversa da estabelecida por edital de concurso público, em virtude de força maior que atinja a higidez física do candidato, devidamente comprovada mediante documentação idônea, é questão que deve ser minuciosamente enfrentada à luz do princípio da isonomia e de outros princípios que regem a atuação da Administração Pública. Repercussão geral reconhecida". NA SESSÃO DO PLENÁRIO DE 15.05.2013 (acórdão ainda pendente de publicação) - Decisão: O Tribunal, por maioria e nos termos do voto do Relator, negou provimento ao recurso, mas reconheceu a inexistência de direito de candidatos à prova de segunda chamada nos testes de aptidão física, em razão de circunstâncias pessoais, ainda que de caráter fisiológico ou de força maior, salvo contrária disposição editalícia, e assegurou a validade das provas de segunda chamada realizadas até a data deste julgamento, vencido o Ministro Marco Aurélio que desprovia o recurso, mas com consequências diversas, e quanto à aplicação do regime da repercussão geral ao caso.

[551] STJ. 1ª Turma. REsp 950489/DF, Luiz Fux, DJe 23.2.2011.

[552] O Ministério Público apontava a inobservância do capital social mínimo exigido no edital de licitação, argumentando que tal fato não configura mera irregularidade, ao revés, constitui vício grave capaz de nulificar o Contrato Administrativo, mercê de violar o disposto no art. 55, incisos VI e XIII, da Lei nº 8.666/93.

eventual paralisação na execução do contrato, relacionado à prestação de serviços realizada pelos seis cemitérios, coadjuvado pela impossibilidade de o ente público assumir, de forma direta, a prestação dos referidos serviços, poderá ensejar a descontinuidade dos serviços prestados pela empresa licitante, em completa afronta ao Princípio da Continuidade dos serviços públicos essenciais.

Fundamentando sua decisão, o Tribunal salientou que

> o Princípio da Legalidade convive com os cânones da segurança jurídica e do interesse público, por isso que a eventual colidência de princípios não implica dizer que um deles restará anulado pelo outro, mas, ao revés, que um deles será privilegiado em detrimento do outro, à luz das especificidades do caso concreto, mantendo-se, ambos, íntegros em sua validade.

Finalmente, cita-se, a decisão do Tribunal de Contas da União, em que a Corte decidiu que pode "determinar a anulação da licitação e autorizar, em caráter excepcional, a continuidade da execução contratual, em face de circunstâncias especiais que desaconselhem a anulação do contrato, em razão da prevalência do atendimento ao interesse público".

Julgava-se representação referente ao pregão presencial da Codevasf para aquisição de cisternas, e o relator concluiu que houve "manifesto o prejuízo à competitividade decorrente da opção da CODEVASF pelo pregão presencial em vez do eletrônico [...] impondo-se, em consequência, a declaração de nulidade do certame".[553]

Contudo, ao apreciar as consequências da declaração parcial de nulidade em relação aos contratos já celebrados, uma vez que a nulidade do procedimento licitatório induz a nulidade do contrato (art. 49, §2º, da Lei nº 8.666/93), "defrontou-se o relator, seguindo a moderna doutrina administrativista em torno da teoria das nulidades, com a necessidade de verificar se a anulação dos contratos não estaria em desacordo com o interesse público".

Diante de todas as circunstâncias e consequências envolvidas, da documentação constante nos autos e das manifestações da unidade técnica, concluiu o relator que "o interesse público estará melhor

---

[553] Em virtude da violação do disposto no art. 4º, §1º, do Decreto nº 5.450/2005 c/c o art. 3º da Lei nº 8.666/1993, assim como do disposto no art. 4º, incisos XI, XVI e XVII, da Lei nº 10.520/2002.

atendido caso se autorize, de forma excepcional, a continuidade do contrato relativamente ao item 2 do Pregão Presencial nº 11/2013".

O Tribunal, quanto ao ponto, acolhendo o voto do relator, determinou à entidade que anule a licitação bem como as atas de registro de preços correspondentes, mas autorizou, excepcionalmente, a Codevasf a dar continuidade à execução do contrato sem que haja a celebração de aditivos ao longo de sua execução.[554]

Verifica-se, embora por breve amostragem que se limita pelo número de precedentes que enfrentam a matéria, que os Tribunais têm se aberto à análise dos interesses em conflito, da repercussão que a supressão do ato ocasionará, do alcance dos seus efeitos e da boa-fé para encontrar a solução mais adequada. Muito embora não tratem expressamente da possibilidade de modulação de efeitos, acolhem todos os fundamentos que abrem caminho para tanto.

---

[554] TCU. Plenário. Acórdão 2789/2013. TC 010.656/2013-8, Rel. Ministro Benjamin Zymler. j. 16.10.2013.

CAPÍTULO 6

UM MODELO DE TRANSIÇÃO APLICADO AO ATO ADMINISTRATIVO NORMATIVO: POR UMA AVALIAÇÃO COGENTE E MOTIVADA

Em que pese a complexidade da matéria, as alterações e revogações de atos normativos sempre foram tratadas como "modificação de regime jurídico". Fundamentados na dinâmica do regime democrático e na mais ampla discricionariedade para expedir regulamentos, os instrumentos de concretização da segurança jurídica, nesse particular, são bastante restritos e seus efeitos ainda mais objetivos.

Entretanto, a maior parte da doutrina e a jurisprudência contemporânea não têm se dedicado ao estudo da limitação temporal prospectiva dos regulamentos ou da avaliação cogente de um regime de transição. Esses aspectos sempre foram considerados como parte natural da esfera de ampla discricionariedade do Poder Público, de modo que os atos regulamentares ou se sujeitam às limitações constitucionais objetivas (irretroatividade, direito adquirido, ato jurídico perfeito e coisa julgada) ou passam a viger de acordo com critérios definidos pelo administrador.

Cabe verificar, portanto, como a jurisprudência e a doutrina têm tratado o regime aplicável à extinção e à modificação dos atos normativos.

6.1 O regime de transição e as barreiras que se opõem à extinção e à modificação dos atos normativos

O debate a respeito das barreiras que se opõem à revogação ou à alteração dos regulamentos sempre se limitou à irretroatividade,[555]

---

[555] FERRAZ JÚNIOR, Tércio. Anterioridade e irretroatividade no campo tributário. *Revista Dialética de Direito Tributário*. nº 56, São Paulo, 2001, p. 125; ÁVILA, Humberto. *Segurança*

ao direito adquirido, ao ato jurídico perfeito e à coisa julgada.[556] Nesse ponto, assim como na função legislativa, reafirma-se que norma posterior não pode alterar os efeitos decorrentes da incidência de norma anterior.[557] Mais recentemente, contudo, combatendo-se o postulado de que "não há direito adquirido a regime jurídico" é possível encontrar alguns doutrinadores[558] que defendem a permanência de situações jurídicas individuais, pelo viés da proteção da confiança.

Jurídica. Entre permanência, mudança e realização no Direito Tributário. 2. ed., revista, atualizada e ampliada. São Paulo: Malheiros, 2012. p. 433.

[556] Em alguns casos, "o fato jurídico ocorre no passado e se consuma em conformidade com a norma vigente no momento de sua ocorrência. No entanto, a consequência normativa, por algum motivo, não se verifica ainda sob a vigência da lei anterior. Nesse caso, a regra da irretroatividade tributária é insuficiente para proteger os contribuintes. Será preciso buscar outras garantias a estes últimos asseguradas, como é o caso das garantias do ato jurídico perfeito e do direito adquirido, destinadas – como visto acima – a proteger atos ou fatos jurídicos ocorridos no passado que não se enquadrem na categoria de fatos geradores". (ÁVILA, Humberto. *Segurança Jurídica. Entre permanência, mudança e realização no Direito Tributário.* 2. ed., revista, atualizada e ampliada. São Paulo: Malheiros, 2012. p. 435).

[557] É preciso registrar, contudo, que o STF, no julgamento das ADCs 29 e 30, Rel. Min. Luiz Fux, em que se questionava a constitucionalidade das alterações trazidas pela LC nº 135/2010 (Lei da Ficha Limpa) abrandou os conceitos de irretroatividade, ato jurídico perfeito e coisa julgada. STF. Pleno. ADC 29/DF. Rel. Min. Luiz Fux. DJe 28.6.2012: AÇÕES DECLARATÓRIAS DE CONSTITUCIONALIDADE E AÇÃO DIRETA DE INCONSTITUCIONALIDADE EM JULGAMENTO CONJUNTO. LEI COMPLEMENTAR Nº 135/10. HIPÓTESES DE INELEGIBILIDADE. ART. 14, §9º, DA CONSTITUIÇÃO FEDERAL. MORALIDADE PARA O EXERCÍCIO DE MANDATOS ELETIVOS. INEXISTÊNCIA DE AFRONTA À IRRETROATIVIDADE DAS LEIS: AGRAVAMENTO DO REGIME JURÍDICO ELEITORAL. ILEGITIMIDADE DA EXPECTATIVA DO INDIVÍDUO ENQUADRADO NAS HIPÓTESES LEGAIS DE INELEGIBILIDADE. PRESUNÇÃO DE INOCÊNCIA (ART. 5º, LVII, DA CONSTITUIÇÃO FEDERAL): EXEGESE ANÁLOGA À REDUÇÃO TELEOLÓGICA, PARA LIMITAR SUA APLICABILIDADE AOS EFEITOS DA CONDENAÇÃO PENAL. ATENDIMENTO DOS PRINCÍPIOS DA RAZOABILIDADE E DA PROPORCIONALIDADE. OBSERVÂNCIA DO PRINCÍPIO DEMOCRÁTICO: FIDELIDADE POLÍTICA AOS CIDADÃOS. VIDA PREGRESSA: CONCEITO JURÍDICO INDETERMINADO. PRESTÍGIO DA SOLUÇÃO LEGISLATIVA NO PREENCHIMENTO DO CONCEITO. CONSTITUCIONALIDADE DA LEI. AFASTAMENTO DE SUA INCIDÊNCIA PARA AS ELEIÇÕES JÁ OCORRIDAS EM 2010 E AS ANTERIORES, BEM COMO PARA OS MANDATOS EM CURSO. 1. A elegibilidade é a adequação do indivíduo ao regime jurídico - constitucional e legal complementar - do processo eleitoral, razão pela qual a aplicação da Lei Complementar nº 135/10, com a consideração de fatos anteriores não pode ser capitulada na retroatividade vedada pelo art. 5º, XXXVI, da Constituição, mercê de incabível a invocação de direito adquirido ou de autoridade da coisa julgada (que opera sob o pálio da cláusula *rebus sic stantibus*) anteriormente ao pleito em oposição ao diploma legal retromencionado; subjaz a mera adequação ao sistema normativo pretérito (expectativa de direito). 2. A razoabilidade da expectativa de um indivíduo de concorrer a cargo público eletivo, à luz da exigência constitucional de moralidade para o exercício do mandato (art. 14, §9º), resta afastada em face da condenação prolatada em segunda instância ou por um colegiado no exercício da competência de foro por prerrogativa de função, da rejeição de contas públicas, da perda de cargo público ou do impedimento de exercício de profissão por violação de dever ético-profissional.

[558] Capítulo 4.

Para além desses instrumentos que foram objeto de estudo anterior e que são invocados no juízo de aplicação dos atos regulamentares (ou seja, quando se tornam atos concretos), a questão central reside no fato de que, no modelo atual, as alterações e a revogação dos atos regulamentares se sujeitam a uma regra quase objetiva: "são, por natureza, revogáveis a qualquer tempo e em qualquer circunstância, desde que a Administração respeite seus efeitos produzidos até o momento da invalidação". E compreende-se que assim o seja, porque "estes atos (gerais ou regulamentares) têm missão normativa assemelhada à lei, não objetivando situações pessoais".[559]

Na maioria dos casos,[560] a definição sobre a necessidade de regras de transição não se submete a qualquer procedimento, não exige motivação e não permite acesso por instrumentos de concretização da transparência. Especialmente no que se refere à vigência das normas, embora o tema não tenha merecido maior atenção da doutrina, o administrador age como se estivesse no exercício típico da função legislativa, de ampla discricionariedade material, sem a contrapartida do processo legislativo.

Essa é a orientação que vem pautando a edição, a modificação e a revogação de atos normativos. Todavia, ela não se coaduna com os princípios que regem a Administração Pública. Embora alguns atos normativos – haja vista os regulamentos autônomos – ostentem natureza que os aproxime da lei em sentido material, o exercício do Poder Regulamentar não retira o administrador da submissão ao regime jurídico administrativo. E, especialmente, da subordinação ao princípio da segurança jurídica e da juridicidade. Esses princípios consideram diversos fatores, entre os quais, a posição do controle.

Outro aspecto que deve ser considerado é que a esfera administrativa não conta com a legitimidade democrática inserida no processo legislativo. Não apenas pela titularidade e pela natureza do mandato parlamentar (nem todos os administradores detêm mandato), mas também pelos elementos que compõem o ambiente de decisão. Assim como nos atos administrativos concretos, o Poder Público não se dissocia do dever de transparência e da garantia de segurança, que são fatores determinantes para sua legitimação. Essa transição do passado

---

[559] MEIRELLES, Hely Lopes. *Direito administrativo brasileiro.* 27. ed. São Paulo: Malheiros, 2002. p. 196.

[560] Ressalvadas as audiências e as consultas públicas obrigatórias, como na Lei Geral de Telecomunicações (LGT) abaixo citada.

para o presente, concretizada pelo sistema normativo, é fundamental para que se possa garantir um ambiente favorável para o exercício das liberdades. A calculabilidade que se refere ao juízo de aplicação da norma, ainda que em espectro reduzido de tempo, pode ser concretizada por uma mudança gradual.

Nessa perspectiva, não se exige que a norma permaneça imutável, que tenha todos os seus aspectos motivados ou que necessariamente veicule um regime de transição. A proposta desta obra limita-se a avaliar o dever de a Administração Pública aferir, motivadamente, o cabimento de um regime de transição nos atos regulamentares, independentemente de sua natureza. Com efeito, neste estudo[561] defende-se, com fundamento no Princípio da Segurança Jurídica, que o ato regulamentar sujeita-se à motivação obrigatória apenas no que se refere ao regime de transição.

É nesse contexto de objetivação das soluções e de falta de transparência na atuação administrativa, que o presente estudo avalia alternativa que não apenas permita viabilizar a *cognoscibilidade*, a *calculabilidade* e a *confiabilidade* dos atos, mas que também dê ao administrado segurança que amplie a legitimidade da atuação estatal. A proposta parte de um viés mais consentâneo com o Estado democrático de Direito e busca trazer o debate para a esfera administrativa, antes que os efeitos da modificação normativa sejam produzidos e acabem levando à deslegitimação das ações estatais e à instauração de litígios.

6.2 Procedimentalização da Administração Pública: motivação e contraditório dos atos regulamentares

Como visto, o sistema atual parte de uma construção bem objetiva no que se refere ao regime de transição inserido na esfera do Poder Regulamentar. Embora sejam escassos os trabalhos sobre o tema, a doutrina e a jurisprudência[562] adotam posicionamento, já incorporado

---

[561] Ainda que outros autores defendam a motivação dos regulamentos como um todo, tema que pode ser objetivo de aprofundamento posterior.

[562] STJ. 1ª Turma. Min. Francisco Falcão. REsp 710458/MG, DJ 2.11.2005: muito embora houvesse motivação no regulamento impugnado, o Tribunal afirmou, *obiter dictum*, que, "em 30 de dezembro de 1998, foi editado o Decreto nº 2.917, fixando a alíquota do IPI em 5% para o açúcar de cana, sendo este documento legal que a recorrente reputa carecedor de motivação. Nesse diapasão, é preciso ressaltar que o ato normativo encontra-se respaldado no plano da discricionariedade, cabendo ao Administrador efetuar o juízo acerca da conveniência e da oportunidade de sua edição." (Cita, no mesmo sentido, em hipótese idêntica: REsp 439.059/PR, Relator Ministro FRANCIULLI NETTO, DJ de 22.03.2004, p. 278.)

à rotina administrativa, de que em todas as espécies de regulamento, o regime de transição estaria a critério da autoridade administrativa regulamentadora. Já a necessidade de motivação do ato regulamentar não foi objeto de maiores aprofundamentos.[563] Essa construção está centrada na extensão da discricionariedade do ato regulamentar e desconsidera a complexidade do ambiente em que se insere, seja do ponto de vista global da Administração Pública, seja daqueles que serão diretamente afetados por suas normas.

O exercício da competência normativa pela Administração Pública tem merecido bastante esforço doutrinário no que se refere à legalidade do regulamento e à abrangência da norma administrativa em face da legislação aplicável. Na presente obra, contudo, merece enfoque a procedimentalização da função administrativa, especificamente no que se refere à motivação dos atos regulamentares. Afinal, não menos importante que saber o quê deve e pode ser editado, é investigar os requisitos formais e procedimentais para o exercício de tal competência. Ou seja, como tais normas devem ser editadas.

A competência administrativa regulamentar também propõe uma série de questões relacionadas ao procedimento. E duas delas são centrais: a Administração estaria obrigada a motivar os seus atos normativos, a exemplo do que deve fazer em relação às suas decisões individuais e concretas? Existiria um dever ao "contraditório" nos procedimentos administrativos de produção de atos normativos, que assegure a interessados atingidos pelas futuras normas, o direito de externar e de defender os seus pontos de vista?

Um viés possível seria aprofundar o estudo para se investigar a obrigatoriedade de motivação de todos os aspectos do regulamento ou a obrigatoriedade de se instaurar procedimento administrativo com participação (*v.g.* audiências e consultas públicas) antes da expedição de todo e qualquer regulamento.[564] Contudo, esta obra cuida,

---

[563] Dos poucos trabalhos dedicados ao tema no Direito brasileiro: (SUNDFELD, Carlos Ari; CÂMARA, Jacintho Arruda. *A&C Revista de Direito Administrativo & Constitucional*. Belo Horizonte, ano 11, nº 45, p. 55-73, jul./set. 2011).

[564] Em termos semelhantes, Carlos Ari Sundfeld e Jacintho Arruda Câmara questionam a necessidade de motivação nos atos normativos da Administração Pública. (SUNDFELD, Carlos Ari; CÂMARA, Jacintho Arruda. *A&C Revista de Direito Administrativo & Constitucional*. Belo Horizonte, ano 11, nº 45, p. 55-73, jul./set. 2011): "A discussão pode ser travada sobre dois planos. O primeiro é o da Administração Pública tomada de modo geral. Trata-se de uma situação que, atualmente, conta com pouca ou nenhuma disciplina legislativa. As proposições e conclusões que venham a ser feitas dependerão, basicamente, da adaptação de normas gerais de processo administrativo, cunhadas para disciplinar a

especificamente, da motivação na escolha das regras de transição dos atos regulamentares em geral, aspecto que encerra independência suficiente para ser destacado e que está diretamente vinculado à segurança jurídica. Assim, a questão relativa ao contraditório (que envolve a participação nas decisões) não será objeto de aprofundamento.[565] Questiona-se a juridicidade do modelo atual, em que não há sequer deliberação administrativa obrigatória a respeito das regras de transição e, quando há, esta não é levada a termo que viabilize a transparência e o controle (motivação).

É curioso notar que, embora a motivação tenha se desvinculado da atuação regulatória, posição jurídica semelhante não é própria dos atos legislativos. Embora não se encontre nos processos legislativos a fundamentação típica dos atos administrativos e das decisões judiciais, é certo que seu trâmite não é pautado pela informalidade e pela ausência de transparência. Na verdade, o processo legislativo, com suas diversas fases, debates e reiteradas votações, tem a finalidade de levar ao conhecimento da sociedade o que se discute nas propostas legislativas. Por esse meio se viabiliza o controle social.

De fato, as normas de processo legislativo são inegável instrumento de concretização da segurança jurídica no constitucionalismo brasileiro. A Constituição de 1988 reflete em seu texto, a ampla participação popular assegurada pelo procedimento de sua elaboração. Fiel ao paradigma democrático de Direito, "concilia as regras e os princípios voltados para a garantia da segurança jurídica no processo de edição legislativa com os mecanismos de democratização de sua prática": arts. 59 a 69, art. 5º, XXXVI, arts. 14, III e art. 61, §2º. Esse modelo procedimental e participativo que a Constituição estabelece para modificação ou revogação das normas "é uma barreira que pretende garantir certa

---

edição de atos individuais e concretos ou da aplicação ao caso de princípios gerais de direito. O outro campo de discussão envolve setores da Administração Pública nacional em que já existem, ainda que de modo incipiente, dispositivos legais voltados para a disciplina do procedimento de criação de normas".

[565] Mesmo porque, essa questão se desdobra em tantas outras e demanda um trabalho específico: "Dada essa premissa, põe-se uma questão mais objetiva e difícil de enfrentar: como se atende ao devido processo legal no curso da edição de um ato administrativo de caráter normativo? A expressão ou o princípio jurídico do "devido processo legal" é por demais ampla para precisar um conjunto de práticas que vinculem a atuação da Administração Pública em situações como essa. Estaria o "devido processo" atendido com a observância das regras de competência e de publicidade dos atos administrativos? Bastaria, como fundamento, que a Administração indicasse, no preâmbulo de seus atos normativos, os dispositivos legais que pretende regulamentar para, com isso, atender ao requisito de motivação?"

estabilidade das situações jurídicas constituídas ou de algum modo garantidas pela ordem constitucional".[566] E não poderia ser de outra forma, pois o controle judicial dos atos legislativos é objetivo e independe de sua motivação ou da *mens legislatoris*. Os regulamentos executivos e técnicos submetem-se ao controle judicial tradicional de legalidade[567] ou à arguição de descumprimento de preceito fundamental,[568] e os regulamentos autônomos ao controle de constitucionalidade.[569] Além disso, eventuais vícios

---

[566] PIRES, Maria Coeli Simões. As normas de processo legislativo como proteção à segurança jurídica no constitucionalismo brasileiro. *Revista da Faculdade de Direito da Universidade Federal de Minas Gerais*. Belo Horizonte, 2003. p. 187.

[567] STF. ADI-MC 996. Pleno. Rel. Min. Celso de Mello. DJ 6.5.1994. ADI - SISTEMA NACIONAL DE DEFESA DO CONSUMIDOR (SNDC) - DECRETO FEDERAL Nº 861/93 - CONFLITO DE LEGALIDADE - LIMITES DO PODER REGULAMENTAR - AÇÃO DIRETA NÃO CONHECIDA. Se a interpretação administrativa da lei, que vier a consubstanciar-se em decreto executivo, divergir do sentido e do conteúdo da norma legal que o ato secundário pretendeu regulamentar, quer porque tenha este se projetado *ultra legem*, quer porque tenha permanecido *citra legem*, quer, ainda, porque tenha investido *contra legem*, a questão caracterizará, sempre, típica crise de legalidade, e não de inconstitucionalidade, a inviabilizar, em consequência, a utilização do mecanismo processual da fiscalização normativa abstrata. O eventual extravasamento, pelo ato regulamentar, dos limites a que materialmente deve estar adstrito poderá configurar insubordinação executiva aos comandos da lei. Mesmo que, a partir desse vício jurídico, se possa vislumbrar, num desdobramento ulterior, uma potencial violação da Carta Magna, ainda assim, estar-se-á em face de uma situação de inconstitucionalidade reflexa ou oblíqua, cuja apreciação não se revela possível em sede jurisdicional concentrada.

[568] Art. 102, §1º da CR/88 regulamentado pela Lei nº 9.882/99.
STF. ADPF 210/AgR/DF. Pleno. Rel. Min. Ricardo Lewandowski. DJe 20.6.2013. CONSTITUCIONAL. ARGUIÇÃO DE DESCUMPRIMENTO DE PRECEITO FUNDAMENTAL (ADPF-AGR). IMPUGNAÇÃO A RESOLUÇÕES DO CONSELHO FEDERAL DE QUÍMICA (CFQ). REGIME DE SUBSIDIARIEDADE E RELEVÂNCIA CONSTITUCIONAL DA CONTROVÉRSIA SUSCITADA. CONDIÇÕES ESSENCIAIS DE ADMISSIBILIDADE DA ARGUIÇÃO. NÃO ATENDIMENTO. NORMAS SECUNDÁRIAS E DE CARÁTER TIPICAMENTE REGULAMENTAR. OFENSA REFLEXA. INIDONEIDADE DA ADPF. AGRAVO REGIMENTAL IMPROVIDO. 1. Segundo a jurisprudência do Supremo Tribunal Federal, a ADPF, como instrumento de fiscalização abstrata das normas, está submetida, cumulativamente, ao requisito da relevância constitucional da controvérsia suscitada e ao regime da subsidiariedade, não presentes no caso. 2. A jurisprudência do Supremo Tribunal Federal (STF) firmou-se no sentido de que a ADPF é, via de regra, meio inidôneo para processar questões controvertidas derivadas de normas secundárias e de caráter tipicamente regulamentar (ADPF-AgR 93/DF, Rel. Min. Ricardo Lewandowski). 3. Agravo Regimental improvido.

[569] Para que a ADI seja cabível contra ato regulamentar, cinco são os requisitos que devem ser atendidos: i) a generalidade e a abstração da norma; ii) sua autonomia jurídica; iii) impessoalidade; iv) a eficácia vinculante. Além disso, o Supremo Tribunal Federal tem afirmado que a ADI "não pode depender, para efeito de controle normativo abstrato, da prévia análise de outras espécies jurídicas infraconstitucionais, para, somente a partir desse exame e em um desdobramento exegético ulterior, efetivar-se o reconhecimento da ilegitimidade constitucional do diploma". STF. Pleno. ADI/DF 3345. Rel. Min. Celso de Mello. Dj 25.8.2005.

no processo legislativo não são afetos ao controle social, mas apenas *interna corporis* ou judicialmente, limitada sua legitimidade ativa aos próprios integrantes das casas legislativas.[570] Nesses termos, o processo legislativo como um todo acaba por cumprir parte do papel que é atribuído à motivação nos atos administrativos.

As diferentes matrizes que fundamentam o exercício da função legislativa e da função administrativa determinam o distanciamento do modelo de formação de seus atos. Isso não significa, contudo, que a Administração Pública não esteja obrigada a viabilizar o acesso aos interessados das deliberações que determinam as escolhas normativas. A não ser, por evidente, as que devam ser pautadas pelo sigilo. De todo modo, até mesmo as restrições de acesso devem ser motivadas e se sujeitam, também, a recurso.[571]

É certo que, no plano legislativo, a Constituição disciplinou a atuação parlamentar, que acabou regulamentada por normas regimentais. A esfera normativa da Administração Pública, contudo, não mereceu tratamento especifico do texto constitucional. Apesar disso, entende-se que as normas gerais e os princípios constitucionais são suficientes para determinar que a avaliação motivada de um regime

---

[570] STF. MS 24642/DF. Rel. Min. Carlos Velloso. DJ 18.6.2004: CONSTITUCIONAL. PROCESSO LEGISLATIVO: CONTROLE JUDICIAL. MANDADO DE SEGURANÇA. I. O parlamentar tem legitimidade ativa para impetrar mandado de segurança com a finalidade de coibir atos praticados no processo de aprovação de leis e emendas constitucionais que não se compatibilizam com o processo legislativo constitucional. Legitimidade ativa do parlamentar, apenas. II. - Precedentes do STF: MS 20.257/DF, Ministro Moreira Alves (*leading case*), RTJ 99/1031; MS 21.642/DF, Ministro Celso de Mello, RDA 191/200; MS 21.303-AgR/DF, Ministro Octavio Gallotti, RTJ 139/783; MS 24.356/DF, Ministro Carlos Velloso, "DJ" de 12.09.2003. III. Inocorrência, no caso, de ofensa ao processo legislativo, C.F., art. 60, §2º, por isso que, no texto aprovado em 1º turno, houve, simplesmente, pela Comissão Especial, correção da redação aprovada, com a supressão da expressão "se inferior", expressão dispensável, dada a impossibilidade de a remuneração dos Prefeitos ser superior à dos Ministros do Supremo Tribunal Federal. IV. Mandado de Segurança indeferido.

[571] Embora não se refira a atos normativos, a Lei de Acesso à Informação (Lei nº 12.527/2011) dispõe que a informação de sigilo não apenas deve ser motivada como admite recurso: Art. 11 [...] §4º. Quando não for autorizado o acesso por se tratar de informação total ou parcialmente sigilosa, o requerente deverá ser informado sobre a possibilidade de recurso, prazos e condições para sua interposição, devendo, ainda, ser-lhe indicada a autoridade competente para sua apreciação.
Art. 29. A classificação das informações será reavaliada pela autoridade classificadora ou por autoridade hierarquicamente superior, mediante provocação ou de ofício, nos termos e prazos previstos em regulamento, com vistas à sua desclassificação ou à redução do prazo de sigilo, observado o disposto no art. 24.
§2º Na reavaliação a que se refere o *caput*, deverão ser examinadas a permanência dos motivos do sigilo e a possibilidade de danos decorrentes do acesso ou da divulgação da informação.

CAPÍTULO 6
UM MODELO DE TRANSIÇÃO APLICADO AO ATO ADMINISTRATIVO NORMATIVO...

205

de transição seja cogente. No Estado democrático, o ato isolado, administrativo ou regulamentar, perdeu a relevância para ceder espaço a um enfoque dinâmico, que considera a atuação administrativa de modo global. Para tanto, é indispensável que a repercussão do ato na esfera jurídica de terceiros e o acesso ao controle sejam sempre considerados. Além disso, a legislação ordinária regulamenta o dever de a Administração motivar suas decisões, independentemente do caráter normativo.[572]

Embora faça análise contextualizada nos limites do Poder Regulamentar – sem estudar a questão da transição – *Florivaldo Dutra de Araújo* afirma que ao editar um regulamento, o administrador deve estar atento para "não ultrapassar o círculo estrito do poder regulamentar" e, nesse sentido, deve "demonstrar que assim o faz, motivando os atos administrativos gerais e abstratos que produzir para fiel execução da lei".[573]

No setor de telecomunicações, o dever de realizar consulta pública e, consequentemente, de motivar as decisões administrativas e de ouvir as partes atingidas pelas futuras decisões foi encampado expressamente pela Lei Geral de Telecomunicações – Lei nº 9.472, de 16 de julho de 1997. Em seu art. 42, a Lei impôs o dever de realização de consulta pública[574] como requisito formal inafastável à edição de qualquer ato normativo pela Agência Nacional de Telecomunicações (Anatel).

---

[572] Lei nº 9.784/1999 Art. 2º. "[...]. Parágrafo único. Nos processos administrativos serão observados, entre outros, os critérios de: [...] VII – indicação dos pressupostos de fato e de direito que determinarem a decisão; VIII – observância das formalidades essenciais à garantia dos direitos dos administrados".

[573] O autor destaca, ainda, que "o conteúdo da motivação referir-se-á, como regra, apenas a dados jurídicos, e não fáticos. Isso porque se trata ainda de norma geral e abstrata, embasada tão só em outro preceito jurídico geral e abstrato (a lei) e orientada a fazer este último aplicável aos casos concretos. A motivação do ato regulamentar será, então, similar a uma exposição de motivos – quando se vislumbrar a necessidade de mais ampla justificação – ou, pelo menos, ao preâmbulo de uma lei, visando demonstrar a observância ao objeto da lei regulamentada e às competências dela decorrentes". (ARAÚJO, Florivaldo Dutra. *Motivação e controle do ato administrativo*. 2. ed. Belo Horizonte: Del Rey, 2005. p. 148). Compreende-se que esse esclarecimento não torna o pensamento do autor incompatível com a tese ora proposta, pois, esse fragmento do texto cuida da perspectiva de respeito à legalidade e da extensão material dos regulamentos. A afirmação não foi pensada do ponto de vista da segurança jurídica e dos demais aspectos do ato administrativo regulamentar.

[574] Lei nº 9.784/99, art. 31. "Quando a matéria do processo envolver assunto de interesse geral, o órgão competente poderá, mediante despacho motivado, abrir período de consulta pública para manifestação de terceiros, antes da decisão do pedido, se não houver prejuízo para a parte interessada". Art. 33. "Os órgãos e as entidades administrativas, em matéria relevante, poderão estabelecer outros meios de participação de administrados, diretamente ou por meio de organizações e associações legalmente reconhecidas".

É inegável que a ausência de motivação ou de qualquer procedimento dificulta ou mesmo inviabiliza o controle, ampliando o poder de uma forma perversa. Em decorrência, essa ampliação do poder reflete diretamente nos elementos da segurança jurídica e na legitimidade da ação estatal. Assim como nos atos administrativos concretos, a ampliação da discricionariedade administrativa impõe a instrumentalização de mecanismos de controle para que a segurança jurídica encontre vias de concretização.

Como indicam os pressupostos desenvolvidos ao longo da presente obra, o Estado democrático de Direito volta-se à procedimentalização da Administração Pública para que os casos e suas respectivas especificidades mereçam tratamento individualizado. Essa construção, além de garantir maior segurança e legitimidade à atuação estatal, permite que o controle da discricionariedade administrativa se amplie. Essa é a linha da tese defendida por Vasco Pereira da Silva,[575] ao afirmar que "o conceito de ato administrativo perdeu sua relevância como instrumento de compreensão e organização do direito administrativo".[576] O Estado democrático se configura como uma estrutura organizacional vocacionada a produzir atos de massa e o indivíduo deixou de ocupar posição hipossuficiente em relação vertical.[577]

O tempo, a esfera pública pluralista e a realidade ampliam as possibilidades de interpretação e as necessidades de mudança. Mas essa é uma complexidade com a qual a sociedade e todos os seus integrantes têm que lidar. Equiparar a segurança jurídica à estabilidade, atribuindo-lhe o efeito de manter o *status quo* ou de romper abruptamente com situação antecedente, não se compatibilizam com a segurança jurídica nem com o ideal democrático. Na verdade, acaba por beneficiar um grupo limitado, com fundamento em sua boa-fé, ou por onerar substancialmente o grupo afetado, com fundamento no interesse público e na dinâmica democrática.

---

[575] PEREIRA DA SILVA, Vasco Manuel Pascoal Dias. *Em busca do acto administrativo perdido.* Coimbra: Almedina, 1996. p. 44.

[576] PEREIRA DA SILVA, Vasco Manuel Pascoal Dias. *Em busca do acto administrativo perdido.* Coimbra: Almedina, 1996. p. 44.

[577] JUSTEN FILHO, Marçal. *Curso de direito administrativo.* 5. ed. São Paulo: Saraiva, 2010. p. 1-5.

6.3 O regime de transição: por uma avaliação obrigatória motivada[578]

No momento em que o administrador público produz ou modifica um regulamento, necessária e inquestionavelmente, será preciso definir quando a norma passará a produzir efeitos. Adotada a premissa da irretroatividade, apenas dois caminhos são possíveis: a vigência imediata ou a delimitação de um prazo de vacância que imponha um regime de transição. Essa decisão, embora normativa, compõe a esfera de competências do administrador e alcança os direitos subjetivos dos cidadãos. Deixá-la livre de procedimento e de motivação é o mesmo que aceitar a ausência de real deliberação a respeito da matéria ou, ainda que deliberação haja, que se mantenha distante de qualquer controle externo.

É verdade que toda a construção da norma é definida por escolhas realizadas pelo órgão competente. Dessa forma, a mesma consideração caberia para todas as disposições do regulamento. E, de fato, cabe. Porém, deve-se reafirmar que a presente obra cuida apenas do aspecto regulamentar relativo às regras de transição. E assim o faz, porque compreende que ele seja indispensável para a segurança jurídica e, consequentemente, para a garantia da legitimidade da atuação estatal. Se ainda pode haver alguma dúvida quanto à necessidade de motivação de todos os dispositivos de um regulamento, essa mesma dúvida não remanesce quanto às regras de transição.

Ao definir o momento em que a norma passará a produzir efeitos, a Administração deve explicar e expor os motivos que a levaram a decidir daquele modo e não de outro. Deve apontar os estudos de natureza técnica, econômica e científica, que tenham servido de base para aquela decisão. Deve expor, de modo fundamentado, as razões do regime de vigência adotado pelo ato normativo que expede. Somente assim, será possível acessar os reais motivos e justificativas que embasaram sua decisão.

Muito embora, os autores não tenham se dedicado ao estudo de um regime de transição para os atos administrativos normativos, na prática administrativa, prevalece a regra de que, afora disposições

---

[578] Parte dos fundamentos desse tópico foi adaptada da dissertação de mestrado de (SILVEIRA, Marilda de Paula. *A responsabilidade judicial do legislador pela produção de atos legislativos danosos*. Belo Horizonte: UFMG, 2008). Deixá-la livre de procedimento e de motivação é o mesmo que aceitar a ausência de real deliberação a respeito da matéria ou, ainda que deliberação haja, se mantenha distante de qualquer controle externo.

constitucionais e legais específicas (*v.g.* art. 16, CR/88), trata-se de matéria inserida na esfera de discricionariedade do administrador. No cotidiano da função administrativa, as regras tendem a viger a partir do momento de sua publicação, sem maiores reflexões e sem qualquer motivação que considere os impactos dessa mudança.

Essa ideia geral e pressuposta de que os destinatários dos regulamentos[579] devem suportar quaisquer modificações gerais, sem maiores esclarecimentos sobre a necessidade de alteração abrupta ou sobre um regime de transição, decorre, em grande medida, de uma premissa arraigada ao paradigma legalista e democrático: o caráter geral, impessoal e abstrato das normas seria suficiente para distribuir equitativamente os ônus das alterações legislativas. Assim, aqueles que tiverem sua situação jurídica modificada, com maiores ou menores prejuízos, devem suportar o ônus da mudança, própria de um regime democrático.

Esse pressuposto também fundamenta o entendimento jurisprudencial no sentido de que não há direito adquirido a regime jurídico. Partindo da premissa, realmente incontestável, de que as alterações normativas são indispensáveis no Estado democrático, essa compreensão traz consigo a noção de que a generalidade da norma cuida da distribuição de seus encargos. Assim, esta generalidade cuidaria de assegurar a isonomia, pressuposto que distanciava qualquer preocupação sobre a necessidade de regras de transição. Não haveria questões a serem enfrentadas fora dos casos concretos, o que refirmaria a noção de que não seria papel do poder regulamentar preocupar-se com uma "garantia do passado".[580]

Essa elaboração, contudo, está completamente distanciada dos fundamentos que sustentam nosso Estado democrático de Direito e se aproxima, na verdade, dos fundamentos tradicionais da doutrina de Montesquieu. Para ele, das três funções em que se dividiram as atribuições do Estado, caberia ao Poder Legislativo a elaboração das regras de direito gerais, abstratas e obrigatórias a que, tradicionalmente, convencionou-se chamar "leis." Assim, ao exercício da função legislativa corresponderia a produção de atos normativos necessariamente gerais

---

[579] Embora seja um tema de grande relevo, reafirma-se que o regime de transição relacionado às alterações das leis, em sentido estrito, merece estudo aprofundado que não integra o objeto da presente obra.

[580] CARVALHO, Paulo de Barros. *Curso de Direito Tributário*. 21. ed. São Paulo: Saraiva, 2009. p. 166; CARRAZA, Roque Antônio. *Curso de Direito Constitucional Tributário*. 27. ed. São Paulo: Malheiros, 2011. p. 456 e 981-982.

e abstratos. Esse apego à noção de lei como regra geral e abstrata encontra bases nos movimentos revolucionários liberais que veem esse instrumento como medida última de garantia da igualdade.[581] Essa concepção de lei que vigorava no século XVIII está clara no art. 6º da *Declaração* de 1789, ao dispor que "la loi est l'expresssion de la volonté général".

Essa forma legislativa era considerada "expressão perfeita da soberania popular e da separação dos poderes".[582] Alicerçando-se na tradição rousseauniana[583] e no movimento idealista alemão, toda lei, por definição, estaria assegurando o respeito à igualdade simplesmente por distribuir a todos, sem distinção de direitos e deveres, eventuais prejuízos que lhes fossem inerentes.[584] Presume-se que "de si mesmo, o povo quer sempre o bem [...]. A vontade geral é sempre reta",[585] de modo que a lei seria sempre justa. Afinal, dirigindo-se a todos de forma genérica, a lei garantiria a igualdade e a impessoalidade primordiais no regime constitucional pluralista, assegurando o "governo de leis e não dos homens".[586]

Com efeito, a própria lei cuidaria da divisão de eventuais encargos, de forma isonômica, por toda a sociedade, não sendo dado ao prejudicado pleitear ressarcimento. Essa identificação da lei com a isonomia encontra raízes no "culto da lei",[587] fundado na crença de que todas as dificuldades da sociedade poderiam ser solucionadas por meio desta, instrumento bastante a assegurar a justiça e a segurança.[588] A lei apresentar-se-ia, portanto, como sinônimo de justiça, no sentido

---

[581] CANOTILHO, José Joaquim Gomes. *O problema da responsabilidade por actos lícitos*. Coimbra: Almedina, 1974. p. 149.

[582] FERREIRA FILHO, Manoel Gonçalves. *Do processo legislativo*. São Paulo: Saraiva, 2002. p. 19; MONTESQUIEU. *Do espírito das leis*. São Paulo: Nova Cultural, 1997. p. 202.

[583] Além de afirmar que à lei cabe o atendimento da vontade geral, Rousseau insiste na condição de que a lei se caracteriza pela impessoalidade, inflexibilidade e generalidade de modo que "toda função que se relaciona a um objeto individual ao pertencer ao Poder Legislativo". (ROUSSEAU, Jean Jacques. *O contrato social*. São Paulo: Martins Fontes, 1999. p. 112-116).

[584] MEDEIROS, Rui. *Ensaio sobre a responsabilidade civil do Estado por actos legislativos*. Coimbra: Almedina, 1992. p. 9.

[585] ROUSSEAU, Jean Jacques. *O contrato social*. São Paulo: Martins Fontes, 1999. p. 112-116.

[586] Declaração de direitos do Massachusetts, art. XXX *apud* FERREIRA FILHO, Manoel Gonçalves. *Do processo legislativo*. São Paulo: Saraiva, 2002. p. 10.

[587] FERREIRA FILHO, Manoel Gonçalves. *Do processo legislativo*. São Paulo: Saraiva, 2002. p. 21.

[588] Posição sustentada pelos discípulos de Benthan, conforme registro de QUINTANA. Segundo V. Linhares. Responsabilidade do Estado legislador. *Revista Forense*, v. 44, nº 109, p. 351, jan./fev. 1997.

de que sempre asseguraria a distribuição igualitária dos direitos e deveres disciplinados.

Para tanto, parte-se do pressuposto de que a concretização da justiça estaria na distribuição equânime dos ônus e encargos públicos: a diminuição ou a oneração do patrimônio privado (*lato sensu*) eram admitidas a fim de assegurar os propósitos da lei, desde que tais ônus recaíssem igualmente sobre todos os cidadãos.[589] Diante deste postulado, sempre se afirmou que a abstração e a generalidade levariam à conclusão de que seria impossível identificar uma relação de *causa e efeito* entre a lei e o eventual dano. Assim, não haveria sentido na preocupação com os efeitos produzidos pela alteração normativa, uma vez que "a norma geral não afeta nem modifica diretamente nenhuma situação jurídica individual, pois, perante a lei não existem terceiros".[590]

Os atos normativos não teriam *destino certo*, de modo que sua generalidade afastaria a possibilidade de identificação precisa de eventual lesado. Essa perspectiva sustenta a ideia de que o legislador e o administrador em sua atividade normativa não têm que se preocupar com os efeitos produzidos pela norma. Especialmente sendo ela constitucional e lícita. Assim, caso os cidadãos efetivamente fossem lesados pela alteração normativa, estariam fadados a suportar os efeitos das alterações produzidas pela norma, ainda que fizessem parte de um grupo limitado de prejudicados.

Contudo, esses conceitos não são compatíveis com o Estado de Direito da atualidade. A evolução do Estado acabou levando a doutrina a questionar se, de fato, a supremacia da lei seria corolário direto da supremacia do direito ou da Justiça. Embora certa corrente doutrinária tenha pretendido identificar a lei ao Direito,[591] não é essa a noção que

---

[589] SANTOS, Júlio César dos. *Responsabilidade civil do Estado por ato legislativo*. Belo Horizonte: Del Rey, 2003. p. 93; MEDEIROS, Rui. *Ensaio sobre a responsabilidade civil do Estado por actos legislativos*. Coimbra: Almedina, 1992. p. 123; CRETELLA JÚNIOR, José. Responsabilidade do Estado por ato legislativo. *Revista de Direito Administrativo*. Rio de Janeiro. v. 153, p. 25, jul./set. 1983.

[590] MEDEIROS, Rui. *Ensaio sobre a responsabilidade civil do Estado por actos legislativos*. Coimbra: Almedina, 1992. p. 123.

[591] BOOBIO, Norberto. *O positivismo jurídico*: lições de filosofia do direito. São Paulo: Ícone, 2006. p. 236. "Como referência ao positivismo ético extremista, deve-se observar: em primeiro lugar, muito raramente este foi sustentado coerentemente até suas extremas consequências pelos filósofos (mesmo na concepção convencionalista da justiça de Hobbes – como vimos no §59 – põe-se um limite ao dever absoluto da obediência às leis, limite representado pelo respeito ao contrato social). Em segundo lugar, na história não se encontra acordo permanente entre positivismo jurídico e positivismo ético extremista (salvo o caso de alguns juspositivistas alemães da segunda metade do século XIX, que adotaram a concepção hegeliana do Estado; mas é errôneo afirmar, como às vezes se faz,

fundamenta o constitucionalismo, próprio dos Estados democráticos de Direito. Verifica-se que a lei deve se amoldar aos limites constitucionais e à juridicidade que impõem barreiras à discricionariedade do administrador e do próprio legislador, buscando a aproximação do que se entenda como justo, em dado local e momento.[592]

No Estado atual, diversos autores apontam a existência de uma crise da lei, decorrente da complexidade das relações sociais que exigem mais e mais normas, muitas vezes especializadas, e que acabam desatualizadas em pouco tempo.[593] Em 1951, *Francesco Carnelutti* alertava que "faz tempo que o direito vem perdendo, pouco a pouco, cada vez mais, sua dupla função de certeza e de justiça".[594] O conflito de interesses econômicos e políticos, divididos em inúmeros grupos de poder, acaba manifestando na lei não a vontade geral, mas a vontade de uma maioria.[595] Pode-se afirmar, portanto, que a noção de generalidade e abstração vinculada à ideia de justiça não mais se coaduna com o Estado contemporâneo, especialmente limitado pela supremacia da Constituição.[596]

Nesse sentido, não se pode esperar que a lei ou o regulamento sejam capazes de, por definição, alcançar as pessoas de forma justa. Cada mudança é única e atinge os indivíduos em um contexto diferente, que deve ser considerado pela Administração Pública na elaboração de

---

que tal concepção seja encontrada em Jhering): o filão ítalo francês e o anglo-saxônico do positivismo jurídico são totalmente independentes dessa concepção ética".

[592] Evidentemente que não se trata aqui da contraposição entre lei e direito tão criticada por Hobbes no sentido de que cada qual poderia fazer sua apreciação subjetiva do que seria justo, aplicando ou não a norma jurídica.

[593] COSTA JÚNIOR, Eduardo Carone. *A legislação simbólica como fato de envenenamento do ordenamento jurídico brasileiro.* Fórum: Belo Horizonte, 2011. p. 65. "Infelizmente, a crise da lei de que falam os autores surge enquanto esse passo extremamente importante em direção à democracia é tomado; o início da crise corresponde ao momento histórico em que se atribui função legislativa ao parlamento. Desde que os parlamentos assumiram esta importantíssima função, o estreitamento e a maior complexidade das relações sociais somente fazem crescer a necessidade de se elaborarem mais e mais leis, sendo exato que não é de se esperar que o legislador seja versado em todos os assuntos que lhe são apresentados".

[594] CARNELUTTI, Francesco. *A morte do direto.* Belo Horizonte: Líder, 2004. p. 24.

[595] FERREIRA FILHO, Manoel Gonçalves. *Do processo legislativo.* São Paulo: Saraiva, 2002. p. 79. "Os constituintes do século XX, se têm uma ideia clara, é a de que os homens naturalmente e necessariamente se dividem em grupos hostis, ou no mínimo divergentes. Assim, conformando-se com a realidade, preveem a rotação dos grupos no poder, cada um deles disposto a impor sua concepção das tarefas governamentais, sua política, com a força haurida na vitória eleitoral".

[596] GARCÍA DE ENTERRIA, Eduardo. *Justicia y seguridad jurídica en un mundo de leys desbocadas.* Madrid: Civitas, 2000.

seus regulamentos, ainda que tenham caráter geral e abstrato. Mesmo no caso da lei em sentido estrito, sua elaboração – por definição, eminentemente política – vai retirando-lhe parte do prestígio e a ilusão de que os próprios legisladores sempre buscam a forma mais justa de regulação da sociedade.[597] Não se pode afastar do Estado e da Administração Pública a responsabilidade de *lidar com o fato de que as normas, mesmo gerais e abstratas,* modificam direitos e deveres de forma mais ou menos onerosa e, nesse cenário, alterações abruptas podem agravar o cenário de prejuízo aos indivíduos e ao bem comum. Ocorre que a Administração Pública somente poderá avaliar a necessidade e o modelo de transição adequado em cada hipótese normativa.

Os princípios da Administração Pública e o paradigma procedimental do Estado democrático não autorizam que se parta do pressuposto de que os destinatários da norma estariam obrigados a suportar todos os danos que quaisquer prescrições normativas acarretassem. Além disso, é responsabilidade do Estado avaliar a dimensão desses danos para que eventuais prejuízos não sejam necessariamente remetidos para a seara reparatória judicial. A avaliação de um regime de transição, capaz de minimizar os impactos trazidos pela alteração normativa, apresenta-se como alternativa mais consentânea com a pretensão de segurança e com o próprio princípio da eficiência.

Vários foram os autores que cuidaram da extensão da responsabilidade do Estado em casos de alteração legislativa, assim como várias foram as teorias apresentadas para justificar a irresponsabilidade estatal ao longo do tempo. Entretanto, enfocando a atualidade da doutrina, podem-se identificar duas teorias preponderantes: i) a que se fundamenta no princípio da isonomia e busca identificar a melhor forma de repartição dos ônus e encargos públicos[598] e 2) a que compreende a responsabilidade estatal como um princípio jurídico embasador do sistema democrático, ao lado da legalidade e da igualdade, e demanda reparação sempre que houver prejuízo.[599]

Contudo, não se pode dizer que haja consenso entre os autores, questão que parece estar ligada, como registra *Carmem Lúcia Antunes Rocha*, ao fato de que "a responsabilidade do Estado tem

---

[597] FERREIRA FILHO, Manoel Gonçalves. *Do processo legislativo*. São Paulo: Saraiva, 2002. p. 94-95.

[598] CAVALCANTI, Themistocles Brandão. Responsabilidade do Estado. *Revista do Instituto dos Advogados Brasileiros*. v. 6, nº 19, p. 153, 1972; RIVERO; Waline, 1998. p. 260.

[599] ROCHA, Cármem Lúcia Antunes. Observações sobre a responsabilidade patrimonial do Estado. *Revista Forense*, a. 86, v. 311, jul./ago./set. 1990. p. 8-9.

como fundamento jurídico o regime político eleito pelo sistema".[600] Atualmente, prevalece o entendimento de que, independentemente da extensão que se dê à responsabilidade, esta encontra fundamento no princípio da isonomia, do qual decorre a igualdade da distribuição dos ônus e encargos públicos. Trata-se de opção pelo Estado de Direito, que lhe impõe a condição de submeter-se às suas próprias regras.[601]

Nesse cenário, parece evidente que a Administração Pública tem o dever de avaliar prévia e motivadamente as consequências de qualquer alteração normativa. Assim, diferentemente do modelo que se instalou na rotina administrativa – a partir dos pressupostos acima narrados, compreende-se que *a avaliação motivada do regime de transição seja mandatória para os regulamentos* em nosso modelo constitucional. Isso não quer dizer que todo regulamento deva, necessariamente, estar acompanhado de um regime de transição. A Administração Pública deve, contudo, avaliar as condições do contexto em que se insere o ato para definir a necessidade de um regime de transição. Essa é uma avaliação que caberá à autoridade administrativa. Contudo, não se trata de uma decisão de natureza eminentemente política ou que se insira em uma esfera indiscriminada da discricionariedade.

A decisão que levará o órgão regulador a inserir ou não um regime de transição em seus atos regulamentares envolve uma série de fatores técnicos, financeiros, administrativos e políticos, todos eles pautados pelo fio condutor da atuação administrativa, que é o bem comum. É possível que, em algumas circunstâncias, os motivos que determinam essa escolha não possam ser expostos por razões de segurança ou por questões políticas. Todavia, a exceção não deve pautar a regra, até mesmo porque as próprias razões que sustentam a exceção devem ser expostas na motivação.

Atualmente, a ausência de motivação obrigatória que expresse os motivos que pautaram a escolha pela vigência imediata da norma ou por um regime de transição tem alimentado um sistema anacrônico. Verifica-se, na maioria das vezes, que a Administração adota uma postura uniforme de vigência imediata, que sequer considera a necessidade de um regime de transição. Em outras poucas ocasiões, esse regime é estabelecido sem maiores reflexões e sem a contribuição daqueles que efetivamente são afetados pela norma.

---

[600] ROCHA, Cármem Lúcia Antunes. Observações sobre a responsabilidade patrimonial do Estado. *Revista Forense*, a. 86, v. 311, jul./ago./set. 1990. p. 7.

[601] ESCOLA, Hector José. *Compendio de derecho administrativo*. Buenos Aires: Depalma, 1990. p. 1.127.

MARILDA DE PAULA SILVEIRA
SEGURANÇA JURÍDICA, REGULAÇÃO, ATO: MUDANÇA, TRANSIÇÃO E MOTIVAÇÃO

A imposição da avaliação obrigatória e motivada da necessidade de um regime de transição, nos atos regulamentares, permite que os interessados acompanhem a decisão e acessem os seus fundamentos para concordar, discordar ou, eventualmente, controlá-la. Nesse sentido, não apenas instrumentalizará a concretização da segurança jurídica, como fortalecerá a legitimidade da atuação estatal. Esse modelo decorre do princípio constitucional da publicidade e da transparência, que se desdobra na necessidade de se considerar a esfera de confiança dos administrados. Esse mecanismo, de um lado, evita frustrar as expectativas legítimas daqueles que, com base na norma, tomaram decisões, adotaram condutas e optaram por um tipo de negócio. Busca-se evitar a implementação de mudanças bruscas e drásticas.[602] De outro, caso a opção por uma ruptura abrupta seja indispensável, esta deve ser compreendida pelos administrados, na medida em que se apresente como a alternativa mais compatível com o bem comum.

A motivação e a consideração sobre o regime de transição reduz a perda de estabilidade do ordenamento jurídico e a quebra de legitimidade que decorre de mudanças bruscas incompreendidas por seus destinatários. A proposta, longe de alinhar-se com a pretensão do Direito imutável, busca apenas uma "gestão prudencial do tempo no Direito".[603]

O sistema Constitucional vigente ampara a tese ora desenvolvida não apenas com fundamento nos princípios mencionados, mas também, porque a Carta cuida de regular a matéria em diversos dispositivos para temas específicos, no âmbito da função legislativa (no processo eleitoral, art. 16, CR/88; no direito tributário, art. 150, III, *b* e §1º, CR/88). Nesses casos, não há dúvida a respeito do aspecto temporal ligado à sua vigência. A existência de disposição constitucional específica para determinadas matérias não significa, contudo, que o regime de transição não lhes alcança.

Essa construção constitucional revela que as hipóteses que não mereceram atribuição de um prazo específico para a transição tiveram

---

[602] ÁVILA, Humberto. *Segurança jurídica:* entre permanência, mudança e realização no direito tributário. 2. ed., rev., atual. e ampl.. São Paulo: Malheiros, 2012. p. 605. "Bruscas são aquelas alterações que não são, de modo algum, antecipáveis e que, por isso mesmo, surpreendem os destinatários, que com aquelas não contava, nem podia contar. Drásticas são aquelas mudanças que, embora antecipáveis quanto à ocorrência, são bastante intensas nos seus efeitos".

[603] ZIMMER, Willy. Constitution e sécurité juridique – Allemagne. *Annuaire International de Justice Constitutionnelle de 1999.* Paris: Economica, 2000. p. 101.

essa avaliação temporal mantida na esfera da discricionariedade legislativa (no caso das leis) e da discricionariedade administrativa (no caso dos regulamentos). Embora a matéria não comporte aprofundamento na presente obra, merece referência o fato de que alguns autores defendem a obrigatoriedade de "um regime de transição justo"[604] para todas as espécies normativas, inclusive para as leis.[605] Essa perspectiva, para além do que vem sendo estudado, está ligada ao Princípio da Proporcionalidade e à isonomia. A inconstitucionalidade por violação ao princípio da proporcionalidade foi tema de prestigiado artigo publicado pelo Ministro Gilmar Mendes em 2001[606] e encontra-se sedimentada na jurisprudência do STF,[607] nos dias atuais.[608] No âmbito das regras de transição, a questão toda se

---

[604] BAPTISTA, Patrícia. A tutela da confiança legítima como limite ao exercício do poder normativo da Administração Pública – a proteção às expectativas legítimas dos cidadãos como limite à retroatividade normativa. *Revista de direito do Estado (RDE)*, nº 3, p. 171. Rio de Janeiro, 2006. p. 171.

[605] ÁVILA, Humberto. *Segurança jurídica:* entre permanência, mudança e realização no direito tributário. 2. ed., rev., atual. e ampl.. São Paulo: Malheiros, 2012. p. 605. "O mesmo ocorre em relação aos atos administrativos e aos atos normativos. Ainda que tais atos estejam vinculados à lei, da qual não podem se afastar, eles igualmente não podem surpreender os destinatários com mudanças de entendimento, no âmbito de competência da Administração. Sendo assim, também as mudanças administrativas, além de só poderem verter para fatos ocorridos após a sua introdução, devem vir acompanhadas de prazos de adaptação e de regras de transição quando provocarem restrição aos direitos fundamentais dos destinatários. O princípio da segurança jurídica gera, assim, o direito a um regime de transição justo".

[606] MENDES, Gilmar. O princípio da proporcionalidade na jurisprudência do Supremo Tribunal Federal: novas leituras. *Revista Diálogo Jurídico*. Salvador, CAJ-Centro de Atualização Jurídica, v. 1, nº. 5, agosto, 2001. Disponível em: <http://www.direitopublico.com. br>. Acesso em: 1. nov.2013.

[607] Nesse sentido: ADIn 855, rel. Min. Sepúlveda Pertence; ADI 1040, Rel. Min. Sepúlveda Pertence; ADIn 2290, Rel. Min. Moreira Alvez; ADIn 2317, Rel. Min. Ilmar Galvão, ADin 1040, Rel. Min. Neri da Silveira; ADIn MC 2435, Rel. Min. Marco Aurélio; RE 413,782, Rel. Min. Cézar Peluso; RE 413.782, Rel. Min. Gilmar Mendes.

[608] STF. 2ª Turma. HC 111844/SP. Rel. Min. Celso de Mello. DJe 1.2.2013. O Plenário do Supremo Tribunal Federal, ao julgar o HC 97,256/RS, Rel. Min. AYRES BRITTO, reconheceu a inconstitucionalidade de normas constantes da Lei nº 11.343/2006 (Lei de Drogas), no ponto em que tais preceitos legais vedavam a conversão, pelo magistrado sentenciante, da pena privativa de liberdade em sanções restritivas de direitos. O Poder Público, especialmente em sede penal, não pode agir imoderadamente, pois a atividade estatal, ainda mais em tema de liberdade individual, acha-se essencialmente condicionada pelo princípio da razoabilidade, que traduz limitação material à ação normativa do Poder Legislativo. Atendidos os requisitos de índole subjetiva e os de caráter objetivo, previstos no art. 44 do Código Penal, torna-se viável a substituição, por pena restritiva de direitos, da pena privativa de liberdade imposta aos condenados pela prática dos delitos previstos nos arts. 33, *"caput"* e §1º, e 34 a 37, todos da Lei nº 11.343/2006. Possibilidade de o condenado pelo crime de tráfico privilegiado de entorpecentes (Lei nº 11.343/2006, art. 33, §4º) iniciar o cumprimento da pena em regime menos gravoso que o regime fechado. Precedentes.

MARILDA DE PAULA SILVEIRA
SEGURANÇA JURÍDICA, REGULAÇÃO, ATO: MUDANÇA, TRANSIÇÃO E MOTIVAÇÃO

estabelece quando a mudança legislativa impõe severa alteração, mas não diferencia a condição de pessoas que se encontram em posição absolutamente diversa.

Um exemplo clássico, já referido, diz respeito à mudança do tempo de aposentadoria sem regras de transição: os indivíduos que contam com dez anos de serviço em seu patrimônio jurídico são colocados na mesma situação daqueles que não conseguiram completar os requisitos de aposentadoria por uma questão de dias. De modo geral, não se reconhece o direito à proporcionalidade (ou ao direito adquirido proporcional, estudado acima), mas, o STF já teve oportunidade de reconhecer um espaço de transição ao interpretar a emenda sofrida pelo art. 14, §5º da Constituição.

Trata-se do RE 597.994/PA, julgado em repercussão geral, em que se discutiu o direito à reeleição de um membro do ministério público eleito prefeito para o mandato de 2005 a 2008. A questão controvertida dizia respeito à alteração do regime constitucional, pois a EC 45/04 passou a vedar a atividade política dos membros do Ministério Público, sem estabelecer um regime de transição. O Relator Ministro Eros Grau salientou que "a ausência de regras de transição para disciplinar situações fáticas não abrangidas por emenda constitucional demanda a análise de cada caso concreto à luz do direito enquanto totalidade". Afirmou, ainda, que

> a exceção é o caso que não cabe no âmbito de normalidade abrangido pela norma geral. Ela está no direito, ainda que não se encontre nos textos normativos de direito positivo. Ao Judiciário, sempre que necessário, incumbe decidir regulando também essas situações de exceção. Ao fazê-lo não se afasta do ordenamento.[609]

Essa dimensão da inconstitucionalidade material que pode alcançar as leis e os regulamentos, por ausência ou inadequação das regras de transição, reforça o fundamento central da tese ora proposta: cabe à Administração Pública, obrigatória e motivadamente, avaliar a

---

[609] Na oportunidade, a Ministra Carmem Lúcia acompanhou a maioria afirmando que "[a parte] naquele período, [...] acreditou nisso. Seria, portanto, uma apenação que, neste caso, passaria da pessoa do prefeito e atingiria até esses munícipes, que – eu reconheço, cumprem rigorosamente a Constituição, como todos. E que, neste caso, fez a sua atuação diante de uma manifestação judicial, que é, pelo menos – como disse o Ministro Eros Grau – uma situação peculiar, tanto que se acreditou exatamente nisso [...]". STF. RE 597.994, Rel. p/ o ac. Min. Eros Grau. Plenário. DJE de 28.8.2009.

pertinência das regras de transição em cada hipótese de modificação ou extinção. Somente o respeito a esse procedimento possibilitará a concretização da segurança jurídica e o fortalecimento da legitimidade da ação estatal.

CONCLUSÕES

A segurança jurídica representa uma das ideias mais caras ao Estado de Direito. A busca por segurança constitui uma das razões que motivam o processo de reformulação do Estado, e não há dúvidas de que a concretização desse princípio é central para o fortalecimento da legitimidade das próprias ações estatais. Diga-se de passagem, em todas as mudanças de paradigma testemunhadas em relação ao Estado de Direito é possível identificar-se uma crise de legitimidade latente. A confiança dos cidadãos para com as instituições e para com a atuação do Estado é um dos grandes desafios de legitimação do Estado Democrático de Direito na atualidade, daí a importância de se definir o conteúdo da segurança jurídica e a extensão desse princípio.

Na presente obra, tomou-se por base a ideia de que a segurança jurídica se desdobra em vista da concretização de três distintos elementos: a *cognoscibilidade*, a *confiabilidade* e a *calculabilidade*. Para que a *cognoscibilidade* seja afirmada, é preciso que os cidadãos, a partir do delineamento de um caso concreto, consigam identificar de antemão que alternativas lhe são disponíveis, de modo a delimitarem o que podem ou não fazer, com as respectivas consequências das suas opções. A *confiabilidade*, por seu turno, é a face do princípio da segurança jurídica que visa a assegurar a racionalidade do processo de mudança. Reconhecendo-se que as transformações são indispensáveis ao aprimoramento e à própria manutenção do Estado Democrático de Direito, a confiabilidade está relacionada à preocupação com que as mudanças não ocorram de forma abrupta, donde seus instrumentos estariam destinados a evitar "alterações violentas". Por fim, a *calculabilidade* exige que se tenha a consciência da possibilidade de alteração da norma, e também o conhecimento da extensão de eventual mudança.

Sob o contexto dessas três frentes, os efeitos inerentes ao regime das mudanças implementadas pelo Estado e a discricionariedade a ele pressuposta passam a merecer especial consideração. A afirmativa segundo a qual determinado espaço de decisão administrativa seria intangível ou impermeável ao controle externo – em respeito, até mesmo, à divisão de poderes – situa o cidadão (administrado) em inquestionável posição de hipossuficiência. Este estudo, por isso mesmo, defende que, no caso concreto, hão de ser ponderadas as razões que informam a vontade de mudança empreendida pelo Estado, de modo a se garantir a objetivação valorativa dos efeitos e dos ônus suportados pelos respectivos destinatários.

Também sob o contexto da concretização da segurança jurídica, não se pode perder de vista os reflexos que o conceito de interesse público ainda desempenha em face do tema. Ao se levar em conta, por exemplo, a sistemática de extinção e de modificação dos atos administrativos, o raciocínio tradicionalmente empregado sempre zelou pela adoção de soluções de padrão objetivo e abstrato: o pressuposto de que a Administração Pública detém discricionariedade para reavaliar a conveniência, ou não, da manutenção dos seus atos e/ou regulamentos, conduz tipicamente à conclusão de que, identificada a situação que desencadeia a hipótese de extinção ou de modificação, já se teriam definidas as respectivas consequências. Assim, na nulidade, inexistência ou caducidade, a extinção do ato estaria acompanhada da produção de efeitos *ex tunc*; e, na revogação, por outro lado, a extinção dar-se-ia mediante a produção de efeitos *ex nunc*. Quanto aos regulamentos, por seu turno, sua modificação haveria de trazer efeitos *ex nunc*, e as regras de transição estariam inseridas, quando muito, na esfera da livre escolha da Administração Pública.

Compreende-se, apesar disso, que sob a ótica do Estado Democrático de Direito, a noção de interesse público não deve ser ampla e genericamente considerada, porquanto a ela se vincula o dever de proporcionalidade, pautado pela força dos direitos fundamentais. Não por outra razão, este estudo adotou, como pressuposto, a ideia de que a materialização do interesse público não poderia se alijar das especificidades de cada circunstância concreta relacionada com a pretensão de mudança do Estado, devendo ser considerados, por isso mesmo, os argumentos expostos pelos indivíduos prejudicados, num processo dialético que assegure o contraditório e a ampla defesa.

Ainda no plano da segurança jurídica, deve-se igualmente ressaltar que os atos produzidos pela Administração Pública trazem consigo a presunção de legalidade, que repercute sensivelmente sobre as relações jurídicas mantidas pelos cidadãos e o Poder Público. Nesta obra, compreende-se que tal fórmula, por si só, não é capaz de garantir a materialização da segurança jurídica para os administrados, que somente haveria de ser alcançada quando efetivamente consideradas as condições particulares que cercam a tomada de decisão da Administração.

O estudo, nesse contexto, trabalhou com um recorte inicial, que envolve o exercício da função administrativa: excluídas as relações contratuais e as escolhas políticas do Estado, o universo de análise da presente obra está centrado na figura do ato administrativo. Em face desse delimitado universo, investigou-se o regime jurídico da extinção e da modificação do ato para, a partir de então, averiguar a necessidade de avaliação cogente e motivada de um mecanismo jurídico de transição, capaz dessatisfazer os anseios de juridicidade e de legitimidade do exercício da função estatal.

Mais especificamente, este estudo dedicou-se a analisar os fundamentos que pautaram o desenvolvimento da teoria dos atos administrativos, com destaque para as consequências e os limites impostos à sua modificação e extinção. Com efeito, muito embora atos de efeitos concretos estejam situados no juízo de aplicação das normas, e atraiam uma lógica de concreção distinta da dos atos regulamentares (que detalham e esmiúçam as normas jurídicas), ambos estão ligados ao mesmo pressuposto de segurança jurídica, demandando, portanto, a avaliação cogente de um regime de transição. Em última análise, tanto os atos administrativos, quanto os atos normativos são produzidos pela Administração Pública e interferem diretamente na situação jurídica de terceiros – daí se justificando a sua inclusão no foco da presente obra.

É necessário, de todo o modo, reconhecer que, se os atos administrativos ditos como de efeitos concretos estão submetidos a um intrincado regime de alterações e proteções, o ato regulamentar está basicamente sujeito à regra quase objetiva de manutenção ou revogação. No caso dos atos administrativos, assim, chama-se a atenção para a sistematização das hipóteses de extinção trazida por Celso Antônio Bandeira de Mello, que veio a ser adotada na pesquisa. Para o renomado autor, o ato comportaria quatro diferentes formas de extinção, a saber: i) o exaurimento de seus efeitos; ii) o desaparecimento do elemento infungível da relação jurídica; iii) a retirada do ato; e iv) a renúncia.

O presente estudo demonstrou que, tomando-se por base aquelas espécies de extinção – notadamente a cassação, a contraposição, a caducidade e a revogação – a doutrina e a jurisprudência nacional vinculam-nas a desdobramentos estanques, que ou se limitam à manutenção integral do ato, ou à sua supressão imediata com efeitos *ex tunc ou ex nunc*. Não são consideradas as diferenças que informam e distinguem os casos concretos, especialmente a possibilidade de mantença do ato praticado em face, por exemplo, do grau de interferência da Administração Pública na causa extintiva e do elemento subjetivo dos terceiros afetados.

É bem verdade, no entanto, que sob o influxo da doutrina civilista, alguns autores visualizam nas nulidades do Direito Administrativo a categoria dos "atos nulos" e dos "atos anuláveis" (Teoria Dualista) – a despeito da corrente que, com fundamento no interesse público e no princípio da legalidade, reconhece a nulidade como a única espécie de invalidação possível no direito público (Teoria Monista). A Teoria Dualista, ora majoritária no Brasil, consagra a coexistência da anulação e da anulabilidade do ato.

Sob esse cenário, institutos como a convalidação, assim como o decurso do tempo e a boa-fé objetiva vêm ganhando espaço como fatores aptos as flexibilizar os fundamentos e os desdobramentos que pautam a teoria das nulidades do ato administrativo. Paralelamente, também se tem afirmado que a manutenção ou a supressão do ato nulo deve estar pautada pela preservação do bem comum, por além da ideia de mera legalidade. Seja como for, mesmo considerando a perspectiva do caso concreto, tais soluções ainda se prendem à manutenção ou à extinção do ato numa lógica fechada, levando-se em conta alternativas que se situam em extremos.

Vinculando-se igualmente a uma dinâmica binária, que reconhece ou a possibilidade de manutenção do ato tal como editado, ou a sua extinção com efeitos *ex nunc* ou *ex tunc*, identificam-se no ordenamento jurídico brasileiro outros instrumentos intimamente relacionados à concretização da ideia de segurança jurídica. São, portanto, barreiras existentes contra a extinção e a modificação dos atos administrativos: i) a convalidação; ii) o direito adquirido, o ato jurídico perfeito e a coisa julgada; iii) a irretroatividade; iv) a impossibilidade de retroação do posicionamento da Administração; v) a prescrição e a decadência; vi) o princípio da proteção da confiança e da boa-fé; vii) a teoria da aparência; e viii) a teoria do fato consumado.

A convalidação tem seu alcance limitado aos atos jurídicos ditos anuláveis, cujos vícios são aqueles sanáveis. Em rigor, a sistematização das hipóteses de convalidação nunca foi sedimentada em disposições legislativas que dessem amparo à construção de uma teoria geral sobre o tema, papel que acabou sendo assumido, em alguma medida, pelos tribunais. Pode-se afirmar ser a convalidação a primeira barreira oposta à extinção do ato viciado, que, no entanto, não se afasta da abordagem tradicional sobre os efeitos trazidos ao caso concreto: ou se permite a manutenção integral do ato viciado, ou se autoriza a sua extinção – novamente: com efeitos *ex tunc* ou *ex nunc*. Não se observa, na sistemática-padrão utilizada, meios de efetivamente se sopesar as peculiaridades eventualmente existentes nas hipóteses concretas analisadas.

Sobre o ato jurídico perfeito e a coisa julgada, parte da doutrina os reconhece como espécies do gênero direito adquirido – a diferença entre eles residindo na fonte de que se originariam. O presente estudo, naturalmente, não cuidou de analisar de maneira exaustiva cada uma dessas espécies, atendo-se a demonstrar como os seus efeitos poderiam repercutir sobre a pretensão da Administração Pública em modificar ou em extinguir determinado ato administrativo. Revelou-se, nesse sentido, que muito embora haja autores que advogam a tese dos direitos expectados e do direito adquirido proporcional, a doutrina majoritária e a jurisprudência dos tribunais pátrios têm sido rigorosas quanto às implicações do direito adquirido, como legítima barreira a alterações normativas. Apesar disso, também nas situações em que a extinção ou a modificação do ato resulta de uma alteração legislativa superveniente (contraposição ou caducidade, por exemplo), a proteção conferida pelo direito adquirido fornece apenas uma solução de extremo: a manutenção integral do direito conquistado pela parte afetada, quando atendidos os pressupostos necessários. Não há, novamente, alternativa para que se pondere, em cada caso, os elementos especiais envolvidos.

Conquanto exista um sem número de julgados que façam menção ao ato jurídico perfeito, seu conceito é costumeiramente vinculado ao do direito adquirido, de modo que sua aplicação individual ainda não se mostra bem delimitada pela jurisprudência. Para não fugir à regra, porém, os efeitos oriundos dessa proteção jurídica também estão adstritos à imposição de um extremo.

A respeito da coisa julgada, ela é resultado da força atribuída pelo ordenamento jurídico a um pronunciamento judicial definitivo. Trata-se, em última análise, de um instituto destinado a estabilizar a decisão proferida por órgão judicante, impedindo que novas decisões administrativas, ou mesmo alterações legais ou pronunciamentos judiciais ulteriores a desconstruam. De todo o modo, tal como nas demais barreiras que hoje se reconhecem em face da extinção ou da modificação do ato administrativo, os efeitos derivados do instituto são fechados e binários (mantém-se ou extingue-se o ato; com implicações *ex tunc* ou *ex nunc*).

Outra barreira está na irretroatividade, que afasta, como regra, a possibilidade de nova lei modificar ato administrativo cujos efeitos já haviam se materializado antes da vigência da alteração legal. Tal barreira, é verdade, não impede que novos efeitos jurídicos sejam agregados ao particular. Mas nos casos em que assegura a proteção, o instituto abandona o administrado num cenário binário e extremado: ou o ato produzido se modifica a partir do novo regramento (no que se inclui a atribuição dos novos efeitos trazidos com a lei), ou permanece como sempre o foi.

O tempo, a seu turno, é talvez uma das mais drásticas barreiras opostas à extinção ou à modificação dos atos administrativos de efeitos concretos (suas balizas não alcançam os atos normativos). O sistema de limitação temporal que se opõe à atuação administrativa é bastante difuso, estando conectado, basicamente, a três hipóteses: i) ocorrência de atos ilícitos praticados pelos agentes públicos; ii) ocorrência atos ilícitos praticados por terceiros (considerados os destinatários do ato, ou não); e iii) existência de atos lícitos, quando sobre eles haja alteração normativa, ou lhes sejam reavaliadas as condições de possibilidade pela Administração. É interessante notar que boa parte da doutrina cuida da limitação temporal relativa à extinção ou à modificação dos atos administrativos quando envolvidos atos ilícitos, especialmente sob a ótica da autotutela. Na atualidade, de toda maneira, tem-se que o conjunto de medidas fruto da ação do tempo sobre os atos administrativos pode repercutir, basicamente, sobre as seguintes situações: i) quando a Administração Pública pretende produzir um ato administrativo que altera a situação jurídica de terceiro, *ex ofício* ou a partir de um dado requerimento; ii) terceiros pretendem se voltar judicialmente contra a Administração Pública (pretensão judicial contra a Administração Pública); iii) a Administração Pública pretende se voltar judicialmente contra terceiros (pretensão judicial contra terceiros para, por exemplo, recompor o erário). Sem embargo, o efeito do tempo em face de cada uma dessas pretensões sofre a disciplina de regramento específico, que varia de acordo com o ente federativo envolvido no caso concreto (as leis de processo administrativo).

A pesquisa revelou, entretanto, que independentemente do regramento aplicável ao caso e da pretensão veiculada para a extinção ou a modificação do ato administrativo, têm sido concretizadas, em virtude do transcurso do tempo, apenas soluções de extremo, que não se atêm à avaliação das particularidades das hipóteses concretas. Logo, decorrido o prazo previsto na norma, o ato administrativo se mantém; não alcançado o limite temporal máximo, por outro lado, o ato permanece sujeito à revisão.

Relativamente à proteção da boa-fé e da confiança, e relativamente às legítimas expectativas nutridas por aqueles que se relacionam com a Administração Pública, encontram-se atualmente diversos precedentes nos quais os atos são validados, ou têm seus efeitos preservados com fundamento em tais princípios. Com efeito, a partir dos pronunciamentos do STF, chega-se à ideia de que a proteção da confiança tem se desenvolvido, basicamente, nos seguintes termos: a) num viés "positivo", em que a segurança jurídica operaria como fundamento para institutos como a decadência, a prescrição, a preclusão, a coisa julgada, o direito adquirido, o ato jurídico perfeito, a inalterabilidade administrativa unilateral de situações subjetivas previamente definidas por atos administrativos, a adstrição a formas processuais e, por fim, a irretroatividade de lei que propicia desvantagens aos administrados; b) e num viés "negativo", em que a segurança jurídica não seria afrontada diante do rigor probatório para fins de concessão de benefícios, bem como não impediria que ato estatal legal importasse supervenientemente nova conformação a situações jurídicas. Verifica-se, em face disso, que a proteção da confiança poderia levar à manutenção ou à convalidação do próprio ato ilegal, ou apenas à manutenção de seus efeitos (nulidade *ex nunc*), desde que, para tanto, o destinatário do ato ilegal tivesse agido com boa-fé (no caso de má-fé, a eficácia da nulidade seria sempre retroativa, independentemente da natureza restritiva ou ampliativa de direitos).

Alinhada à proteção da confiança e da boa-fé, também a teoria da aparência, calcada na presunção da legitimidade dos atos produzidos pela Administração Pública, não fugiria ao modelo segundo o qual a permanência do ato administrativo inválido se vincularia a uma solução estanque, traduzida na preservação, *in totum*, dos efeitos pretéritos do ato. Todos esses modelos, como tem sido ressaltado na pesquisa, não permitem que sejam adequadamente avaliadas as peculiaridades das situações envolvidas.

Finalmente, a propósito da teoria do fato consumado, ela teria surgido com o objetivo análogo de estabilizar atos viciados pelo decurso do tempo, independentemente, porém, de se alcançarem os prazos decadenciais e prescricionais relacionados (pressupondo-se, em todo o caso, a inexistência de fraude pelo beneficiário). Parcela da doutrina costuma criticar a aplicação de referida teoria, ao argumento de que não haveria pressuposto objetivo que a fundamentasse, caracterizando-se como "casuísmo" a tentativa de se selecionar realidades para então estabilizá-las. O posicionamento jurisprudencial corrente tem afastado a ideia do fato consumado, embora o tema tenha tido sua repercussão geral reconhecida em matéria de concurso público, aguardando julgamento, até o momento, pelo STF.

Sem embargo, mesmo na hipótese em que a teoria do fato consumado seja acolhida para se preservarem situações pendentes de apreciação definitiva, a que acabam se consolidando no tempo, a solução se localiza, uma vez mais, em extremos – a exemplo do que se tem visto em relação às alternativas tratadas. Para todos os efeitos, não se cogita da adoção de solução intermediária, restando, se for o caso, apenas a consolidação permanente do ato praticado.

Ao fim e ao cabo, toda a análise das modalidades de extinção e de modificação dos atos administrativos, bem assim das barreiras que a elas se opõem, revelam a existência de um modelo fechado, que resulta na adoção de uma mecânica binária: o ato administrativo encontra, em um vértice, o caminho da continuidade plena; ou se depara, no outro vértice, com a extinção, com efeitos *ex tunc* ou *ex nunc*.

Mais especificamente no que se refere às invalidades, o presente estudo demonstrou que todo o sistema de autotutela e de revisão do ato administrativo acabou sofrendo fortes influências da doutrina civilista, cujas repercussões, no entanto, acabaram sendo mitigadas por princípios como o da legalidade e da supremacia do interesse público. O pressuposto da ampla discricionariedade e a noção de que a relação jurídico-administrativa se submete à legalidade estrita, em consonância com o interesse público, onerou a posição do terceiro na relação. O mesmo pode ser dito quanto ao pressuposto constitucionalista segundo o qual uma norma inconstitucional haveria de ser reputada absolutamente nula. Sem dúvida, essa consideração também serviu para fundamentar a teoria das nulidades dos atos administrativos, com a supressão de seus efeitos *ex tunc*, sem flexibilidade.

Nada obstante, é hoje inquestionável que o modelo vigente de modificação e de extinção do ato administrativo repercute negativamente sobre a percepção, pelos administrados, da legitimidade da ação estatal, considerando-se, em especial, a perspectiva da concretização da segurança jurídica. Seja por não ser capaz de apresentar soluções

CONCLUSÕES | 227

adequadas à pluralidade dos casos concretos, seja por não deter a abrangência e a plasticidade necessárias, a sistemática existente tem mostrado, com frequência, um descompasso frente à complexidade das relações jurídicas na contemporaneidade.

Digno de nota, aliás, é o fato de os próprios sistemas que então serviram de fundamento ao modelo corrente terem, eles mesmos, suportado flexibilizações quanto a alguns de seus institutos, desvinculando-se, por exemplo, da noção da estrita legalidade, para enfim se adaptarem ao princípio da segurança jurídica, conjugando-o com as peculiaridades encontradas em cada diferente contexto. Não apenas as normas civilistas incorporaram uma alteração na dinâmica da extinção dos atos e dos negócios jurídicos, como a perspectiva em que se fundamentou a teoria das nulidades dos atos inconstitucionais modificou-se profundamente por intermédio da Lei nº 9.868/99.

Decerto, sequer o regime privado convive, hoje, com soluções fechadas, que não permitem a ponderação das vicissitudes de cada caso. A boa-fé e a proteção da confiança introduziram importante instrumento de avaliação circunstancial dos efeitos oriundos dos atos jurídicos, o que coloca em xeque a perspectiva publicística, que ainda não conhece em sua plenitude a adoção de um regime de transição para as mudanças testemunhadas no âmbito dos atos da Administração Pública.

A presente análise, portanto, além de apontar o descompasso entre as teorias da extinção dos atos na esfera do direito público e do direito privado, ressalta a incompatibilidade existente entre o quanto se defende no regime jurídico administrativo, com o estágio atual dos procedimentos no Estado democrático de Direito. Assim, pois, é que se propõe a adoção de um novo instrumento de concretização da segurança jurídica, em que se reconheça a necessidade cogente de se avaliar, para cada situação e para cada mudança, a adoção de um regime de transição.

Sob essa ótica, vale destacar que a alternativa veiculada na presente pesquisa não alcança apenas a preocupação com a legitimidade da atuação administrativa perante o administrado, como também viabiliza a construção de cenários que se revelam mais vantajosos também sob a ótica do Poder Público. Por exemplo, poderia acontecer de ser conveniente a um Município preservar determinada concessão irregularmente conferida, por mais alguns meses, a título compensatório, ao invés de se ver obrigado a entabular uma discussão com o permissionário, na qual fosse reivindicado o ressarcimento por eventual dano decorrente da extinção abrupta do ato da concessão.

Em qualquer caso, os cidadãos precisam vivenciar, junto à Administração Pública, um ambiente seguro, efetivo e célere de aplicação do Direito. Não é mesmo mais possível seguir com a solução tradicional, em que os ônus das modificações realizadas sobre os atos do Poder Público são transferidos para o administrado. É preciso contextualizar os efeitos genéricos e estanques até então admitidos, como forma de se revisitar a distribuição dos ônus e encargos na coletividade. Os exemplos apresentados neste trabalho ressaltaram essa necessidade, sugerindo a abertura para que se ponderassem, sempre, as peculiaridades existentes em cada situação concreta, forçando a Administração a avaliar, motivadamente, um espaço de transição em benefício dos afetados. Essa transição seria instrumentalizada pela modulação dos efeitos da decisão estatal.

Com efeito, compreende-se que a utilização de uma fórmula geral (*one size fits all*) não é compatível com a perspectiva democrática, tampouco com o cenário de concretização da segurança jurídica. Seria a construção individual de alternativas (raciocínio tópico), inseridas no seu devido contexto, que efetivamente levaria à implementação da legitimidade do exercício da função administrativa e da própria ação estatal.[610] A ideia, por conseguinte, é abandonar-se a lógica da invalidação com efeitos *ex tunc* ou *ex nunc*, ou a simples preservação do ato inválido praticado, e migrar-se para o paradigma segundo o qual o princípio da segurança jurídica imporia a avaliação, sempre motivada, da necessidade de adoção em cada caso, de um regime jurídico de transição em favor dos administrados.

Consideradas, assim, as circunstâncias das hipóteses concretas, haveria, como corolário do modelo aqui defendido, cinco diferentes opções para que o administrador sopesasse os efeitos de uma decisão que implicaria, em princípio, a extinção ou a modificação de um ato administrativo concreto: i) a extinção de tal ato, com a retroação dos efeitos da extinção (efeitos *ex tunc*); ii) a extinção do ato, com a retroação de alguns dos seus efeitos, modulados segundo a avaliação administrativa; iii) a extinção do ato, com efeitos *ex nunc*; iv) a extinção do ato administrativo prospectivamente, delimitando-se prazo *para o futuro* para que o administrado se ajuste à decisão, inclusive para que possam lhe ser compensados eventuais danos causados; e v) a convalidação do ato administrativo.

---

[610] STURN, Susan P. The promise of participation. *Iowa Law Rewiew*. v. 78, nº 5, p. 996-997. jul. 1993.

Como norma constitucional que é, o princípio da segurança jurídica pode incidir diretamente sobre a realidade administrativa, sem depender de mediação legislativa prévia. Ainda assim, embora a existência de lei específica seja dispensável para que se abram à autoridade competente as alternativas acima destacadas, nada impede que a própria Administração Pública produza regulamento no qual se detalhem os parâmetros a serem utilizados na aplicação do novo modelo. A uniformidade de padrões evitaria a disparidade entre as decisões tomadas nos mais diversos órgãos, assim como uma eventual quebra de isonomia, fortalecendo o respeito à concretização da segurança que, em última instância, visa-se resguardar.

Em outro polo, agora com relação aos atos normativos, sua alteração e revogação sempre foram tratadas, na doutrina e na jurisprudência, como "modificação de regime jurídico". Nesses termos, sob o amparo da própria dinâmica do regime democrático e da mais ampla discricionariedade conferida à Administração para expedir seus regulamentos, os instrumentos de concretização da segurança jurídica nesse campo são bastante restritos e seus efeitos ainda mais limitados.

Em linhas gerais, pode-se afirmar que o debate sobre as barreiras oponíveis à revogação ou à alteração dos regulamentos sempre esteve centrado na irretroatividade, no direito adquirido, no ato jurídico perfeito e na coisa julgada. Tal qual em relação à função legislativa, reafirma-se que uma norma posterior não pode operar, retroativamente, sobre os efeitos decorrentes da norma anterior, de forma que as alterações e a revogação dos atos regulamentares se encontram, em última análise, submetidas a uma regra quase objetiva: "são, por natureza, revogáveis a qualquer tempo e em qualquer circunstância, desde que a Administração respeite seus efeitos produzidos até o momento da invalidação". E compreende-se que assim o seja, porque "estes atos (gerais ou regulamentares) têm missão normativa assemelhada à lei, não objetivando situações pessoais".

Questiona-se, de todo o modo, a juridicidade do modelo atual, em que não se cogita de uma necessária deliberação administrativa a respeito de regras de transição – que devem, ademais, sempre se fazer acompanhar do elemento fundamental de controle e transparência: a motivação. No plano legislativo, a Constituição cuidou de disciplinar detidamente a atuação parlamentar, que é também regulamentada por normas regimentais. A esfera normativa da Administração Pública, em contrapartida, não mereceu tratamento específico do texto constitucional, malgrado se enxergue nos princípios da própria Constituição, a justificativa necessária para se esperar que a avaliação motivada de um regime de transição seja cogente.

É inegável que a dispensabilidade da motivação ou de qualquer outro procedimento que favoreça a transparência dos atos da Administração dificulta ou mesmo inviabiliza o controle, ampliando o poder de forma crítica. A ampliação do poder das autoridades públicas reflete-se diretamente nos elementos da segurança jurídica e, em *ultima ratio* na legitimidade da ação estatal. Tal como nos atos administrativos concretos, portanto, a ampliação da discricionariedade administrativa impõe a instrumentalização de mecanismos de controle para que a segurança jurídica encontre vias de sustentação.

No momento em que o administrador público produz ou modifica um dado regulamento, é imperioso que se defina o momento em que a norma passará a produzir os seus efeitos. Nesse sentido, admitida a premissa da irretroatividade das normas, dois caminhos passam a estar disponíveis: a vigência imediata do novo ato (como de costume), ou a delimitação de um prazo de vacância para as regras criadas, a caracterizar o regime de transição defendido na presente obra.

Sem embargo, não há dúvidas de que a alterabilidade dos atos normativos compõe a esfera de competências do gestor público. Como se trata de prerrogativa que atinge direitos dos cidadãos, porém, deixá-la livre de uma mínima procedimentalização e da necessária motivação significa admitir a ausência de racionalização sobre a matéria, senão o afastamento do controle exercido pelos órgãos legitimados no ordenamento jurídico.

Por tudo, parece evidente que a Administração Pública tem o dever de avaliar, prévia e motivadamente, as consequências das alterações que venha a promover sobre os seus atos, quer aqueles de efeitos concretos, quer aqueles de natureza normativa. Diferentemente do modelo que se instalou na rotina pública no Brasil, compreende-se que a avaliação fundamentada de um regime de transição seja mandatória para os atos e regulamentos modificados, diante do paradigma constitucional. Veja-se que não se está a dizer que toda a mudança deva, invariavelmente, vir acompanhada de um regime de transição. À Administração Pública cabe avaliar as particularidades do contexto subjacente ao ato, para então definir a necessidade de um tal regime.

A implementação de instrumentos como o que se descreve neste estudo representa um importante contributo para o fortalecimento da segurança jurídica e para o incremento da legitimidade dos cidadãos frente a atos praticados pelo Poder Público.

REFERÊNCIAS

ALESSI, Renato. *Sistema istituzionale del diritto amministrativo ilaliano*. 3. ed. Milano: Giuffré, 1960.

ALEXY, Robert. *Teoria da argumentação jurídica*. São Paulo: Lendy, 2001.

ALFONSO, Luciano Parejo. *Eficacia y administracíon*: tres estudios. Madrid: Imprensa National del Botetín Oficial del Estado, Instituto Nacional de Administración Pública – Ministerio para las Administraciones Públicas, 1995.

AMARAL, Diogo Freitas do. *Curso de direito administrativo*. Coimbra: Almedina, 2001.

AMARAL, Diogo de Freitas. *Curso de direito administrativo*. 5. Reimp. ed. 2001. Coimbra: Almedina, 2006. v. 2.

ARAGÃO, Alexandre Santos de. O poder normativo das agências independentes e o estado democrático de direito. *Revista de Informação Legislativa*. Brasília. a. 37, nº 148, outubro/dezembro, 2000. p. 289.

ARAÚJO, Florivaldo Dutra. *Motivação e controle do ato administrativo*. 2. ed. Belo Horizonte: Del Rey, 2005.

ARAÚJO, Florivaldo Dutra de. *Negociação coletiva dos servidores públicos*. Belo Horizonte: Editora Fórum, 2011.

ATALIBA, Geraldo. *República e Constituição*. 3. ed. São Paulo: Malheiros, 2011.

ÁVILA, Humberto. *Segurança jurídica*: entre permanência, mudança e realização no Direito Tributário. 2. ed., revista, atualizada e ampliada. São Paulo: Malheiros, 2012.

AZEVEDO, Antônio Junqueira de. *Negócio jurídico*: existência, validade e eficácia. 3. ed. São Paulo: Saraiva, 2000.

BANDEIRA DE MELLO, Celso Antônio. *Curso de direito administrativo*. 11. ed. São Paulo: Malheiros, 1999.

BANDEIRA DE MELLO, Celso Antônio. *Curso de direito administrativo*. 20. ed. São Paulo: Malheiros, 2006.

BANDEIRA DE MELLO, Celso Antônio. *Curso de direito administrativo*. 22. ed. São Paulo: Malheiros, 2007.

BANDEIRA DE MELLO, Celso Antônio. *Pareceres de direito administrativo*: princípio da segurança jurídica – mudança de orientação administrativa. São Paulo: Malheiros, 2011.

BANDEIRA DE MELLO, Celso Antônio. *Ato administrativo e direitos dos administrados*. São Paulo: RT, 1981.

BANDEIRA DE MELO, Oswaldo Aranha. *Princípios gerais do direito administrativo*. Rio de Janeiro: Forense, 1969. v. 1.

BANDEIRA DE MELLO, Oswaldo Aranha. *Princípios gerais de direito administrativo.* 2. ed. Rio de Janeiro: Forense, 1979. v. 1.

BAPTISTA, Patrícia. A tutela da confiança legítima como limite ao exercício do poder normativo da Administração Pública - a proteção às expectativas legítimas dos cidadãos como limite à retroatividade normativa. *Revista de direito do Estado (RDE),* nº 3, p. 155-181. Rio de Janeiro, 2006.

BARROSO, Luís Roberto. *Direito público:* estudos em homenagem ao professor Adilson Abreu Dallari – Constitucionalidade e legitimidade da reforma da previdência (ascensão e queda de um regime de erros e privilégios). Belo Horizonte: Del Rey, 2004.

BARROSO, Luís Roberto. Em algum lugar do passado: segurança jurídica, direito intertemporal e o novo Código Civil. In: ANTUNES ROCHA, Cármen Lúcia (Org.). *Constituição e segurança jurídica – direito adquirido, ato jurídico perfeito e coisa julgada:* estudos em homenagem a José Paulo Sepúlveda Pertence. Belo Horizonte: Fórum, 2004.

BATISTA JÚNIOR, Onofre Alves. *Transações administrativas:* um contributo ao estudo do contrato administrativo como mecanismo de prevenção e terminação de litígios e como alternativa à atuação administrativa autoritária, no contexto de uma administração pública mais democrática. São Paulo: Quartier Latin, 2007.

BATISTA JÚNIOR, Onofre Alves. *O princípio constitucional da eficiência administrativa.* Belo Horizonte: Fórum, 2012.

BAUMAN, Zygmunt. *Modernidade Líquida.* Tradução de Plínio Dentzien. Rio de Janeiro: Jorge Zahar, 2001.

BEVILÁQUA. Clóvis. *Teoria geral do direito civil.* 3. ed. [S.l.]: Ministério da Justiça e Negócios Interiores, 1966.

BINENBOJM, Gustavo. *Uma teoria do direito administrativo:* direitos fundamentais, democracia e constitucionalização. Rio de Janeiro: Renovar, 2006.

BOBBIO, Norberto. *O futuro da democracia:* uma defesa das regras do jogo. 6. ed. São Paulo: Paz e Terra, 1997.

BOBBIO, Norberto. La certezza Del Diritto é un mito? *Rivista Intenazionale di Filosofia del Diritto.* nº 28, p. 150-151, 1951.

BOBBIO, Norberto. *Teoría general del derecho.* Madrid: Debate, 1995.

BOBBIO, Norberto. *O positivismo jurídico:* lições de filosofia do direito. São Paulo: Ícone, 2006.

BÖCKENFÖRDE, Ernst Wolfgang. *Estudios sobre el estado de derecho y la democracia.* Madrid: Trotta, 2000.

BOISSARD, Sophie. Comment garantir la stabilité des situations juridiques sans priver l'autorité administrative de tous moyens d'action et sans transiger sur le respect du principe de légalité? Le difficile dilemma du juge administrative. *Les Cahiers du Conseil Constitutionnel,* nº 11, p. 70, 2001.

BONAVIDES, Paulo. *Curso de direito constitucional.* 5. ed. São Paulo: Malheiros, 1994.

BONAVIDES, Paulo. *Do estado liberal ao estado social.* 6. ed. São Paulo: Malheiros, 1996.

BORGES, José Souto Maior. *Curso de Direito Comunitário.* São Paulo: Saraiva, 2005.

BRANCO, Gerson Luiz Carlos. A proteção das expectativas legítimas derivadas das situações de confiança: elementos formadores do princípio da confiança e do seus efeitos. *Revista de Direito Privado*. São Paulo, v. 12, out./dez. 2002, p. 185.

BRITTO, Carlos Ayres; PONTES FILHO, Valmir. Direito adquirido contra as emendas constitucionais. In: *Estudos em homenagem a Geraldo Ataliba 2*. São Paulo: Malheiros, 1997.

BURDEAU, Georges. *El Estado*. Madrid: Seminarios y Ediciones, 1975.

BUSTAMANTE, Thomas da Rosa de. *Argumentação contra legem*: a teoria do discurso e a justificação jurídica nos casos mais difíceis. Rio de Janeiro: Renovar, 2005.

C. Aubry; C. Rau. *Curs de droit civil français d'après la méthode de Zachariae*. Paris: Techniques, 1936. t. I.

CAETANO, Marcello. *Princípios fundamentais de direito administrativo*. Coimbra: Almedina, 1996.

CAETANO, Marcello. *Manual de direito administrativo*. Coimbra: Almedina, 1997. v. 1.

CAETANO, Marcello. *Manual de direito administrativo*. 10. ed. 6. reeimp. rev. e atual. pelo professor Diogo Freitas do Amaral. t. I. Coimbra: Almedina, 1997.

CALDAS, Suely. Uma relação de desconfiança. *Estadão*, São Paulo, 26 maio 2013. Disponível em: <http://www.estadao.com.br/noticias/impresso,uma-relacao-de-desconfianca,1035705,0.htm>. Acesso em: 26 mai. 2013.

CALMES, Sylvia. *Du príncipe de protection de la confiance legitime en droits allemand, communautaire et français*. Paris: Dalloz, 2001.

CAMMAROSANO, Márcio. *O princípio constitucional da moralidade e o exercício da função administrativa*. Belo Horizonte: Fórum, 2006.

CAMMAROSANO, Márcio; HUMBERT, Georges Louis Hage. Declaração de nulidade dos contratos administrativos e de suspensão do pagamento de obras executadas e entregues: (Im)possibilidade jurídica. *Fórum de contratação e Gestão Pública – FCGP*. Belo Horizonte, ano 11, nº 122, fv. 2012. Disponível em: <HTTP://bidforum.com.br/bid> Acesso em 1.nov.2013.

CANOTILHO, José Joaquim Gomes. *O problema da responsabilidade por actos lícitos*. Coimbra: Almedina, 1974.

CANOTILHO, José Joaquim; MOREIRA, Vital. *Constituição da República Portuguesa anotada*. 3. ed. rev., Coimbra: Coimbra, 1993.

CANOTILLHO, J. J. Gomes. *Direito constitucional*. 6. ed. Coimbra: Almedina, 1995.

CANOTILHO, José Joaquim Gomes. *Direito constitucional e teoria da constituição*. Coimbra, Almedina, 1997.

CANOTILHO, José Joaquim Gomes. Paradigmas de estado e paradigmas de administração pública. In: Moderna gestão pública: dos meios aos resultados. *Acta Geral do 2º Encontro do Instituto Nacional de Administração*. Lisboa, mar. 2000.

CANOTILHO, José Joaquim; MOREIRA, Vital. *Constituição da República Portuguesa anotada*. Coimbra: Almedina, 1984. v. 1.

CARNELUTTI, Francesco. Certezza, autonomia, libertà, diritto. *Diritto della Economia*, nº 2, p. 1.190, 1956.

CARNELUTTI, Francesco. *A morte do direto*. Belo Horizonte: Líder, 2004.

CARRAZZA, Roque Antônio. Segurança judicial e eficácia temporal das alterações jurisprudenciais: competência dos tribunais superiores para fixá-la – questões conexas. In: CARRAZZA, Roque Antonio. *Curso de direito constitucional tributário*. 27. ed. São Paulo: Malheiros, 2011.

CARVALHO, Paulo de Barros. Segurança jurídica e modulação de efeitos. *Revista da Fundação Escola Superior de Direito Tributário*, v. 1, Porto Alegre, 2008.

CARVALHO, Paulo de Barros. *Curso de direito tributário*. 21. ed. São Paulo: Saraiva, 2009.

CARVALHO, Raquel Melo Urbano de. *Curso de direito administrativo*. Salvador: Jus Podium, 2008.

CARVALHO FILHO, José dos Santos. *Manual de direito administrativo*. 25. ed. São Paulo: Atlas, 2012.

CARVALHO FILHO, José dos Santos. *Manual de direito administrativo*. 27. ed. São Paulo: Atlas, 2012.

CAVALCANTI FILHO, Theophilo. *O problema da segurança no Direito*. São Paulo: RT, 1964.

CAVALCANTI, Themístocles Brandão. *Teoria dos atos administrativos*. São Paulo: RT, 1973.

CAVALCANTI, Themistocles Brandão. Responsabilidade do Estado. *Revista do Instituto dos Advogados Brasileiros*. v. 6, nº 19, p. 153, 1972; RIVERO; Waline, 1998. p. 260.

CHEVALLIER, Jacques. Le Droit Économique: l'insécurité juridique ou nouvelle sécurité juridique? In: BOY, Laurence; RACINE, Jean-Baptiste; SIIRIAINEN, Fabrice (Orgs.). *Sécurité juridique et droit économique*. Bruxelles: Larcier, 2008.

CIRNE LIMA, Ruy. *Princípios de direito administrativo*. 7. ed. São Paulo: Malheiros, 2007.

COMANDIRA, Rodolfo Julio. *Acto administrativo municipal*. Buenos Aires: Depalma, 1982.

COSTA JÚNIOR, Eduardo Carone. *A legislação simbólica como fato de envenenamento do ordenamento jurídico brasileir*. Fórum: Belo Horizonte, 2011.

COUTO E SILVA, Clóvis. *A obrigação como processo*. São Paulo: Bushatsky, 1976.

COUTO E SILVA, Almiro do. Os princípios da legalidade da administração pública e da segurança jurídica no estado de direito contemporâneo. *Revista da Procuradoria-Geral do Estado do Rio Grande do Sul*. Porto Alegre: Instituto de Informática Jurídica do Estado do Rio Grande do Sul, v. 18, nº 46, p. 11-46. 1998.

COUTO E SILVA, Almiro do. O princípio da segurança jurídica (proteção à confiança) no direito público brasileiro e o direito da administração pública de anular os seus próprios atos: o prazo decadência do art. 54 da Lei do Processo Administrativo da União (Lei nº 9.784/99). *Revista de Direito Administrativo*, nº 237, p. 272-300. Rio de Janeiro, 2004.

CRETELLA JÚNIOR, José. Responsabilidade do estado por ato legislativo. *Revista de Direito Administrativo*. Rio de Janeiro. v. 153, p. 15-34, jul./set. 1983.

DANTAS, Ivo. *Direito adquirido, emendas constitucional e controle de constitucionalidade*. Rio de Janeiro: Lumen Juris, 1997.

DEIAB, Felipe R. Algumas reflexões sobre a prescrição e a decadência no âmbito da atuação dos Tribunais de Contas. *Revista Brasileira de Direito Público*. Belo Horizonte, a. 2, nº 4, p. 138-139, jan.-mar. 2004.

REFERÊNCIAS | 235

DEL CACHO, José L. Mezquita. *Seguridad jurídica y sistema cautelar.* v. 1. Teoria de la seguridad jurídica. Barcelona: Bosch, 1989.

DELFIM NETO, Antônio. Confiança, confiança, confiança. *Jornal Valor Econômico*, edição de 21.5.2013, p. A2.

DÍAZ, Elías. *Estado de derecho y sociedad democrática.* Madrid: Taurus (Cuadernos para el Diálogo), 1975.

DINAMARCO, Candido Rangel. *Relativizar a coisa julgada material.* Disponível em: <http://www.processocivil.net/novastendencias/relativizacao.pdf.> Acesso em: 10 set. 2013.

DINIZ, Maria Helena. *Curso de direito civil brasileiro:* responsabilidade civil. v. 7. 17. ed. São Paulo: Saraiva, 2003.

DINIZ, Maria Helena. *Lei de introdução ao código civil brasileiro interpretada.* 9. ed. São Paulo: Ed. Saraiva, 2002.

DI PIETRO, Maria Sylvia. Participação popular na administração pública. *Revista de direito administrativo.* Rio de Janeiro: Fundação Getúlio Vargas, nº 191, jan./mar. 1993.

DI PIETRO, Maria Sylvia Zanella. *Direito administrativo.* 13. ed. São Paulo: Atlas, 2001.

DI PIETRO, Maria Sylvia Zanella. *Direito administrativo.* 14. ed. São Paulo: Atlas, 2002.

DOUET, Frédéric. *Contribution à la sécurité juridique en Droit interne français.* Paris: LGDJ, 1997.

DUARTE, David. *Procedimentalização, Participação e Fundamentação:* Para uma Concretização do Princípio da Imparcialidade como Parâmetro Decisório. Coimbra: Almedina, 1996.

DWORKIN, Ronald. *O Império do direito.* São Paulo: Martins Fontes, 1999.

ENTERRÍA, Eduardo Garcia; FERNÁNDEZ, Tomás-Ramón. *Curso de derecho administrativo.* 8. ed. Madrid: Civitas, 1998.

ENTERRÍA, Eduardo Garcia de. *Justicia y seguridad jurídica en un mundo de leys desbocadas.* Madrid: Civitas, 1999.

ESCOLA, Hector José. *Compendio de derecho administrativo.* Buenos Aires: Depalma, 1990.

ESPÍNOLA, Eduardo. *Systema do direito civil brasileiro.* 4. ed. Rio de Janeiro: Francisco Alves, 1961, v. 2 e 3.

ESTORNINHO, Maria João. *Réquiem pelo contrato administrativo.* Coimbra: Almedina, 1990.

FAGUNDES, M. Seabra. *O controle dos atos administrativos pelo poder judiciário.* São Paulo: Saraiva, 1984.

FAGUNDES, M. Seabra. *O controle dos atos administrativos pelo poder judiciário.* Rio de Janeiro: Freitas Bastos, 1941.

FERNÁNDEZ, José Luis Palma. *La seguridad jurídica ante la abundancia de normas.* Madrid: Centro de Estudios Políticos y Constitucionales, 1997.

FERRAJOLI, Luigi. The past and the future of the rule of law. In: COSTA, Pietro et ZOLO, Danilo (Orgs.). *The rule of law*: history, theory and criticism. Dordrecht: Springer, 2007.

FERRARI, Regina Maria Macedo Nery. O ato jurídico perfeito e a segurança jurídica no controle da constitucionalidade. In ROCHA, Cármen Lúcia Antunes (Org.). *Constituição e segurança jurídica.* Belo Horizonte: Fórum, 2004.

FERRAZ JÚNIOR, Tércio Sampaio *et al* (Orgs.). *Efeito ex nunc e as decisões do Supremo Tribunal Federal*. São Paulo: Manole, 2008.

FERRAZ, Luciano. Segurança jurídica positivada: interpretação, decadência e prescritibilidade. *Revista Eletrônica sobre a Reforma do Estado (RERE)*. Salvador, Instituto Brasileiro de Direito Público, nº 22, junho, julho e agosto, 2010. Disponível em: <www.direitodoestado. com/revista/RERE-22-junho-2010-LUCIANO-FERRAZ.pdf>. Acesso em 1 nov. 2013.

FERRAZ JÚNIOR, Tércio Sampaio. Prefácio do tradutor. VIEHWEG, Theodor. *Tópica e jurisprudência*. Tradução de Tércio Sampaio Ferraz Júnior. Brasília: Ministério da Justiça e Ed. UnB, 1979.

FERRAZ, Sérgio. Extinção dos atos administrativos: algumas reflexões. *Revista de direito administrativo*. Rio de Janeiro, Renovar, nº 231, p. 47-66, jan./mar. 2003.

FERRAZ JÚNIOR, Tércio. Anterioridade e irretroatividade no campo tributário. *Revista Dialética de Direito Tributário*. Nº 56, São Paulo, 2001. p. 125.

FERREIRA FILHO, Manoel Gonçalves. *Constituição e governabilidade:* ensaio sobre a (in) governabilidade brasileira. São Paulo: Saraiva, 1995.

FERREIRA FILHO, Manoel Gonçalves. *Do processo legislativo*. São Paulo: Saraiva, 2002.

FIGUEIREDO, Lucia Valle. Estado de direito e devido processo legal. *Revista Trimestral de Direito Público*, São Paulo, nº 15, 1996, p. 35.

FIGUEIREDO, Marcelo. *Probidade administrativa:* comentários a Lei nº 8.429/92. 5. ed. São Paulo: Malheiros, 2004.

FONSECA, Tito Prates da. *Direito Administrativo*. Rio de Janeiro: Freitas Bastos, 1939.

FRANÇA, Rubens Limongi. *Direito intertemporal brasileiro:* doutrina da irretroatividade das leis e do direito adquirido. 2. ed. São Paulo: Revista dos Tribunais, 1968.

FRANCA FILHO, Marcílio Toscano. As aposentadorias parlamentares e a Constituição: um exercício de hermenêutica constitucional. *Revista dos Tribunais*, São Paulo, v. 92, nº 807, p. 149-150, jan. 2003.

FRANÇA, Vladimir Rocha. Classificação dos atos administrativos inválidos no direito administrativo brasileiro. *Revista de Direito Administrativo*. Rio de Janeiro, Renovar, nº 226, p. 77, out./dez. 2001.

FRANÇA, Vladimir da Rocha. Contraditório e invalidação administrativa no âmbito da Administração Pública Federal. *Revista de Direito Administrativo*. Rio de Janeiro, Renovar, v. 223, p. 277-283, jul.-set. 2003.

FRANÇA, R. Limongi. *Direito adquirido, Série Jurisprudência Brasileira, Vol. 83.* Curitiba: Juruá, 1984.

FRANCO SOBRINHO, Manoel de Oliveira. *Atos administrativos.* São Paulo: Saraiva, 1980.

FREITAS, Juarez. Deveres de motivação, de convalidação e de anulação correlacionados e proposta harmonizadora. *Interesse público.* São Paulo, Notadez, v. 16, p. 44-46, out./ dez. 2002.

FULLER, Lon. *Anatomy of Law.* Connecticut: Greenwood, 1968.

GABBA, Carlo Francesco. *Teoria della retroattività delle leggi.* 3ª ed. rived. ed accresc. Torino, 1891-99.

REFERÊNCIAS | 237

GARCÍA-PELAYO, Manuel. *Las transformaciones del Estado contemporáneo.* Madrid: Alianza, 1977.

GARCÍA DE ENTERRIA, Eduardo. *Justicia y seguridad jurídica en un mundo de leys desbocadas.* Madrid: Civitas, 2000.

GARCIA, EMERSON. *Improbidade Administrativa.* 4. ed. Rio de Janeiro: Lumen Juris, 2008.

GARRIDO FALLA, Fernando. *Tratado de derecho administrativo.* 6. ed. Madrid: Instituto de Estudios Políticos, 1973.

GASPARINI, Diógenes. *Direito administrativo.* 8. ed. São Paulo: Saraiva, 2003.

GASPARINI, Diógenes. *Direito administrativo.* 11. ed. São Paulo: Saraiva, 2006.

GOMES, Orlando. *Introdução ao direito civil.* 10. ed. Rio de Janeiro: Forense, 1990.

GOMETZ, Giannmarco. *La certezza giuridica come prevedibilità.* Torino: Giappichelli, 2005.

GONZALEZ PEREZ, de Jesus. *El principio general de la buena fe en el derecho administrativo.* Edição/reimpressão. Civitas: Madrid, 1999.

GIACOMUZZI, José Guilherme. *A moralidade administrativa e a boa-fé da administração pública:* o conteúdo dogmático da moralidade administrativa. São Paulo: Malheiros, 2002.

GORDILLO, Agustín. *Tratado de derecho administrativo.* Tomo 3. El acto administrativo. 6. ed. Belo Horizonte: Del Rey e Fundación de Derecho Administrativo, 2003.

GRAU, Eros Roberto. *A ordem econômica na Constituição de 1999.* 12. ed. São Paulo: Malheiros, 2007.

GRAU, Eros Roberto. *O direito posto e o direito pressuposto.* 7. ed. São Paulo: Malheiros, 2008.

GRAU, Eros Roberto. *O direito posto e direito pressuposto.* 2. ed. São Paulo: Malheiros, 1998.

GUALAZZI, Eduardo Lobo Botelho. *Ato administrativo inexistente.* São Paulo: RT, 1980.

HÄBERLE, Peter. *Hermenêutica Constitucional – a Sociedade Aberta dos Intérpretes da Constituição:* Constituição para e Procedimental da Constituição. Tradução de Gilmar Ferreira Mendes. Porto Alegre: Sérgio Antônio Fabris editor, 1997.

HART, Herbert. *O conceito de direito.* Lisboa: Fundação Calouste Gulbenkian, 1996.

HESPANHA, Antônio Manuel (Org.). *Poder e instituições na Europa do antigo regime:* colectânea de textos. Lisboa: Fundação Caloustre Gulbenkian, 1988.

HORBACH, Carlos Bastide. *Teoria das nulidades do ato administrativo.* São Paulo: Revista dos Tribunais, 2007.

JUSTEN FILHO, Marçal. *Curso de direito administrativo.* São Paulo: Saraiva, 2005.

JUSTEN FILHO, Marçal. *Curso de direito administrativo.* 5. ed. São Paulo: Saraiva, 2010.

KIRCHHOF, Paul. Tareas del *Bundesverfassungsgericht* em una época de câmbios. *Revista Española de Derecho Constitucional.* Año 17, Núm. 49, p. 9-33, Enero-Abril, 1997.

LASO, Enrique Sayagués. *Tratado de derecho administrativo.* v. 2. Montevideo: Faculdad de Derecho Y Ciencias Sociales, Fundacion de Cultura Universitaria, 1991.

LAUBADÈRE, André de; VENEZIA, Jean-Claude; GAUDEMET, Yves. *Traité de droit administratif.* 13. ed. Paris: LGDJ, 1994. t. I. p. 594

LEITE, Fábio Barbalho. *Rediscutindo a estabilização, pelo decurso temporal, dos atos administrativos supostamente viciados. Revista de direito administrativo.* Rio de Janeiro, Renovar, v. 231, p. 114 – 115, jan.-mar. 2003.

LIMONGI FRANÇA, Rubens. *A irretroatividade e o direito adquirido.* 6. ed. São Paulo: Saraiva, 2000.

LOBO TORRES, Ricardo. Segurança jurídica e as limitações ao poder de tributar. In: FERRAZ, Roberto (org.). *Princípios e limites da tributação.* São Paulo: Quartier Latin, 2007.

LOBO TORRES, Ricardo. Limitações ao poder impositivo e segurança jurídica. In: SILVA MARTINS, Ives Gandra da (org.). *Limitações ao poder impositivo e segurança jurídica.* São Paulo: RT/CEU, 2007.

LUÑO, Antonio Enrique Perez. *La Seguridad Juridica.* Barcelona: Ariel, 1991.

LUDWING, Marcos de Campos. Direito público e direito privado: superação da dicotomia. In: MARTINS-COSTA, Judith. *A reconstrução do direito privado.* São Paulo: RT, 2002.

MACHADO, João Baptista. *Introdução ao direito e ao discurso legitimador.* 12. reimp. Coimbra: [s.n.], 2000.

MAFFINI, Rafael. *Princípio da proteção substancial da confiança no Direito Administrativo Brasileiro.* Porto Alegra: Verbo Jurídico, 2006.

MARTINS-COSTA, Judith. *A boa-fé no direito privado.* São Paulo: Revista dos Tribunais, 1999.

MARTINS-COSTA, Judith; COUTO E SILVA, Almiro do. A re-significação do princípio da segurança jurídica na relação entre o Estado e os cidadãos: a segurança como crédito de confiança. In: ÁVILA, Humberto (Org.). *Fundamentos do estado de direito:* estudos em homenagem ao Professor Almiro do Couto e Silva. São Paulo: Malheiros, 2005.

MARTINS, Raphael Manhães. O princípio da confiança legítima e o enunciado nº 361 da IV jornada de direito civil. *Revista CEJ.* Brasília, Ano XII, n. 40, p. 9-19, jan./mar. 2008.

MARTINS, Ricardo Marcondes. *Efeitos dos vícios do ato administrativo.* São Paulo: Malheiros, 2008.

MÁRTIRES COELHO, Inocêncio. Ordenamento jurídico, constituição e norma fundamental. In: MENDES, Gilmar Ferreira. *Curso de direito constitucional.* 4. ed. rev. e atual. São Paulo: Saraiva, 2009.

MASAGÃO, Mário. *Curso de direito administrativo.* 6. ed. São Paulo: Revista dos Tribunais, 1977.

MATHIEU, Bertrand. La sécurité juridique: un príncipe constitutionnel clandestin mais efficient. In: FRAISSEIX, Patrick (Orgs.). *Mélanges Patrice Gélard:* droit constitutionnel. Paris: Montchrestien, 1999.

MATOS PEIXOTO, José Carlos. Limite temporal da lei. *Revista Jurídica da antiga Faculdade Nacional de Direito da Universidade do Brasil,* v. 9, p. 9-47.

MAURER, Hartmut. *Elementos de direito administrativo alemão.* Tradução de Luís Afonso Heck. Porto Alegre: Sergio Antonio Fabris Editor, 2000.

MAYER, Otto. *Derecho administrativo alemán.* Buenos Aires: Depalma, 1982. t. I.

MAYER, Otto. *Contributo para uma teoria do Estado de Direito*. Coimbra: Faculdade de Direito da Universidade de Coimbra, 1987.

MAXIMILIANO, Carlos. *Direito intertemporal ou teoria da retroatividade das leis*. 2. ed. Rio de Janeiro: Freitas Bastos, 1955.

MAZEAUD, Henri; MAZEAUD, Léon; MAZEAUD, Jean. *Leçons de droit civil*. 4. ed. Paris: Montchrestien, 1970. v. 1, t. I.

MEDAUAR, Odete. *O direito administrativo em evolução*. São Paulo: Revista dos Tribunais, 1992.

MEDAUAR, Odete. *Direito administrativo moderno*. 6. ed. São Paulo: Revista dos Tribunais, 2002.

MEDAUAR, Odete. *Direito administrativo moderno*. 7. ed. São Paulo: Revista dos Tribunais, 2003.

MEDAUAR, Odete. Segurança Jurídica e confiança legítima. In: ÁVILA, Humberto (Org.). *Fundamentos do estado de direito*. São Paulo: Malheiros, 2005.

MEDEIROS, Rui. *Ensaio sobre a responsabilidade civil do Estado por actos legislativos*. Coimbra: Almedina, 1992.

MEDEIROS, Rui. *A decisão de inconstitucionalidade*: os autores, o conteúdo e os efeitos da decisão de inconstitucionalidade da lei. Lisboa: Universidade Católica, 1999.

MEIRELLES, Hely Lopes. *Direito administrativo brasileiro*. 19. ed. São Paulo: Malheiros, 1994.

MEIRELLES, Hely Lopes. *Direito administrativo brasileiro*. 20. ed. São Paulo: Malheiros, 1997.

MEIRELLES, Hely Lopes. *Direito administrativo brasileiro*. 27. ed. São Paulo: Malheiros, 2002.

MEIRELLES, Hely Lopes. *Direito administrativo brasileiro*. 30. ed. São Paulo: Malheiros, 2005.

MELO, Luiz Carlos Figueira de. *et al*. Princípio da segurança jurídica e o fato consumado no Direito administrativo: art. 54 da Lei Federal nº 9784/99 e o prazo decadencial. *Boletim de Direito Administrativo*. São Paulo, NDJ, a. 19, nº 1, p. 37-38, jan./2003.

MELLO, Celso Antônio Bandeira de. *Curso de direito administrativo*. 20. ed. São Paulo: Malheiros, 2006.

MELLO, Celso Antônio Bandeira de. Direito adquirido proporcional. *Revista Trimestral de Direito Público*, Sao Paulo. nº 36. p. 18, 2001.

MELLO, Marcos Bernardes. *Teoria do fato jurídico:* plano de validade. 5. ed. São Paulo: Saraiva, 2001.

MELLO, Marcos Bernardes de. *Teoria do fato jurídico (Plano da existência)*. 11. ed. São Paulo: Saraiva, 2001.

MENDES, Gilmar Ferreira. A nulidade da lei inconstitucional e seus efeitos: considerações sobre a decisão do Supremo Tribunal Federal proferida no RE nº 122.202. *Revista da Fundação Escola Superior do Ministério Público do Distrito Federal e Territórios*, nº 3, jan/jun, 1994.

MENDES, Gilmar. O princípio da proporcionalidade na jurisprudência do Supremo Tribunal Federal: novas leituras. *Revista Diálogo Jurídico*. Salvador, CAJ-Centro de Atualização Jurídica, v. 1, nº. 5, agosto, 2001. Disponível em: <http://www.direitopublico.com.br>. Acesso em: 1.nov.2013.

MENDES, Gilmar Ferreira. *Curso de Direito Constitucional*. São Paulo: Saraiva, 2008.

MENDES, Gilmar Ferreira; MÁRTIRES COELHO, Inocêncio; GONET, Paulo Branco. *Curso de direito constitucional*. 4. ed. São Paulo: Saraiva, 2009.

MENEZES CORDEIRO, António Manuel da Rocha. *Da boa-fé no Direito Civil*. Coimbra: Almedina, 1997.

MENEZES CORDEIRO, António Manuel da Rocha. *Tratado de direito civil português*. 2. ed. Coimbra: Almedina, 2000. t. I.

MIRKINE-GUETZÉVITCH, Boris. *As novas tendências do direito constitucional*. São Paulo: Editora Nacional, 1933.

MOISÉS, José Álvaro. A desconfiança nas instituições democráticas. *Opinião Pública*, Campinas, v. XI, nº 1, Março, 2005.

MOISÉS, José Álvaro; MENEGUELLO, Rachel (Orgs.). *A desconfiança política e os seus impactos na qualidade da democracia*. São Paulo: Editora USP, 2013.

MOLFESSIS, Nicolas. Combattre l'insécurité juridique ou la lute du systéme juridique contre lui-même. In: Sécurité juridique et complexité Du Droit. Conseil d'État, *Rapport Public 2006 - Études e documents*, nº 57. Paris: Documentation française, 2006.

MONCADA, Luís S. Cabral de. *A relação jurídica administrativa*: para um novo paradigma de compreensão da actividade, da organização e do contencioso administrativos. Coimbra: Coimbra, 2009.

MONTESQUIEU. *Do espírito das leis*. São Paulo: Nova Cultural, 1997.

MORAES, Alexandre de. *Curso de direito constitucional*. São Paulo: Atlas, 2005.

MOREIRA NETO, Diogo de Figueiredo. *Sociedade, estado e administração pública*. Rio de Janeiro: Topbooks, 1995.

MOREIRA NETO, Diogo de Figueiredo. *Curso de direito administrativo*. 11. ed. Rio de Janeiro: Forense, 1997.

MOTTA, Fabrício. *Função normativa da administração pública*. Belo Horizonte: Del Rey, 2007.

NEVES, Marcelo. *Teoria da inconstitucionalidade das leis*. São Paulo: Saraiva, 1988.

NOBRE JÚNIOR, Edílson Pereira. *O princípio da boa-fé e sua aplicação no direito administrativo brasileiro*. Porto Alegre: Safe, 2002.

NOVOA, César Garcia. *El principio del seguridad jurídica en matéria tributaria*. Madrid: Marcial Pons, 2000.

OLIVEIRA, Regis Fernandes de. *Ato administrativo*. 4. ed. São Paulo: RT, 2001.

OST, François. *Le temps du droit*. Paris: Odile Jacob, 1999.

PFERSMANN, Otto. *Constitution et sécurité juridique - autriche. Annuaire International de Justice Constitutionnelle.*Paris: Economica, 1999.

PEREIRA, Caio Mário da Silva. *Instituições de direito civil*. Rio de Janeiro: Forense, 1961. v. 1.

PEREIRA DA SILVA, Vasco Manuel Pascoal Dias. *Em busca do acto administrativo perdido.* Coimbra: Almedida, 1996.

PESTANA, Márcio. *Direito administrativo brasileiro.* Rio de Janeiro: Elsevier, 2008.

PICINI, Juliana de Almeida. Possibilidade de revogação parcial de decreto expropriatório. *Fórum administrativo – Direito. Público*, Belo Horizonte, Fórum, a. 6, nº 60, p. 6.841-6.842, fev. 2006.

PIRES, Maria Coeli Simões. *Direito adquirido e ordem pública*: segurança jurídica e transformação democrática. Belo Horizonte: Del Rey, 2005.

PIRES, Maria Coeli Simões. As normas de processo legislativo como proteção à segurança jurídica no constitucionalismo brasileiro. *Revista da Faculdade de Direito da Universidade Federal de Minas Gerais.* Belo Horizonte, 2003. p. 187.

PLANIOL, Marcel. *Traité élementaire de droit civil.* 6. ed. Paris: LGDJ, 1911. t. I.

PONTES DE MIRANDA, Francisco Cavalcante. *Trato de direito privado.* Parte Geral. Rio de Janeiro: Borsoi, 1954. t. IV.

PONTES DE MIRANDA. *Comentários à Constituição de 1967 com a Emenda nº 1 de 1969.* 2. ed. 2. tir. São Paulo: Revista dos Tribunais, 1974. t. 5.

PORCHAT, Reynaldo. *Curso elementar de direito romano.* 2. ed. São Paulo: Melhoramentos, 1937. v. 1, nº 528.

QUEIROZ, Cristina. *Os actos políticos no Estado de Direito.* Coimbra: Almedina, 1990.

RACINE, Jean-Baptiste; SIIRIAINEN, Fabrice. Sécurité juridique et Droit Économique. Propos introductifs. In: BOY, Laurence; RACINE, Jean-Baptiste; SIIRIAINEN, Fabrice (Orgs.). *Sécurité juridique et droit économique.* Bruxeles: Lacier, 2008.

RAMÍREZ, Federico Arco. *La seguridad jurídica*: una teoría formal. Madrid: Dykinson, 2000.

REALE, Miguel. *Revogação e anulamento do ato administrativo.* 2. ed. Rio de Janeiro: Forense, 1980.

REALE, Miguel. *Fontes e modelos do direito*: para um novo paradigma hermenêutico. São Paulo: Saraiva, 1994.

REDOR, Marie-Joële. *De l'État legal à l'État de Droit.* Paris: Economica, 1992. p. 291.

ROCHA, Cármem Lúcia Antunes. Observações sobre a responsabilidade patrimonial do Estado. *Revista Forense*, Rio de Janeiro. a. 86, v. 311, jul./ago./set. 1990. p. 7-9.

ROCHA, Cármen Lúcia Antunes. *Princípios constitucionais da administração pública.* Belo Horizonte: Del Rey, 1994

ROUBIER, Paul. *Le droit transitoire.* 2. ed. Paris: Dalloz et Sirey, 1960.

ROUSSEAU, Jean Jacques. *O contrato social.* São Paulo: Martins Fontes, 1999.

RÜMELIN, Max. *Die Rechtssicherheit*. Tübingen: Mohr Siebeck, 1924.

SAINZ MORENO, Fernando. La buena fe en las relaciones de la administración con los administrados. *Revista de Administración Pública.* Madrid, nº 89, p. 293-314, 1979.

SANTAMARÍA PASTOR, Juan Alfonso. *Fundamentos de derecho administrativo.* Madrid: Centro de Estudios Ramón Areces, 1991. v. 1.

SANTOS, Júlio César dos. *Responsabilidade civil do Estado por ato legislativo*. Belo Horizonte: Del Rey, 2003.

SANTOS NETO, João Antunes dos. *Da anulação ex officio do ato administrativo*. Belo Horizonte: Fórum, 2006.

SARLET, Ingo. A eficácia do direito fundamental à segurança jurídica: dignidade da pessoa humana, direitos fundamentais e proibição de retrocesso social no Direito Constitucional brasileiro. In ANTUNES ROCHA, Cármen Lúcia (Org.). *Constituição e segurança jurídica – direito adquirido, ato jurídico perfeito e coisa julgada*: estudos em homenagem a José Paulo Sepúlveda Pertence. Belo Horizonte: Fórum, 2004.

SAVIGNY, M.F.C. *Traité de droit romain*. v. 8, Paris: [s.n.], 1860.

SAVIGNY, Friedrich Carl von. *Revista para a história da ciência do direito*. t. III, 1815.

SCHMITT, Carl. *Teoría de la Constitución*. México: Ed. Nacional, 1966.

SCHONBERG, Soren. *Legitimate expectations in Administrative Law*. Oxford: Oxford University Press, 2000.

SCHOUERI, Luís Eduardo. Segurança na ordem tributária nacional e internacional: tributação do comércio exterior. In: BARRETO, Aires Ferdinando *et al* (Orgs.). *Segurança jurídica na tributação e estado de direito*. São Paulo: Noeses, 2005.

SICHES, Recasens. *Vida humana, sociedad y derecho*. Alicante: Biblioteca Virtual Miguel de Cervantes, 2000.

SIIRIAINEN, Fabrice (Org.). *Sécurité juridique et droit économique*. Bruxeles: Lacier, 2008.

SILVA, Almiro do Couto e. O princípio da segurança jurídica (proteção da confiança) no direito público brasileiro e o direito da administração pública de anular seus próprios atos administrativos: o prazo decadencial do art. 54 da lei de processo administrativo da união (Lei nº 9.784/99). *Revista de direito administrativo*. Rio de Janeiro, Renovar, nº 237, jul./set. 2004.

SILVA, Clarissa Sampaio. *Limites à invalidação dos atos administrativos*. São Paulo: Max Limonad, 2001.

SILVA, José Afonso da. *Curso de direito constitucional positivo*. São Paulo: Malheiros, 2006.

SILVA, José Afonso da. *Curso de Direito Constitucional Positivo*. 13. ed. São Paulo: Malheiros, 1997.

SILVA, José Afonso da. Constituição e Segurança jurídica. In: ANTUNES ROCHA, Cármen Lúcia (Org.). *Constituição e segurança jurídica – direito adquirido, ato jurídico perfeito e coisa julgada*: estudos em homenagem a José Paulo Sepúlveda Pertence. Belo Horizonte: Fórum, 2004.

SILVA PEREIRA, Caio Mário da. *Instituições de direito civil*. Rio de Janeiro: Forense, 1961. v. 1.

SILVA PEREIRA, Caio Mário da. *Instituições de direito civil*. 20. ed. Rio de Janeiro: Forense, 2004. v. 1.

SILVEIRA, Marilda de Paula. *A responsabilidade judicial do legislador pela produção de atos legislativos danosos*. Belo Horizonte: Dissertação de Mestrado, UFMG, 2008.

STURN, Susan P. The promise of participation. *Iowa Law Rewiew*, v. 78, nº 5, p. 996-997. jul. 1993.

SUNDFELD, Carlos Ari; CÂMARA, Jacintho Arruda. *A&C R. de Dir. Administrativo & Constitucional.* Belo Horizonte, ano 11, nº 45, p. 55-73, jul./set. 2011.

SUMMERS, Robert. A formal theory of the rule of law. In: *Essays in legal theory.* Dordrecht: Klumer, 2000.

SUNDFELD, Carlos Ari. *Direito administrativo ordenador.* São Paulo: Malheiros, 1993.

TAMANAHA, Brian. *Law as a means to an end:* threat to the rule of law. Cambridge: Cambridge University, 2006.

TASCA, Flori Antônio. *Responsabilidade civil:* dano extrapatrimonial por abalo de crédito. Curitiba: Juruá, 1998.

THEODORO JÚNIOR, Humberto; FARIA, Juliana Cordeiro de. A coisa julgada inconstitucional e os instrumentos processuais para seu controle. In: NASCIMENTO, Carlos Valder do (Coord.). *Coisa julgada inconstitucional.* 3. ed. Rio de Janeiro: América Jurídica, 2003.

TORRES, Heleno Tavares. *Direito constitucional tributário e segurança jurídica.* 2. ed. revista, atualizada e ampliada. São Paulo: Editora Revista dos Tribunais, 2012.

UHLRICH, Hanns. La sécurité juridique en Droit Économique allemand: observations d'un privatiste. In: BOY, Laurence; RACINE, Jean-Baptiste; SIIRIAINEN, Fabrice (Orgs.). *Sécurité juridique et droit économique.* Bruxelles: Larcier, 2008.

VALE, André Rufino do. *Estrutura das normas de direitos fundamentais:* repensando a distinção entre regras, princípios e valores. São Paulo: Saraiva, 2009.

VALEMBOIS, Anne-Laure. *La constitutionnalisation de l'exigence de sécurité juridique en droit française.* Paris: LGDJ, 2005.

VELLOSO, Carlos. *Temas de Direito Público.* Belo Horizonte, Del Rey, 1994.

VERDÚ, Pablo Lucas. *La lucha por el estado de derecho.* Bolonia: Real Colegio de España, 1975.

VIEHWEG, Theodor. *Tópica e jurisprudência.* Tradução de Tércio Sampaio Ferraz Júnior. Brasília: Ministério da Justiça e Ed. UnB, 1979.

VILLA, Leghina. *Apud* CASTILLO BLANCO. *La protección de confianza en el derecho administrativo.* Madrid: Marcial Pons, 1998.

VILHENA, Paulo Emílio Ribeiro. As expectativas de Direito, a Tutela Jurídica e o Regime Estatutário. *Revista de Informação Legislativa,* nº 29. v. 8. Brasília. 1971. p. 17.

VIRALLY, Michel. Acte administratif. In: ODENT, Raymond; WALINE, Marcel (Dir.). *Répertoire de Droit Public et Administratif.* Paris: Dalloz, 1958. t. I.

WAMBIER, Teresa Arruda Alvim; MEDINA, José Miguel Garcia. *O dogma da coisa julgada:* hipóteses de relativização. São Paulo: Editora Revista dos Tribunais, 2003.

WEBER, Max. O político e o cientista. Lisboa: Presença, [s.d.].

ZAGREBELSKY, Gustavo. *El derecho dúctil:* ley, derechos, justicia. Madrid: Trotta, 2003.

ZANCANER, Weida. *Da convalidação e da invalidação dos atos administrativos.* 2. ed. São Paulo: Malheiros, 2001.

ZIMMER, Willy. Constitution e sécurité juridique – allemagne. *Annuaire International de Justice Constitutionnelle de 1999.* Paris: Economica, 2000.

ZIPPELIUS, Reinhold. *Teoria geral do estado*. 3. ed. Lisboa: Fundação Caloustre Gulbenkian, 1997.

ZOCKUN, Maurício. *Dos atributos e da extinção dos atos administrativos*. Disponível em: <http://www.zockun.com.br/downloads/Dos%20atributos%20e%20da%20extin%C3%A7%C3%A3o%20dos%20atos%20administrativos.pdf>. Acesso em: 7 set. 2013.

Esta obra foi composta em fonte Palatino Linotype, corpo 10
e impressa em papel Offset 75g (miolo) e Supremo 250g (capa)
pela Gráfica e Editora O Lutador, em Belo Horizonte/MG.